語りの講座

昔話を知る

花部英雄
松本孝三　編

三弥井書店

はしがき

もうフィールドに出かけても昔話を聞ける状況ではなくなりました。戦後生まれが六十代半ばを越えてしまった現状では、伝承の昔話を採集するのは無理なのでしょう。それでは昔話研究にとって、フィールド調査は意味がなくなったのか、と問われるとなかなかに悩ましい問題でもあります。

野村純一先生が存命であった頃、会津の調査にご一緒した折に「年々調査が厳しくなってきているが、フィールド調査は大事だ。机上の調査では伝承の真実は理解できない」と話していたことを懐かしく思い出します。今に思えば、調査を継続しろという意味のメッセージも含まれていたのかもしれません。あれから十年近く経ち、いっそうフィールドは厳しくなってきています。

今年も八月は、あちこち調査して歩きました。交通費を浮かすために、なるべく調査地や日程を連続させながら、月の半分以上は旅の空の下にいました。共同調査があり個人調査もありました。一人だと目標を大きく緩やかに立て気楽に行っているが、しかし金銭的にも体力的にもけっこうしんどい部分があります。それまでして調査を行い、どれほどの成果があったのか、と言われると非常に複雑です。どの調査においても成果がないことはないが、調査に見合うものかと言われると微妙なところがあります。今風の市場原理にもとづく成果主義の基準に照らせば、大いなるムダと言われるかもしれません。調査に名を借りた旅行にすぎないと言われれば、それはそれとして開き直るしかありません。でも、好きだから調査は続けるが、少しだけ弁解しておきたいこともあります。

この夏も、学生たちと一緒に北陸のある町を四日間ほど調査しました。まったくの初心者も多くいて、少し経験のある先輩をまじえた二、三人が一チームとなり、初めて会う土地の人と対面し調査を始めることになります。しかしこれが、けっこう大変なのです。年齢も違えば、生活環境も考え方も違う初対面同士が、警戒感とぎこちなさの中で、会話を続けるのでさえ容易なことではありません。うまく話が聞けるのは何回かに一回で、そのうえこちらの意図を理解し、それなりの結果が得られるのは、さらに限られてきます。そんな学生の調査を見ていて、しかしフィールド調査は絶対に必要だと確信めいた気持ちになってきます。逆説的かもしれないが、話を聞くことの困難さも知らずに、民俗について得々と語ることを想像すると、何かを冒涜（ぼうとく）しているように思えてくるからです。

昔話に限らず口承文芸の調査全般でも、フィールドにあって民俗を考える意義は大きいのです。資料報告書をデータ収集として利用するだけでは見えないものが確かにあります。そのデータがどのような環境のもとにあるのか、その風景や空気の中で、直接肌に感じ取ることは重要なことです。民俗は生きもので、それを継承しているのがその地の生活者であり、生活の重みを持つ言葉として、調査者は受け入れます。民俗は生きてそこに厳然（げんぜん）としてあるというよりは、体現している人の言葉を調査者が引き出してこそ形になるものです。つまり調査者が民俗の形象に深くかかわっているのです。調査経験がないということは、そうした民俗の全体像をとらえることができないということになります。

とはいえ、昔話が聞けない状況で、フィールドでいったい何を聞けばいいのかということになるが、わたしの場合でいえば、昔話から伝説、世間話、俗信などへとシフトして聞くことにしています。直接に昔話にかかわらないとしても伝承母体は変わらず存在しており、フィールドで考えること、発見することはまだまだ多いものです。今年の調査でこんな話を聞きました。

ある貧乏な若者が、村の衆が伊勢参りに出かけたのに、自分は行けずに山仕事をしているところに天狗が現れて、目をつむっている間に伊勢に連れて行ってくれました。そこには村の衆もいたが、向こうからはこちらの姿が見えないようです。あちこち見聞して、村の衆より一足先に帰ってきたと言います。木挽きの父からこの話を聞いたそうです。伊勢参りを楽しみにしていた時代の、山間地の暮らしの一端が見えるような話です。コミュニケーションとしての昔話の生の姿を考えるによい材料でもあります。こんな話は報告書で読んだとしてもピンとこないでしょう。地域の環境、生活を通して実感できるものです。フィールドはまだまだ有効であると思います。

ところで、本書の内容について簡単に触れておきましょう。本書は國學院大學のオープンカレッジ「語りの講座」二〇一〇年の講座の録音を、テープ抜きしてまとめたものです。一章の「昔話の語り、語り手、話型」は、昔話のフィジカルな面を追究するために用意したものです。小澤俊夫「昔話には独特の語り口がある」は、マックス・リュティの理論に沿って日本の語り口の特質、昔話の様式性について言及したものです。語りは微視的に見れば語り手個人によって違いはありますが、これをズームアウトさせていくと地域性が見えてきます。松本孝三「語り手の担う文化力」は、この問題を語り手に注目しながら述べています。さらに南加賀の昔話の特質、問題点にも触れています。廣田收「日本の古典と昔話」は、口承と古典あるいは昔話の国際比較を行う場合の枠組みとしての話型を問題とします。話型の原理と応用を具体的に例示しながら展開していきます。

二章の「昔話の比較・心理」は、昔話が内包する意味について考えます。花部英雄「昔話「蛇聟入」の比較」は、国内外の蛇聟入のタイプを見極め、それがどのような文脈的な意味を働かせているのかについて、比較の視点から取り上げています。矢吹省司「「はなたれ小僧さま」の心理学的再話」は、心理学的立場から読み込んだ昔話の意味解釈です。生きている「事実」を、欲望の肥大化によって失ってしまうことの悲劇を解説しています。

三章の「昔話と道具、俗信」は、昔話をささえる生活文化を取り上げています。常光徹「昔話と生活道具」は、昔話と関連深い蓑笠、篩（ふるい）、鍋、甕（かめ）などを取り上げ、本来の道具の機能を超えた「メタ機能」ともいえる、もう一つの俗信的な道具の解説に触れていきます。篠原徹「動植物をめぐる俗信と俳諧」は、庶民の生活感覚を描写する俳諧を話題にして、俳諧語のもつ方言的意味、自然暦、動植物の習性などを読み取っていきます。自然の知識・知見を援用しての俗信の新たな解釈は、知的で奥行きの深い内容と言えます。

四章「柳田国男・遠野・奄美」では、柳田国男の遠野物語、遠野・奄美の幽霊、そして徳之島の伽歌（とぎうた）などを取り上げます。大塚英志「柳田国男の読み方」は、『遠野物語』を明治の社会や文学状況の中でとらえる見方を提示し、「公共をつくる文学」としての遠野物語の作品のモチーフを明らかにします。後半は、柳田の活動の基盤にある「ロマン主義」と「公」の問題を話題にし、柳田評価の新たな視点を示唆したものと言えます。辰巳正明「遠野の幽霊・奄美の幽霊」は、北と南の二つの幽霊話を、そこに通底する日本人の霊魂観から解釈し、いずれも霊（モノ）を慰撫（いぶ）するモノガタリであることを力説しています。酒井正子「奄美の「トゥギ（伽）歌」をめぐって」は、重病人を歌で慰める徳之島の事例を話題にします。トゥギの語義やその習俗を解いたあとで、トゥギ歌の歌詞と音楽性に触れていきます。

本講座は、昔話とかかわりの深い学問や生活文化、関連する伝承母体を通して、昔話の特質を明らかにすることをテーマとして企画したものです。発案者の意を尽くしたものに本書がなったのかどうか自信はありませんが、昔話を考える一助になればと願っています。なお本書は、毎回熱心に耳を傾けてくださいました受講生の皆さまと、講師との共同の成果であることを確認するものです。それぞれに深く感謝申し上げます。

花部　英雄

語りの講座　昔話を知る　目次

はしがき　i

昔話の語り、語り手、話型

昔話には独特の語り口がある……小澤俊夫　3
昔話は時間的文芸である／馬方と山姥／実態を抜いて語る／昔話と音楽の共通性／図形的に語る／時間の一致

語り手の担う文化力――南加賀の昔話伝承から見える世界――……松本孝三　34
はじめに／語り手が伝える宝物／中島すぎさんの語り――「瓜姫小女郎」から――／中島すぎさんの語り――「蛇聟入（水乞型）」から――／「おちらしの話」――「粉」をめぐる笑いと豊饒――／直会の昔話――「爺と婆のむかし」――／「麦粉の話」と茶湯の座―咄本と昔話の交渉―／「おちょんに杓文字」と狂歌咄―好き者西行の造形―／おわりに

日本の古典と昔話――共有される話型をめぐって――……廣田　收　69
はじめに／話型と事項／昔話「継子虐め」の話型／継子虐めの物語　貴族社会の『落窪物語』／古層としての話型／隣爺型の物語『伊勢物語』第二三段／

韓国昔話と日本昔話の比較　「猿神退治」の話型をめぐって／日本説話における「猿神退治」／
まとめにかえて

昔話の比較・心理

昔話「蛇聟入」の比較……花部英雄　103
先行研究概観／「天稚彦草子」と「グビドーとプシケー」／世界の異類婚姻譚の比較／
日本の蛇聟入の解釈
「はなたれ小僧さま」の心理学的再話……矢吹省司　126
非日常性の体験／欲望の肥大から自我の肥大へ／
自我の肥大をやわらげる—事実本位の生き方—／倉田百三の場合／爺さまの場合

昔話と道具、俗信

昔話と生活道具……常光　徹　143
はじめに／俗信と心意現象／天狗の隠れ蓑笠と飾／鍋墨の呪力／水甕と柄杓
動植物をめぐる俗信と俳諧……篠原　徹　161
はじめに／俳諧と俗信／俳諧と自然暦／俳諧と擬人法／俳諧と自然／狐狸妖怪と俳諧

柳田国男・遠野・奄美

柳田国男の読み方……大塚英志 187

自然主義と民俗学／「私」の書式／ロマン主義という隘路／柳田国男と公共政策論／柳田国男と近代の「宿題」

遠野の幽霊・奄美の幽霊——その深層と系譜——……辰巳正明 250

はじめに／遠野の幽霊／奄美の幽霊

奄美の「トゥギ（伽）歌」をめぐって……酒井正子 269

はじめに／トギ（伽）とは／奄美・徳之島のトゥギ歌「二上がり節」／「二上がり節」の多義的な性格／「二上がり節」の広域化／おわりに——命をともにする戦場の語り——

あとがき 287

昔話の語り、語り手、話型

昔話には独特の語り口がある……小澤俊夫
語り手の担う文化力……松本孝三
―南加賀の昔話伝承から見える世界―
日本の古典と昔話……廣田　收
―共有される話型をめぐって―

昔話には独特の語り口がある

小澤俊夫

昔話は時間的文芸である

今日は、昔話の文芸的特質について聞いていただきますが、これまでの昔話研究の中では、文芸的特質の研究というのはほとんどなされてきませんでした。

柳田國男先生や関敬吾先生の研究の中でも、文芸的な特質の研究というのはほとんどなかったのです。世界的に見ても、例えばアンティ・アアルネという人はフィンランド人ですが、昔話が変化する、その変化のプロセスを研究する中で、語り口の特徴というのはこういうのがあるということをキャッチしたのが部分的にある。けれども、それをまとめて文芸的特質として論じた人はなかったのです。

ところが、一九四七年（昭和二十二年）、日本の敗戦直後ですね。スイスにマックス・リュティという学者が出まして、これは文芸学、文学の様式の研究が得意な方なんですが、その方が『ヨーロッパの昔話―その形式と本質―』という本を出されました。もちろんドイツ語ですけれども。ぼくはこの本に一九五九年に出会いましてね。ぼくもまだ

若かったのですが、本をとりよせて見て衝撃を受けたんですね。こんな研究があり得るのかと思いましてね。それですぐにリュティ先生に全く面識はなかったけれども手紙を書いて、翻訳させてくれとお願いして翻訳をさせてもらったのです。一九六九年に岩崎美術社から出しました。もう絶版になっていますけれども。

ぼくはその翻訳を通じてリュティと個人的に親しくなって、何度も何度も伺って話をしたんですけれども、先生は序文の中で、「私の研究はヨーロッパの昔話を分析した結果なのだ。だから、ヨーロッパ以外の大陸のことは知らない」と言うのですね。それぞれでやれと書いてある。ぼくは翻訳をして日本版を出す時に先生に日本版への序文をお願いした。そしたら同じようなことが書いてあった。私がやったのはヨーロッパのものである。日本は日本でまた別にやれというふうに書いてあるんです。ぼくは三十二歳そこそこでしたのでとっても興味を持ちましてね、いっちょうやってやろうかという気になって、それ以来それぱっかりやっているのです。

やりだしてもう五十年くらいになっているのですが、今、結論として感じているのは、リュティがヨーロッパの昔話を分析して出した性質が日本の昔話にもほとんど通用する、妥当するということなんです。

分析の経験

稲田浩二さんという京都女子大学の方とぼくとが責任編集者になって『日本昔話通観』をやったのですね。その中でぼくが分担したのは理論的な話で、お話がどういうモチーフで成り立っているか、自分でモチーフ分析法というものを考え出して分析したんです。これは案外面倒くさいことでしてね。例えば「かちかち山」にはどういうモチーフが本来的なんだろう。どういうモチーフが入っていれば「かちかち山」といえるのか。あるいは、どういうモチーフがなければ「かちかち山」といえないのか。それをやろうと思いましてね。この『日本昔話通観』には三万話ぐらい入っているんですが、その中の典型話として全文を掲げる話についてすべてのモチーフの分析をしたんです。従って非常に細かく読みました。十三年ぐらいかかった覚えがあります。その中で実感したのは、日本の昔話にも同じ法則が働いているということでした。その経験でとても自信を持ったんです。

それからもう一つ、今度は外国のものでやったんです。ぎょうせいというところから『世界の民話』というシリーズをやった。これは全部で三十七巻ありました。これはドイツで出ている百冊以上の世界最大のメルヒェンシリーズですけど、その中からぼくが選び出して、世界中のいろんな民族のものを翻訳したんです。ドイツ語を通していますから重訳なんですけれども。全部ぼくが解説を書いたものですから、ここでもまた外国のものを詳しく読んだんですね。そうしますと、やっぱりリュティの言っていることが通用するのです。中国の話で、中国ってすごく絢爛豪華でしょう。白髪三千丈なんて極端な言い方をしますね。でも冷静に見ると、彼が言っている〈同じ場面は同じ言葉で語る〉といった法則がほとんど生きているんですね。それから印象的だったのは、シベリアの少数民族。オーストラリアの原住民たち。そういう人たちのものまでがほとんど同様に言える。これは「昔話共通の語り口」ということを言っていいなとはっきり思いましてね。それで、特に今は昔ばなし大学というものを全国でやっているのですが、そこでは語り口を主として授業をしているのです。

昔話と児童文学は別物

今、日本中に、本から覚えた語り手というのがいっぱいいるんですけれども、ぼくから見るとその本が問題です。

なぜかというと、本はたいてい子ども向けになっているでしょう。一般向けになっています。いわゆる方言資料から誰が子ども向け、一般向けに書き換えたかというと、ほとんどが児童文学者なんです。そうでしょう。明治以来、巌谷小波のような児童文学の方々は近代文学の形成の中で勉強してきているわけですよ。坪田譲治というような人も。だから近代文学の表現法を身につけている。それでやっちゃう。ですからそこで違ってきます。

文学と昔話の違いは何かと言ったら、文学は目で読むでしょう、圧倒的に。作者が目で読まれることを期待して書いている。それと口伝えとはまったく違うわけですよ。口伝えというのは耳でしか聞けない。どう違うかというとですね、目で読む文学の場合には、例えばうんと細かい心理描写が書いてあっても、それがちょっとわかりにくかったら戻って読めるでしょう。昔話はそうはいかない。始まったらさあっと行っちゃいます。その点では音楽と同じなんです。音楽も時間に乗った文芸です。止まってくれといってもすうっと行ってしまう。だから、音楽は昔話と似た性質を持っています。耳で一回きりしか聞かない。そのことを今日は具体的にお話しましょう。

昔話は口伝えだというけれども、それを別の言葉で言えば時間的文芸である。時間に乗った文芸である。語り終わったら消えてしまう。音楽も演奏しおわったら消えます。楽譜があるじゃないかというけれども、楽譜はほんのメモであって、実際に耳に聞こえる時には楽譜じゃないわけです。じゃあ、昔話のそういう語り口はどういう性質を持っているのだろう。一言で言えば「シンプルでクリアーな文体」「簡単明瞭な文体」。そういうことですね。さっき言ったように、耳で聞くんですから細かいことは聞いていられない。聞いてもわからなくなってしまう。特に、主たる聞き手は子どもだったわけですから。もちろん大人も聞いたけれども。ですから、シンプルでクリアー。それは具体的にどういうことか。

馬方と山姥

宮城県の登米郡というところであるお婆ちゃんが語った話があります。それを佐々木徳夫さんという方が記録をなさって本にしました。それを見せてもらってびっくりしたんです。宮城県の登米郡のお婆ちゃんが語ったものが、マックス・リュティの言っていた語りの法則とピタッと合ってるんです。宮城県登米郡のお婆ちゃんがリュティの理論なんか知っているわけがない。だけどもピタッと合う。それはなぜかというと口伝えだからです。リュティが言っているヨーロッパの法則が日本でもオーストラリアでもシベリアでも妥当するというのはなぜか。これはもう本当に難しい問題ですが、実は答えは簡単だと思うのですね。口伝えだから。人間が語るとすればみんな口で語るじゃないですか。聞くとすればみんな耳で聞く。どこの民族でも。ですからどう語ったら一番わかりやすいかという点では同じなんです。それは一言で言えば、さっき言ったシンプルでクリアーということです。

さて、その話は、

昔、ある村に一人の馬方がいた。ある日のこと、浜へ行って魚をたくさん仕入れて、馬の背に振り分けに積んで峠の道を帰って来た。日が暮れてあたりが暗くなると、松の木の陰から山姥が飛び出して来て、「こら待て、その馬の片荷一つ置いて行け。置かなきゃお前を取って食うぞ」と言うので、馬方は馬の背の片荷を一つ後ろへぶん投げて、馬を引いてわらわら、峠の道を逃げて行った。山姥はその片荷の魚をバリバリと食べるとすぐまた追いかけて来て、「こら待て、その馬の片荷もう一つ置いて行け。置かなきゃお前を取って食うぞ」と言う。馬方は残りの片荷を後ろへぶん投げて、裸馬に乗ってわらわら、峠の道を逃げて行く。そしたら山姥、その片荷の魚もバリバリと食ってしまうとすぐまた追いかけて来て、「こら待て、その馬の脚一本置いて行け。置かなきゃお前を取って食うぞ」と。馬方は馬の脚一本をぶった切って「そうれ」と後ろへ投げて、三本脚の馬に乗ってがったがったがったと峠の道を逃げて行く。そしたら、その馬の脚もバリバリと食ってしまうとすぐまた追いかけて来て、「こら待て、その馬の脚もう一本置いて行け。置かなきゃお前を取って食うぞ」。馬方は馬の脚をもう一本ぶった切って、「そうれ」と後ろに投げて、二本足の馬に乗って、がったがったがった峠の道を逃げて行く。そしたら山姥は、その馬の脚もバリバリ食ってしまうと、すぐまた追いかけて来た。「こら待て、その馬の脚もう一本置いて行け。置かなきゃお前を取って食うぞ」。馬方は、こりゃもうとても逃げおおせるもんじゃねえと思って、馬を丸ごとそこに置いて、藪をこいでわらわら山の中へ逃げて行った。そしたら沼があって、その沼のほとりに高い木があった。その木によじ登ってじっと隠れていた。山姥は馬にまたがると馬をバリバリと食ってしまって、すぐまた追いかけてきた。沼のところまで来たら、その水の中に馬方の姿が見えたので、「お前、そんなところに隠れたか。隠れたってだめだぞ」と、沼へドボーンと飛び込んだ。それを見て馬方は木からするすると下りて来て、また藪をこいでわらわら、山の中へ逃げて行った。

そしたら、小屋があったもんで、こりゃいい隠れ家だと思って、小屋へ駆け込んで、梁に上がって一休みをした。しばらく休んでいると、なんとさっきの山姥がずぶ濡れになって入って来た。「おお、寒い寒い。今日は魚いっぱい食って、馬も丸ごと食って腹いっぱいになった。どれ、甘酒でも沸かして飲むか」と言って囲炉裏に大きな鍋で甘酒を沸かして、自分はクルッと背中を向けて背中あぶりを始めた。甘酒がちょうど沸いてきた頃に山姥はクラーン、クラーンと居眠りを始めた。それを見て、梁の上の馬方は屋根の萱を一本抜いてツッパツッパと甘酒を吸っちゃった。そしたら、山姥が目を覚まして「おれの甘酒飲んだやつは誰だ」と叫んだ。梁の上の馬方は小っちゃい声で「火の神、火の神」と言った。「火の神様が飲んだんじゃ仕方がない。どれ、餅でも焼いて食うか」と言って餅を三つ出してきて火に乗っけて、また、クルッと背中を向けて背中あぶりを始めた。餅が焼けてプウッと膨らんできた頃、山姥はまたクラーン、クラーンと居眠を始めた。それを見て梁の上の馬方、さっきの萱で餅をツクンと刺しては食べ、ツクンと刺しては食べして、みんな食べちゃった。そしたら、山姥目を覚まして、「おれの焼餅食ったやつは誰だ」と叫んだ。梁の上の馬方は小っちゃい声で「火の神、火の神」と言った。「火の神様が食ったんじゃ仕方がない。どれ、寝ることにするか。木の唐櫃（からと）に入って寝るか、石の唐櫃に入って寝るか」と一人言を言った。梁の上の馬方は「木の唐櫃、木の唐櫃」と言った。山姥は「火の神様がおっしゃるじゃ、木の唐櫃にするか」と言って木の唐櫃に入った。それを見て馬方は梁から下りて来て湯を沸かして、揉み錐を持って来て、その木の唐櫃にキリキリキリキリ穴を開け出した。山姥は「明日は天気だか。キリキリ虫が鳴いてらあ」なんて言ってたけど、かまわずキリキリキリキリ穴を開けた。穴が開くと熱湯を持って来てその穴から湯をすうっと流し込んだ。山姥は始めのうちは「この鼠野郎、小便なんか引っ掛けやがって」とか言ってたけれども、かまわず熱湯を注ぎ込んでいったら、しまいに山姥が「熱い、熱い。助けてくれ、助けてくれ」と叫んだけれども、「おれの魚と大事な馬を食った仇だ」と言って、湯をどうどうと注ぎ込んだので、山姥はとうとう死んでしまったと。こんでえんつこもんつこさけた。

結末句

「こんでえんつこもんつこさけた」というのは結末句です。お話の最後、これで終わりだよという挨拶です。昔話ってお伽話でしょ。お伽話というときれいでかっこういいけど、ぶっちゃけて言うとこんなの嘘っ話ですね。だから、語り終わった後、語り手が責任を追及されちゃ困るわけでね。何で馬が二本脚で走ったのかと。だから、ここまではお伽話ですよと、いわばガードを張るわけです。区切りをつける。これは地域によって違いましてね、同じ宮城県でも違うのがあります。大雑把に言うと、岩手県では「どっとはれ」なんていうし、秋田県へ行ったら「どっぺんぱらりのぷー」と言ってましたね。宮崎県の西米良(めら)というところでは、「と申すかっちん」と言って手を叩くんです。これで区切りをつける。現実世界に戻るんですね。

外国にもあるんですよ、もちろん。どこの国でもみんな昔話と伝説と両方持ってましてね、昔話はお伽話として、伝説は本当の話として伝えられている。昔話の場合にはこれがくっ付くんです。ヨーロッパにもいろいろありますけどね。有名で、みんなが喜ぶのは、「二人はめでたく結婚しました。死んでいなければまた生きているでしょう」。こういうふうに言って笑わせてぱっと終わる。結末句です。

孤立性

ところで今の話、馬方が一人で一頭の馬を連れて出てきたでしょう。山姥が一人で出て来ましたね。つまり、ここにもう昔話の文芸的な特質がはっきり現れている。それは何かというと、「昔話は登場人物を孤立的に語る」。一人で登場させる。最後のところでいい隠れ家だと思って飛び込んだ小屋があったでしょう。あの小屋も一軒だったでしょ。

大道具です。大道具も孤立的でした。昔話は主人公や敵対者、大道具、小道具を孤立的に語る。これは基本的な性質です。

何でそういうふうに語るかというと鮮明でしょう、聞いていて。おそらくみなさんも、聞いてて馬方の姿を何となく想像したんじゃないですか。山姥の姿も何となく想像しましたね。子どもにお話を聞かせる時の大事な意味は、子どもはお話を耳で聞くでしょう。お話って言葉ですよね。それを聞いてる子どもは頭の中で想像するわけです。ということは、絵に描くってことです。今みなさんはおそらく絵に描いただろう、ぼんやりと。それが大事なんです。言葉から絵への変換があるでしょう。その力を養うことが広い意味での教育的に大事なことなんです。想像力。言葉で聞いたものを絵に変換する力。それを養うのが大事なんです。そのためには、一人で登場してくれなきゃ絵が描けないじゃないですか。例えば馬方が九人、九頭の馬を連れてぞろぞろ出て来て、そこへ山姥が十三人ぞろぞろ出て来たって言ったら絵が描けない。ぼやけちゃう。それじゃだめなんです。だから一人です。非常にシャープでしょう。くっきりしている。

「三枚のお札」という有名な話があるでしょう。あれも小僧さん一人で行くじゃないですか。一人で行って山姥に会って追われる。山姥も一人ですね。一対一になります。昔話は孤立者と孤立者で一対一の場面になる。これが大事なんです。昔話の場面は常に一対一で構成されている。「天道さん金の鎖」も同じです。「浦島太郎」にしても竜宮城へ一人で行くでしょう。亀に乗って一人で行きましたね。弟を連れて行ったという話はあまり聞かない。一人で行った。それが大事。これはもうほとんどどこの民族の昔話でもそうです。

グリム童話というのはですね、ドイツの昔話をグリムが集めた。集めたといったって、今のぼくたちのように田舎を歩いて集めたんじゃなくて、話を送ってもらって集めただけのことなんですけどね。大分手を加えてはいますけれども大体は昔話に近い。その中の「ヘンゼルとグレーテル」。ヘンゼルとグレーテルは森の中に捨てられました。これも二人っきりでしょう。孤立性がとても強いですよね。それで、走って行ったらお菓子の家がありました。あのお菓子の家も一軒です。大道具です。そこに住んでいる魔女も一人でしょ。同じ状況なんです。あの家は魔女が一人で住んでいるから怖いのであって、お菓子の家にもし魔女が十二人共同生活していたら何となく魔女の老人ホームみたいですね。怖くなくなる。それじゃだめ。一人だから怖い。さっき、シンプルでシャープと言ったけど、シャープは怖い時にはうんと恐いです。そういう工夫は本当にどの民族でも同じです。

極端に語る

「馬方山姥」の話に戻りますが、さっきの山姥、考えてみたらものすごい大食漢だと思いませんか。すごいですね。「昔話は極端に語るのが好き」です。これも大事なことです。例えば鬼なんて日本ではすごくでかいでしょう。子どもを食っちゃうほどすごく強いのがいますね。だけど、その鬼がだまされて豆粒みたいに小さくなったりします。すごく大きいのからすごく小っちゃいのまで極端です。それから、いい爺さんと悪い爺さんの話があるでしょう。悪い爺さんというのはたいてい日本では隣にいますので「隣の爺」型と呼んでいます。その場合は、うんといいのとうんと悪いのと非常に極端です。白黒がはっきりしています。それが色に表れますと原色ということになります。ですから「白雪姫」なんです。白・赤・黒。極端な色です。それから青。よく出てくるのは赤・黒・青ですね。昔話の色はほとんど原色です。日本でも赤鬼・青鬼・黒鬼というでしょう。中間色は昔話では好みません。「スーフォの白い馬」

という有名な絵本がありますね。蒙古の話で、あれは白い馬でしょう。「白雪姫」の白と同じ。そして、あれとほとんど同じ話が石垣島にあります。おそらくは類話ですけれども、そこでは赤馬なんです。石垣島へ行くと赤馬の銅像があります。白と赤。するとほとんどもう「白雪姫」に近づくでしょう。あとで黒馬が出てきたら「白雪姫」と同じになります。ですから、もしみなさんが昔話の本を読んでいて中間色が出てきたら、作者が手を入れていると思っていいと思います。あんまりいい再話ではない。えんじとか紫とか。そういう色は民謡なんかには出てきますが昔話には出てこない。

実態を抜いて語る

極端に語るというのでいえば、さっきの山姥はすごい大食漢だと思いません？　馬の脚を食ったり。そういう意味で極端です。だけどよく見ると、極端に語るけれどもその中身は言ってないでしょう。山姥はその馬の脚をバリバリ食うと言ったけれども、どうやって食ったかは言ってなかった。皮を剥(む)いたんだか剥かなかったんだか、そういうことは言ってない。馬の脚を切ったとは言ったけど血が流れたとかは一言も言ってなかったでしょう。馬の脚を切る、あるいは食うという言葉は使うけれどもその実態は語らない。「実態は抜いて語る」。これが一番誤解されているところなんです。これが一番誤解されているので昔話は残酷だというふうに言われる。昔話には残酷な事件がたくさん出てきます。だけど決して残虐ではない。リアルには語らない。ここが誤解されています。

「手無し娘」という昔話があります。これは外国から来た話ですけどね。継子話で、嫁に行くのですが、子どもを背負わされて両腕を切られ、追い出される。とぼとぼと歩いて行く。第一、手を切られてすぐ歩けるんだから不思議ですね。貧血でぶっ倒れるはずですがすぐ歩き出す。それで、暑い日だったもんだから小川で水を飲もうとするわけです。両手がないから屈み込んで飲もうとしたら、背中の子どもがずるっとずり落ちそうになる。あっと思った瞬間にポンと手が出た。この時、手は百パーセント元に戻ります。しかも治ったら機能も百パーセント戻ります。治ってもしばらく三角巾で吊っていたということはない。すぐ子どもを抱き上げる。つまり、実態的には語っていないのですね。腕は切ったというけれども血は流れない。貧血でひっくり返ったとも言わない。治る時も百パーセントポンと治る。まるで切り紙細工でしょう。「昔話は切り紙細工のように語られる」。ということは図形的だといえますね。平面的です。

実態を抜いて語るということですね。そして切り紙細工のように語る。ここが誤解されているものですからいろんな説がこのごろ出て来るんですね。例えば「三匹の子豚」という話では、子豚が食われるのはかわいそうだという。ところが食われたというけれども、子豚が苦しんだとも何とも言ってないですね。それから「狼と七匹の子山羊」というグリムの話がありますが、あの時狼は六匹の子山羊を食べるじゃないですか。だけど、お母さんが狼の腹を切ると、六匹の子山羊が元気に出て来ますね。あれはどうなってるかというと、子山羊の切り紙細工が入っているんです。切り紙で子山羊を作ってお腹の中にしまっておいた。それをトンと出すから完全な形で出てきます。切り紙ですから。そういうふうに図形的に語る。いわゆる実態的には語らない。写実的には語らないということですね。

「本当はおそろしいグリム童話」のうそ

ここの誤解がとても強くて、一番ひどかったのは、何年か前に日本ではやった『本当はおそろしいグリム童話』という本です。あれは完全にでたらめです。ぼくはグリム童話の専門家ですからはっきり言っておきます。「白雪姫」とかいった名前は使っているんですよ。それから、主な出来事は使うんですけど、文章はまったくでたらめ。非常に血なまぐさい。そしてエロチックにしているんです。「本当は」なんて書いてあるもんだから、読者はあれを本当にグリムがああいうふうに書いたんだと思っている人がいっぱいいるそうです。しかも日本で二百五十万部売れたっていうんですよね。三年ぐらい前の話です。あんなものを放置しておくというのは日本は実は文化国家じゃないですね。本当に情けない話です。

ぼくは昔話の世界学会の副会長を十五年間してましたから、世界の昔話の学者たちと親しくしています。世界中を見回して、グリム童話をあれほど作り変えた、しかもエロチックに血生臭く作り変えて、「本当は」なんて言っているのは日本だけです。国辱的なことです。しかもこの間、台湾に講演で呼ばれて行きましたら、何とあれが台湾で翻訳されて売られている。ベストセラーになってよく売れているそうです。読者は、グリムはあれが本当なんだと思っている。完全な翻訳なんか読む人が全然いなくてあれを読むそうです。日本はすごいですね。中国から毒餃子が入って来たと大騒ぎしているけど、子どもの毒を日本から輸出しているんですよ。昔話に関する世間の認識というのはきわめて低いですね。これがもし、食べ物についてあれだけでたらめなことをやって「本当は……」なんて書いたら告訴されますよ。子どもの文化、あるいは昔話という、いわゆる古い文化だから放置されている。だからぼくは我慢できないから、昔ばなし大学というのをやって全国でそれを言っているんです。本当はこうだという話を知ってもらわないとどうしようもないと思ってやっているのです。

同じ場面は同じことば

まだ面白い話がたくさんあります。さっきの話をまた思い出してみてください。同じ言葉が何回も出てきたことに気が付いたでしょう。あれは五回やっているんです。これも大事な点ですね。「昔話は同じ場面は同じ言葉で語る」という大事な法則を持っています。これは日本の語り手もほとんど同じです。例えば「猿聟入」という話があります。

田んぼが乾いてしまって、親父さんが、「この田んぼに水を入れてくれるやつがいたら、おれの三人娘のうちの一人を嫁にやるんだがなあ」と言うと、猿が水を入れてくれた。それで嫁をくれと言って来るわけですよ。親父さんが困ってしまって、長女に「お前、猿のところに嫁に行ってくれるかね」と言うと、「だれ、猿のところへなんか嫁に行けるか、このくそたれじじい」と言って帰っちゃった。困ったなと思っていると、二番娘が来て、「爺ちゃん、飯食え」。「おれ、食いたくねえ」「何してだ」「お前、猿のところへ嫁に行ってくれるかね」と言ったら、「誰が猿のところへ嫁に行くかね」と怒って帰っちゃった。で、末娘がきて同じ会話をするんですね。「爺ちゃん、飯食いねえ」「いや、食いたくねえ」「何してだい」「おれゃ昨日、猿に嫁にやると言ったんだ。お前、行ってくれるかい」。「お爺ちゃんが約束したことならしゃあない。行ってくる」と言って出かけた。

こういう話なんですね。今の話をぼくは実際にあっちこっちでお爺ちゃんやお婆ちゃんから聞きましたけど、長女とのやりとり、次女とのやり取り、ほとんど同じなんです。たいていは次女の時はちょっと短いですけどね。で、三女も始めは同じでしょ。「爺ちゃん、飯食いねえ」というあたりまでは同じだけど、「爺ちゃんが約束してきたことな

らお れ行くよ」って言って、後半が付きますからちょっと長いんです。本当にきれいに語りますよ。ぼくはもうそれを聞いて感動した覚えがありますね。本当にきれいに語るんです。まったくリュティが言っている通りですよ。何で同じ場面は同じ言葉で語るかというと、リュティ先生は割りと理屈っぽく説明している。同じ事を聞くことによって心の安心を得るとかいろんなことを言ってるんですが、ぼくがもっと簡単に考えているのは、耳で聞くのだから、何でも同じ言葉で二度言ってくれたほうがわかりやすいじゃない。特に主たる聞き手は子どもですから、同じ言葉で言ったほうがわかりやすい。

その目で見ますとね、音楽もそうですね。音楽も、同じメロディを必ず繰り返すでしょう。どうですかみなさん、自分の知っている音楽を思い出してください。あらゆる音楽で、同じメロディが二度出てこないことはない。演歌だろうがクラシックだろうがわらべ歌だろうが民謡だろうが。同じメロディが二度出てこない音楽はない。なぜかというと、昔話と同じで音楽は消えてしまうから。ですから同じ事をもう一回言わないと心に残らない。でも一回こんなことがあったんです。さっきの三人娘の話の時に、これ確か福島だったと思うんですが、末娘の話だけなさったんです、語り手が。全部終わってからぼくが「お爺ちゃん、さっきの話で長女とか次女ってのはいなかったの」って言ったら、「いたんだけんどもよ、東京から来た先生たち忙しいと思って省略したんだよ」と言われたことがありまして、大笑いしたんですけどね。調査の時に録音させてもらうでしょ。一回きり聞いてそれで全部と思ったら危ないです。今みたいなことがありますからね。親切に省略してくださるお爺さん。そういうこともありますが、本当にきれいに語りますよ、語り手は。

もう知っているものとの再会の喜び

ぼくはこのことはとても大事だと思っているんです。子どものことを思い出してみてください。子どもって、自分が気に入った絵本があったら何回でも読んでくれと言うでしょう。あの気持ち。あるいはこの人形がなければ寝られないってことがあるでしょう。この毛布がなければ寝られない。あの気持ち。「子どもはもう知っているものとまた出会いたがっている」。これはすごく大事なことだと思いますね。どういうことかというと、子どもって成長する。成長するっていうことは別の言葉で言えば未知の世界へ入るということです。今まで這い這いしかできなかった子どもが二本足で立つというのは未知の世界へ入るということ。成長イコール未知の世界へ入ることです。未知の世界へ入るってことは、子どもにとってはあたらしい発見がありますからうれしい。だけど、一方では未知の世界ですからちょっと不安もあるんですね。その時に、例えば自分が五歳だったら、今までの五年間で出会ったおもちゃとかお話とか絵本とか布団とか、そういうものに触って自分の人生を確かめる。それで安心してまた前に行く。そういうことなんじゃないかな。自分の来し方を確認してるんですよ。自分の人生を確認して、それで安心してまた前へいく。子どもの成長というのは決して電車のように一直線に前に行きません。戻って来て確認をして、安心してまた前へ行く。その繰り返しです。そのためにはお話のほうでもちゃんと同じ場面が出て来たら同じに語る。そうすると子どもは安心する。だから、同じ場面を同じ言葉で語るというのは、ぼくはすごく深いところで成長と結びついてるなと思っています。人間の成長の深い部分に触っている。

昔話なんていうお伽話がね、なぜそういう人間の成長に、特に子どもの成長の深い部分に触り得るのかというのは謎なんだけれども、ぼくはこう思うんですけど、どうでしょうかね。ぼくはずいぶんあちこちで昔話を聞かせてもらって歩いたけど、ほとんど語ってくださるのはお爺ちゃんお婆ちゃんでした。もちろん親もありますよ。でも大体ぼくの経験じゃ八割くらいはお爺ちゃんお婆ちゃんです。お爺ちゃんお婆ちゃんというのは自分の子どもも育てたし、また孫の成長も見ている。あるいは近所の子どもたちの成長も、ロングスパンで見てますよね。二歳の時から今は三十歳になった大人まで見ている。長い間で子どもを見ているから、子どもの成長にとって何が大事かということが相当冷静に見られるんじゃないですかね。親が子どもを育てるというのはみんな初体験じゃないですか。初めての体験ですね。だから夢中です。ところが、お爺ちゃんお婆ちゃんはちょっと余裕で子どもの成長を見ていられる。その時に、子どもが、もう知ってるものとまた出会って安心してる姿を見てるから、そういうものがお話の中に染み込んできているとぼくは感じています。いつの間にか。語り口自体、表現自体に。だから大事だとぼくは思っているんです。そういう知恵が込められているから壊すなよと主張しているのです。

児童文学の作家、どんな有名な人であろうと、一人の作家が思案して考えてやることとは深さが違う。ぼくらの先祖が何百年にわたって、昔話は三百年、四百年なんてざらにある。何百年にもわたって、しかも日本中の無数のお年寄りたちが語って来た。そんなのが染み込んで出来たものですから、これは天才作家であってもとても及ばない。

昔話と音楽の共通性

それでね、今の、同じ場面は同じ言葉で語るというのをもうちょっと詳しく言いますと、「白雪姫」というのは三回殺されているんですよ。ご存知でしょうか。一度目は紐で殺されて、二度目は櫛で殺されて、三度目に毒で殺されています。ところがディズニーは、一と二を省略してりんごだけにしちゃったんです。ですから、りんごだけだと思ってらっしゃる方はディズニーにだまされているというわけです。オリジナルはこうなっている。一度目が紐で、二度目が櫛で、三度目がりんごで生き返りませんでした。けれどもその死に顔が美しかったので王子が貰って行って、それで生き返ったというふうな話になっている。三回目が一番長くて一番重要です。三回目が重要だということは、三回目にアクセントが置かれているということですね。一種のリズムです。リズムだということに気が付いた。リズムということは人間の体の問題ですからね。人間の体がリズムと結び付いているということです。このことは例えば石を投げることを思ってください。石を前へ投げる時みなさんはどう投げますか。「1、2、3」と言って投げるじゃないですか。「1」といって投げない。ところがディズニーは「1」とやってしまっている。りんごだけ。だからだめなんです。リズムがない。「1、2、3」。これが自然です。

そしてね、人間の体のリズムなんだなということに気が付いた時、考えると陸上競技の三段跳びというのはこれと同じ構造だと気が付きました。「ホップ・ステップ・ジャンプ」って言うでしょう。ジャンプが一番遠いんじゃないですか。しかもここで勝負するんですからここが一番大事です。ということは同じですよ。一番長くて一番重要。リズムと同じだ。「白雪姫」と三段跳びというのはまったく同じ構造である。

バーフォーム

ここまでくると、ぼくの中では音楽に結び付きましてね。音楽にもこれとほとんど同じ形があるんです。音楽は、特に西洋音楽は数学的にきちんと切りますから間隔が同じなんですね。「二小節・二小節・四小節」というメロディの作り方なんです。これをバーフォームといいます。音楽史を見ると出てきます。ヨーロッパの中世に吟遊詩人といわれる人たちがいた。その人たちが好んだメロディの形なんですって。「二小節・二小節・四小節」というメロディの形。それがヨーロッパの音楽史の中でドイツの古典派といわれる人たちにとても好まれます。ハイドン、モーツアルト、ベートーベン。あのあたりです。特にモーツアルト、ベートーベンが好きだったみたいですね。ハイドンはあんまり好きじゃなかったみたいです。有名なものでいえばシューベルトの子守唄といった作品があるでしょう。「ねむれ、ねむれ」と、同じメロディを繰り返して、今度は「母の胸に」とこう言う。この時にどこを大事に歌うかというと、三回目が一番長くて一番重要です。ぼくは、昔話と音楽というのは両方とも時間芸術だから似ていると言いましたが、それがここにも表れています。音楽と三段跳びと白雪姫を結び付けたらとても眉唾だと思って聞いていらっしゃる方もいるかもしれませんが、これも世界学会で発表してとても評判になった小澤理論なんですよ。

ヨーロッパの中世の古い話をしていると思ってらっしゃるかもしれませんが、みなさんが知っている日本のわらべ歌。何でもいいですよ、思い出してごらんなさい。ほとんどこれで出来ていますよ。簡単な例で言えば、「もどろう、もどろう、桃の葉もどろう。かえろうかえろう、柿の葉かえろう」って、これは二歳以下でもできる。これはもうわかるでしょ。「二・二・四」となっている。日本のわらべ歌はほとんどそうですよ。ぼくはかなりたくさん分析しましたけれども「二・二・四」でできています。そればかりか、これは実は面白いことに、国際バレーボール大会などで一万人か二万人の観衆が集まって「ニッポン、チャチャチャ」と応援する。あのリズムと同じなんですよ。「一・一・二」。これは「二・二・四」と同じですからね。練習もしないでいきなり「ニッポン、チャチャチャ」ってみんな揃うじゃないですか。それはなぜかというと、人間にとって一番乗りやすいリズムだからでしょう。そのつもりでお祭りの時にどうぞ太鼓を聞いてみてください。基本は大抵これです。「ダン、ダン、ダンダンダンダン」。これが少し「ダン、ダン、ダンダンダンダン」って四つあればよくわかるんですけれども、最後は抜くから三つに聞こえてくるのでちょっとわからない。でもリズム的には同じ。例えば、「三・三・七拍子」があるでしょう。あれもそう。奇数に聞こえるけど、空いている時間を考えれば「四・四・八」なんです。「四・四・八」ということは「二・二・四」と同じですね。すごい基本的なんです。ぼくはこのことに興味があるものですから、ヨーロッパであちこちお祭りだというと、いろんなところで音が聞こえると必ず注意して聞いているんです。ほとんど同じです。すごい大きな楽隊でも結局はこれなんです。「ダン、ダン、ダンダンダンダン」と、こうくるわけです。一番乗りやすい。

ぼくが言いたいのは、音楽の場合にも陸上競技の場合にも、一回目と二回目をカットしようなんて誰も思わないんじゃない。シューベルトの子守歌を歌う人たちも一回目と二回目はカットして歌いましょうなんて言わない。陸上競技の選手だってジャンプが大事なんですが、じゃあ私、ホップ・ステップ省略しますなんて誰も言わない。それなのに昔話に関しては、紐と櫛をカットしてりんごだけで絵本が作られるでしょう。ディズニーがそうなんだけどね。それでみんなが納得しているわけです。だまされているんです、下品な言葉で言えば。ですからぼくは、だまされないでくださいと言って歩いているんです。

リズムというと、音楽の時間とか体操の時間に学べばいいんじゃないかと思っているかもしれませんが、そんなことはない。子どもの頃をよく思い出してみてください。二歳にならなくても子どもは簡単なメロディを聞いたらそれに合わせて体を振りませんか。あれは見慣れた風景だから見過ごすけれども、実は感動的なことですね。二歳までいってない子は言葉を真似できない。メロディも真似できない。だけどリズムだけは感じ取っている。しかも、体を振るということは自分で表現をしているわけですよ。リズムだけは二歳にならなくとも感じるし、表現するということです。ということは、人間にとっていかにリズムが大事かということです。それは根源的な喜びなんです。そういうものを昔話はやってるんだから、昔話のリズムを壊さないようにということを言って歩いているんですが、どうでしょうか。

白雪姫の生き返り方

「白雪姫」ではこうなっているんですよ。一度目、女王は白雪姫が生きていることを知って、行商人に変装してきれいな着物を売りに来る。白雪姫が買うと、「あんたの胸を飾ってやるよ」と言って胸をぎゅっと締めます。窒息したようですね。ばったり倒れる。で、女王は帰って行く。夕方になって小人たちが山の仕事から帰って来たら白雪姫が倒れています。見たら胸が締められていました。その胸の紐を切ってやったらパッと生き返った。おかしいじゃありませんか。窒息して何時間も経っているんですからね。でも、生き返っちゃうんです。それで夕方、小人たちは、「その行商人はお前の悪い継母に違いないから、もう買っちゃいけない」って言うんですよ。だけど、翌日みんなまたパアッと行ってしまう。七人みんな出かけて行っちゃう。惜しかったですね、三人ぐらい残ってくれれば第二の災難は防げたはずなんですが。行ったらまた白雪姫は一人になったでしょう。孤立性。これが大事なんですね。そこへ女王が一人で来ます。お付きなんていません。一人で来た。一対一。それで、二度目の時にはきれいな櫛を売りつけます。白雪姫が買うと、「じゃあ、あんたの髪を梳いてあげるよ」と言って髪の毛に櫛を立てます。そのとたんにばったり倒れます。毒が効いたみたいにね。それで女王は帰って行く。夕方小人たちが戻って来たらまた倒れていた。

よく見たら髪の毛に櫛が刺さっていた。その櫛を抜いてやったらパアッと生き返った。小人たちは、「もう買っちゃいけない」と言いながら、また翌日七人みんな行っちゃうんです。で、一人になる。そこへまた女王が来て、一対一になる。それでりんごになるわけです。ご存知でしょうけれども、りんごの半分だけ赤くて、そこに毒が入っている。それを白雪姫が食べたらばったりと倒れた。それで女王は帰っちゃった。小人たちが戻って来たらまた白雪姫が倒れている。体中探ってみたけれども何も見つかりません。白雪姫はとうとう生き返りませんでした。けれども、その死顔がまるで生きているように美しいので、小人たちは白雪姫をあの黒い土の中に埋める気にはならず、ガラスの棺を作らせて、そこに寝かせました。そして、山の上に安置して七人が交代で泣いていました。

ある日のこと、王子が通りかかってこの美しい死顔を見て、愛を感じて小人たちからその遺体を貰い受けます。そして、召使がその棺を担いで山を下っていく時に、木の切り株に足を引っ掛けてガタンと揺れました。揺れたとたんに、咽に引っかかっていた毒りんごがポロッと飛び出して、それで生き返った。これがオリジナルです。

ディズニーはそれが理解できなかったんですね、おそらく。咽のりんごが飛び出して生き返ったなんてあまりにもばからしいと思って作り変えたんです。ご存知でしょう、王子のキスによってというふうに作り変えたんですね。王子のキスにしてロマンチックにしたつもりなんでしょうけど陳腐ですね。誰だって思い付きそうじゃないですか。咽からりんごが外れて生き返ったというほうがはるかに昔話的だったんです。しかも初版本ではもっと乱暴なんですよ。毎日、王子がどこへ行く時にも召使いにその棺を担いで歩かせるもんだから、召使いがしまいに怒ってね、こんな死んだ娘のためにおれたちが苦しまなきゃならないなんてと腹を立てて娘の背中をポンと叩いた。そしたらりんごがポンと出てきた。これが初版本。それを第二版から変えたんですけどね。でも、咽からりんごが飛び出すのは同じです。

これがよかった。グリムは当時、自分が手に入れた原稿をそのまま残してくれている。作り変えない。それがよかった。

図形的に語る

ということはこういうことなんですよ。白雪姫の紐を切ったら生き返ったというのはね、あれはなぜかと考えてみてください。窒息して何時間も経ってるんですから、紐を切ったって生き返るわけがないじゃないですか。毒のりんごもそうでしょう。もし毒が効いていれば、りんごが吐き出されたって死にっぱなしのはずですよね。だけど生き返るわけです。それはなぜか。これはけっこう難しい問題なんですけどね。とっても新しい理論なんですが。こういうことなんです。

一度目、紐で胸が締められてたでしょう。紐って外にありますね。外の紐を切ったら生き返った。ということは、白雪姫の美しい姿が紐で邪魔されていたんです。邪魔な紐を取って元の姿が回復したら生き返った。姿が大事なんです。二度目も同じ。髪の毛に櫛が刺さっていた。その櫛を抜いたら生き返ったということは、毒は効いてなかったに違いない。何時間も経っていますから。さっきと同じです。白雪姫の美しい姿に櫛が図形として邪魔していたんです。邪魔な図形を取って元の図形が回復したら生き返った。姿が大事なんです。三回目もわかりますね。白雪姫の咽に毒のりんごが引っ掛かっていました。それが外れて咽の元の形が回復したら生き返りました。姿が大事だったんです。姿を図形と言い換えてみます。なぜ図形と言い換えるのか、説明しだすと長くなるので省略します。姿を切り紙細工で作った図形だと思ってください。白雪姫の美しい切り紙細工の図形と思ってください。そうすると、一度目は、紐を切って白雪姫の元の切り紙細工の姿が、図形が回復したら生き返った。二度目は、毒の櫛という邪魔な図形を取って元の美しい図形が回復したら生き返った。平面的です。三度目は、りんごが外れて咽の元の図形が回復したら生き返った。「図形的に語る」。さっき、切り紙細工的って言いましたね。あれです。ちょっと難しい理論なんですけど。

どうもとこうも

次にわかりやすい例を出します。日本でぼくが見つけた話で、同じく図形的に語っている話があるんですよ。一口話です。

昔、ある村に、「どうも」という刀使いの名人がいました。隣村に「こうも」という刀使いの名人がいました。ある日、二人は出会って腕試しをしようということになります。「どうしようか。名人が切れば人の首もまたくっ付くという話だ。じゃそれでやろう」というわけで、まず、どうもがこうもの首を切る。首がコロコロコロッと転がっていった。乗っけたらまたピタッとくっ付いちゃった。名人だからね。今度はこうもがどうもの首をぴょーんと切ると、首がコロコロコロッと転がっていった。乗っけたらまたピタッとくっ付いちゃった。これも名人だという証拠です。これじゃ勝負にならん、どうしようかということになる。じゃあ一度に相手の首を切ったらどうだろう。そこで一、二の三でお互いに首を切ったら二つの首がコロコロコロッと転がって行った。今度は乗っけてくれる人がいなかった。それで二つの首は顔を見合わせて「これじゃどうもこうもならん」と言った。それ以来、日本ではどうしようもない時に「どうもこうもならん」と言うようになった。

納得しないでくださいね。昔話は嘘っ話ですから。くだらない小話ですが、見事ですねえ。今ぼくがお話している昔話の法則という点からみたら百点ですね。「どうも」が孤立的でしょ。「こうも」も孤立的。一対一でしょう。首を切ったって実態はなく血が全然流れない。しかも首を持って来たらまたピタッとくっ付いてるじゃないですか。これって切り紙細工だと思いません？　切り紙細工ならピタッとくっ付く。まったく昔話の語りの法則通りです。すばらしいですね、この小話は。これをドイツ語に訳すのは難しいですね。「どうも」と「こうも」は訳せないからね。どうもこうも訳せない。この夏にEUの国際学会があって講演をするんですけど、日本の昔話について話をしようと思っているんですが、この「どうもこうもならん」を出したいんだけど、「どうもとこうも」と言ったって知らないからね、みなさん。困ったもので、残念ながら使えないかもしれない。

切り紙細工的に、図形的に語るというと、「白雪姫」と「どうもとこうも」は同じだと言える。ここまでくると、もう一つ言いたい。最初に聞いてもらった「馬方山姥」の話で何といってもすばらしいのは、馬の脚が三本になっても平気で走って行ったことでしょう。性能が落ちてない。あの時馬はなぜ三本脚で走れたのか。なぜ二本脚で走れたのか。これはとっても難しいですね、ぼくたち理論をやっている者にとっては。でも今ので説明できますね。馬の姿を切り紙細工で作ってみてください、頭の中で。横向きにしてください。切り紙細工の馬の脚一本切ってください。三本になりました。だけど全体の形は崩れてない。だから走れたのです。この説が正しいことはすぐ証明できるんですよ。逆に、本当に肉体のある太った馬の脚を一本切ってみてください。絶対に立ってられないじゃないですか。そうでしょう。生きている馬なんだから倒れちゃう。だからそういうふうには語ってはいないということです。肉体のある、奥行きのある馬としては語っていない。そうではなくて、まるで図形の切り紙細工の馬のように語っている。

そうすると、「白雪姫」と「どうもとこうも」と「馬方山姥」は、三つとも同じ語りの法則で語られている。同じ文芸的法則で語られていたということになる。「図形的に語る」という法則で語られていたということです。

こういう語り口はどこからくるんだろうというと、これはもう伝播とかそういう問題じゃないですね。そういう語り方がヨーロッパから流れてきて日本に伝えられたというようなことじゃない。そうではなくて、一番最初のところへ戻りますけれども、口伝えで、耳で聞いて伝えてきた。その時に、どういう語り方をしたら一番聞きやすいか、一番わかりやすいか。そこからきているんですね。口伝えという伝え方からきている共通性です。

時間の一致

もう一つ、さっきの「馬方山姥」に戻って面白いことがあります。最後の場面で、こういうところがあったのを覚えてらっしゃいますか。馬方がいい隠れ家だと思って小屋に飛び込んで梁で休んでいると、山姥が戻ってきて甘酒を出しましたね。そして、甘酒がちょうど沸いてきたころに眠って、それでスッパスッパと全部吸われてから目を覚ます。決して鉢合わせしないですね。山姥が目を覚ますのがもうちょっと早かったら鉢合わせをしちゃう。スッパスッパと吸ってる途中で目を覚ますとややこしいことになりますね。昔話はそういうややこしいことが嫌いなんですね。ちゃんと全部吸われるのを待って目を覚ましている。「時間の一致」。時間が鉢合わせしないという意味で一致しています。これは「白雪姫」にもありますね。小人たちが山へ仕事に行っているその間に女王が来て白雪姫を紐で殺した。女王が帰ってから小人たちが戻って来ている。翌朝は、小人たちが出掛けてから女王はまた櫛を持って来る。絶対鉢合わせしません。そこのところ同じです。時間が鉢合わせしないように整理されている。そういう意味で時間が一致している。鉢合わせしないという一致の仕方。この一致というのは昔話の非常に大事な性質なんです。今のは時間の一致でしたけどね。場所の一致ということがあります。状況の一致ということがあります。条件の一致ということもあります。一致というのは非常に大事な性質です。

「いばら姫」

「いばら姫」という話をご存知でしょうか。「眠り姫」です。いばら姫というのは、生まれた時の祝宴で妖精たちに予言されますね。十五歳の時に百年の眠りに落ちると言われ、その通りになります。百年の眠りに落ちると、そのお城の周りにいばらが生い茂って中が見えなくなる。その中には美しいお姫様が眠っているという伝説が広がります。で、王子だとかみんなが会いに行こうとするんですが、そのいばらに引っ掛かって惨めな死に方をする。百年の期限がちょうど来たころに一人の王子が入って行ったらば、いばらが道を開けてくれた。で、無事にお城の中へ入ってあちこち見て、最後に古い塔があって、その塔を上って行くと一番上に小さいドアがあって、そこに錆びた鍵がささっていた。鍵をまわしたら美しいお姫様が眠っていた。それで、キスをしたら彼女はパッと目を覚ましたんですね。それで呪(のろ)いが解けたんです。

ぼくは大学院を出た直後、グリム童話を一生懸命勉強して小さい論文をいくつか書いていたんですが、そのころに今の問題にぶつかってしまった。あそこでいばら姫が目を覚ましたのは王子のキスによるのか、百年の時間切れかということです。百年の時間切れだとすれば王子は入っていく必要はなかったわけでしょう。外で待っていればよかった。もうじき百年だから。それを入って行っちゃった。百年の予言がされてるんだから、その予言が生きていればキスはいらなかったという話になる。どっちなんだろうと真剣に悩んだ。それでもう書けなくなっちゃいましてね。あっちこっちから資料を集めてたんですけど。フランスの場合には呪いを解く時にキスが好きなんですね。フランス人ってキスが好きなのかもしれないけど。そうじゃなくて、時間だけというのも東ヨーロッパにはありましてね。どっちかなと思っているところに、さっきお話したマックス・リュティの理論にぶつかったわけです。スイスでそういう本が出ているとわかって取り寄せて読んでみたんですね。彼はその中でこう言っているんです。あそこはちょうど百年の時間が切れる時にキスをしたという、その一致にメルヒェンの面白さがある。そこにお伽話性があるんだ。言われてみれば当たり前の話であります。ぼくは自分ではそこまで言えなかった。ちょうど百年の時間が切れる時にキスをした。そこに奇蹟がある。それ自体に。だけども、昔話では奇蹟は当たり前だから誰も奇蹟だと思わなかった。驚いていない。あの時王子はびっくりしていないですよ。つまりそれは、時間の一致という語り口から生まれた当然の奇蹟なのです。

昔話では奇蹟は語り口から当然生まれることなので全然驚かない。起きて当たり前。そこは伝説とは違いますね。伝説だったらば、奇蹟的なことが起きたら、その奇蹟への驚きを伝えようとして伝説があります。こんな不思議なことがあったんだよと言って伝えているわけです。昔話にはそれはない。不思議への驚きがない。

昔話の経済性

そして、最後にもう一つ、さっきの馬方の話に戻りますが、馬方が梁に上って休んでいるとき、下で山姥が一度目は甘酒を飲みましたね。ちょうど沸いてきたころ眠っちゃった。二度目は餅がちょうど焼けてきたころ眠っちゃった。一度目は屋根の萱で甘酒をスッパスッパと吸いていましたね。二度目の時にはさっきの萱で餅をツクンと刺しては食べ、ツクンと刺しては食べて、同じ萱を二回使ってますね。これを「昔話の経済性」といいます。昔話は一度取り入れたものを何度も使う。これはリュティの言葉なんです。マックス・リュティが晩年、この問題だけで一年間講義をしています。昔話の経済性。昔話は一度取り入れた材料を何回も使う。倹約性ともいえますね。今の言葉で言うとエコロジーになるかな。ここも音楽とまったく同じ性質ですね。さっき同じメロディが二度出てこない音楽はないと言ったでしょう。同じメロディを二度、三度と使うということは、今の言葉で言えば経済的です。一度取り入れたメロディを何回も使う。芸術学のほうで、芸術における経済性というのはもう前から言われている。美学の人たちが言っていたことなんですが、それをリュティは昔話においても気が付いた。

例はいくらでも挙げられます。例えば音楽の場合でいいますと、ベートーベンの第九シンフォニーといったら皆さんご存知でしょう。年末にいつも聞きますね。一楽章、二楽章、三楽章ときて、四楽章に入りますね。四楽章に入った始めのところで一楽章の頭の四小節を演奏します。それが終わると二楽章の頭の部分をやります。それが終わると三楽章の頭の部分をやります。それから四楽章に入っていきます。一度使ったものをもう一回使っているわけです。経済性もいいところです。コピーして貼り付けるんですから。ベートーベンはとってもこの経済性が好きでした。あれを聞いてて誰も退屈と思わないんじゃないですか。第九を聞いててね、あそこへ来た時に一楽章とまったく同じものが出てきた時に、このやろう、だまされたとは思わない。満足して聞いている。つまり人間には、もう知っているものとまた出会う喜びがあるんですよ。知っているものとまた出会う喜び。大人でもあるんです。そういうことを作曲家は頭で考えてちゃんと作ります。計算に入れて考えて作っているわけですね。

昔話の場合はですね、田舎のお爺ちゃんやお婆ちゃんが自分の子どものころに聞いて楽しかったという思い出があるから、今、大人になってやっぱり同じところへ来たら同じ場面で語る。それが伝承というものです。だけど、それを本にする時に壊すんですね。一番はっきりしているのがディズニーです。ディズニーはりんごだけにしちゃってるでしょう。一と二を壊している。それから「シンデレラ」もそうです。ディズニーの絵本のシンデレラでは、一回目の舞踏会の時からガラスの靴を置いてくるでしょう。そんな粗忽な娘じゃないですよ。グリム童話の二十一番を見てください。「灰かぶり」。それでは三回目の舞踏会の帰りに靴を置いてくる。そこに意味があるわけですよ。こういうふうなリズムがある。そして、これはメッセージの問題なんですけれども、ぼくはあの三回のくり返しには大事な意味があると思っています。子どもがあそこで行ったり来たりしているわけでしょう。揺れ動く精神。思春期の子どもの心の動揺を語っていると思うのね、ぼくは。そういう大事なメッセージが三回のくり返しの中に潜んでいるわけです。それを壊すなよと言っているのです。

ディズニーの場合には、シャール・ペローという十七世紀末のフランスの作家のものを元にしているからそうなっているのですが、十七世紀ということはフランス革命の約百年前でしょう。フランスのルイ王朝の宮廷文化の一番華やかな時代です。そのころ、妖精とか王子、王女の出てくる話がとっても好まれたんです。その一環としてあれをペローが作ったわけです。ですからディズニーを責めるわけではないんですけれども、あれはとても残念ですね。

そんなわけで、昔話については、昔話の中に潜んでいる民間信仰的な要素とか、社会的なモチーフとか、そういう研究というのは盛んなんですよね。しかし、語り口自体、昔話の語りの特性みたいなものというのはとても研究しにくいですね。二十世紀後半にならなければ出てこなかった。幸いにしてリュティがそこをまとめてくれたのです。ただしリュティは、ヨーロッパだけだよと言っていたんですけど、ぼくの目から見たら、日本の場合も、あるいは世界のあっちこっちの民族のものも同じような性質を持っている。同じ場面を同じ言葉で語るのはほとんど世界中ですよ。色も原色を使う。ほとんど同じです。出来事は違う。だけど語り方は昔話である限り同じです。なぜ同じになるかというと、耳で聞くからです。語られて耳で聞く。そこが決定的に大事なところです。目で読まれた文学ではなかったということが決定的ですね。

今日は触れることができませんでしたが、ぼくは、昔話はメッセージを持っていると思っています。そのメッセージもいろいろあるんですが、ぼくが大事だと思っているのは、一つは子どもの成長する姿、もう一つは人間と自然との関係、もう一つは生命のあり方。生命はどうやって成り立っているかという問題です。その三つのメッセージがとても大事だと思っているんですけどね。今日は早口で話しましたけれどご静聴ありがとうございました。

〔参考文献〕
マックス・リュティ著、小澤俊夫訳『ヨーロッパの昔話―その形式と本質』（岩崎美術社、一九六九年）
小澤俊夫著『昔話の語法』（福音館書店、一九九九年）

語り手の担う文化力
――南加賀の昔話伝承から見える世界――

松本孝三

はじめに

ご紹介いただいた松本孝三です。私は学生時代から昔話の調査を始めてもう三十九年になります。今日は私が調査してきた地域の昔話の語りと語り手を取り上げて、語り手というのが単に昔話を語れるというだけではなくて、文化伝承の重要な担い手であるという視点からお話してみようと思います。ところで、昔話の語り手一人が一つの図書館だということが言われます。一人の人間の持っている知的な能力というものはかけがえがないですね。昔話の語り手の場合には「語る」という表現方法によって言葉の文化を受け伝え、また次の世代に伝えていくという営みをずっとやってきた。ところが、生身の人間ですから、それが失われるとすべてが途絶えてしまうということにもなります。

消えた集落

本日お話するのは石川県の南加賀地方の昔話とその語り手です。加賀市と江沼(えぬま)郡山中町ですが、現在は平成の合併によって全域が加賀市になっております。私の恩師である福田晃先生の勧めで研究会の仲間たちと三十数年前に訪れたのは、江沼郡山中町の温泉街からはるか奥へ分け入ったところ、文字通り山の中でした。そこが私にとっての昔話研究の原点でありまして、昭和四十八年から五十六年までおよそ八年間継続的にそこを訪れました。今回、この講座のこともあって、ちょうど一ヶ月ほど前に久しぶりに行ってまいりましたが、行って愕然としました。山中町の奥のほうは旧東谷奥村と旧西谷村の二つの深い谷筋に集落が点在しているのですが、特に大聖寺川に沿った旧西谷村のほうが今はすべての集落が離村して跡形もない。西谷村の一番奥の真砂(まなご)というところには中島すぎさんという大変すばらしい語り手がいらっしゃったのですが、そのお宅があったとかすかに記憶していた場所が何ひとつ残ってないんですね。すぎさん宅には調査に行くたび何度も泊めてもらいました。そこは木地師(きじし)の集落で、すぎさんのご主人の虎作さんは最後の木地師だったそうです。今、すぎさんの語ったテープを聴き直してみると、懐かしいその声の向こうで赤ちゃんの泣き声が聞こえるんですよ。その子ももう三十歳半ばになっているでしょうね。確かに生活の息吹があったその家が、集落が今はもう跡形もなく消え去っていたのです。

私たちの若い頃には過疎という言葉がありました。それが最近は限界集落などと言われる。ところが、私が目の当たりにしたのはその限界すら超えてしまっている状況でした。これがわが国の現状であります。しかし、そこにはかつて確かに人々の生活の息吹があったはずなのです。要するに、一人の語り手の命が失われればその図書館が消滅するのと同じように、一つの村が消滅するということは、その土地が数百年あるいは一千年以上も培い担ってきた生活文化が消滅するということなんですね。

一　語り手が伝える宝物

声の記憶

さて、まず最初に、昔話を語り伝えていくことの意味について考えてみましょう。「〝むかし〟は家の宝」という言い方があります。福田晃氏が新聞のコラムに書かれた時のタイトルで、鳥取県の昔話調査でのことが話題になっています。

「なんと昔あったところになあ、がいな大百姓があったさなわい、がいななあ。旦那がまあ、水見い行かったところが、田んぼが干ちはっとる……」

それまで一言も発しなかった椎本新一翁が、突然に語り出したのである。あわててマイクを向けると、それはみごとな「猿聟入」の昔話であった。

……いちゃ深(ふっ)きゃっとこ見かけてちょうと草鞋(わらじ)踏まれたところきゃあ、ひっかかってこけちゃった、川ん中へ、ぼでえりい。……昔こっぽり。

語り終わると、立ち上がって、「ああ、今日はよかった、よかった。久しぶりで昔話を聞いた」と言うと、すたすたと集会所から出て行かれた。この伯耆大山の山里からは一度も出たこともないような赤黒い顔、汚れた仕事着、それに手ぬぐいのほほかぶり姿、なにか今聞いたばかりの昔話の主人公を思って、一瞬笑いがこみあげた。が、その喜びの言葉が気になった。自分で語っておきながら、「久しぶりに聞いた」と言われる。たしかに八十一歳（当時）の翁は、他の老人の昔話を聞いてはいる。しかし、翁の喜びは、それだけではなくて、自ら語るこ

とで、心に温めていた父母や祖父母の声を聞いたのではないかと思うのだ。（、点本文のまま）

（『京都新聞』昭和五十八年十一月十八日付け夕刊コラム「現代のことば〝むかし〟は家の宝」より。のち、『伝承の「ふるさと」を歩く』所収。平成九年、おうふう刊）

確かに、自分が語ったのに「久しぶりに聞いた」とは不思議な言い方ですが、昔話を語るということは、はるか幼い時に自分に昔話をしてくれた懐かしい人の声を思い出しながら語るということなんでしょうね。そこには、祖父母の語りを見事に受け継いでいる様子がうかがえますし、昔話を語ることが自分を慈しみ育ててくれた人を偲ぶよすがにもなり、人生の支えにもなったであろうことが思われます。いわばそれは先祖からの大切な心の遺産を受け継ぐということでもあり、その意味で、昔話が家の宝といえるのでありましょう。

同様のことが、昨年（平成二十一年）七月の日本昔話学会で、自らの祖母や母親を中心とする家系伝承の実際について発表された黄地百合子さんのお話の中にもありました。すなわち、「語り手（智恵子）は、昔話を語る時、自分に語ってくれた人の「声」を頭の中で蘇らせていると考えられる。（中略）語り手はその「声の記憶」によって、話を聞いてから何年もたってからでも語ることができるのであろう」（文中、智恵子は発表者の母）と言い、さらに、「語り手は、語りながら頭の中で自分に語ってくれた人の声と、過去に語った自分の声を聞き、耳で今まさに語っている自分の声を聞いているといえる。そして、その重層的な「声の記憶」が次回に語るときの語りの内容につながっていくこととなるのだ」（、点本文のまま）（「奈良県の語り手、松本イエ・智恵子の昔話―「声の記憶」について考える―」『昔話―研究と資料―』第三十八号。二〇一〇年）と言っているのです。このように、語り手は「声の記憶」の中で自分に昔話を語ってくれた人たちの声を蘇らせ、自らの声をそこに重ね合わせながら語っているのだということを報告しておられます。語り手のすばらしさとはこういうところにあるのだろうなと、思いをあらたにいたしました。

一方、昔話を語り聞かせる側の人の、子や孫への思いを綴った言葉もあります。新潟県長岡市の笠原政雄さんの言葉を次に紹介しましょう。

おれね、自分の子どもや孫たちに、母親が語った話をそっくりそのまま、くり返し聞かせてるがんだ。そうしるとさ、年とともに母親の気持ちがわかってきたよね。母親がそう豊かでもねえくらしの中で、せいいっぱい、おれたちを愛おしんでくれたことがさ。おれも孫たちがかわゆうてならんの。おれ、無口で内気だからさ、口に出しては、そう愛想のいいこともいえんが。だども、こころん中じゃ、おれの、じっちゃんの宝だというてるの。母親もきっと、おれたちのことをそう思うていたんじゃねえろか。そういう母親の思いがこめられている話を、一つでも二つでも、あとの者たちに残してやりてえ。母親のこともおれのことも、あと何十年かたてばこの世からすっかり消えちまうで。それで、ええんだ。だども、おれの子どもや孫が年をとったら、やっぱし、じっちゃんから聞いた話を子どもや孫たちに聞かせると思うの。そうして、母親やおれが話の中にこめた思いはずうっと伝えられてぐて思うてるの。

（笠原政雄語り・中村とも子編『雪の夜に語りつぐ―ある語りじさの昔話と人生―』「じっちゃんと孫と昔話」）

これもやはり、語りに込められた大切なものを後世に伝えて行きたいという願いなのでしょう。花部英雄氏が、昔話に込めた思いはずうっと伝えられていくという信頼こそ伝承のエネルギーではないか、とおっしゃるように（『芸能』28―10）、ここには、なぜ昔話を語るのかという何ともいえない伝承の真実があるといえます。

二　中島すぎさんの語り――「瓜姫小女郎」から――

さてここからは、旧江沼郡山中町真砂(まなご)のすぐれた語り手であった中島すぎさんのお話をいくつか紹介していきましょう。そこは山奥のたった六戸しかない、小さなかつての木地師集落で、私たちが訪れたころはすでに木地はやっておらず、炭焼きや畑作、山仕事をしていました。土地がないので田んぼは作れません。そういう山間の小さな土地に生まれ育った人ですが、訪れるたびに面白い話をいっぱい聞かせて下さいました。

すぎさんは明治三十年十一月三十日に真砂で生まれ、村から一歩も出たことがないということです。純粋にこの村で生まれ育ち、結婚して娘さん四人を育てあげました。私が知る限り石川県で最もすぐれた語り手ではないかと今でも思っております。幼い頃から昔話を聞くのが大好きだったようで、いとこの西出半左衛門、だいぶ年齢は離れていたようですが、木地職人だったその人からほとんどの昔話を聞いています。それも繰り返し繰り返し聞いているみたいですね。良い語り手は繰り返して聞きます。何度も聞いて自分のものにすると今度は友だちに語り出しますね。そしてだんだん上手になっていきます。昔話を何度も何度も繰り返して聞き、そして繰り返し語るのを「昔話の温(あ)っためかえし」といいます。すぎさんの場合も典型的なすぐれた語り手の様相を帯びております。その語りは大変安定していて、同じ昔話を幾度聞いてもほとんどぶれませんね。それと一話一話が長い。「蛇聟入（水乞型）」などは、昭和四十八年にお聞きした時は三十七分、それが昭和五十五年、五十六年の二回は期せずして四十二分。そういうふうにじっくりと安定した昔話を聞かせてくれる。そして、それらの昔話の一つひとつが語りの生き証人として、昔話を育む生活文化や、伝承・伝播の問題を考えさせられるものでありました。

その中からまず、すぎさんの語る「瓜姫小女郎」を紹介しましょう。

むかしぃ、爺(じい)と婆(ばあ)とおったんやと。爺ちゃんな山へ柴刈りに行くし、婆ちゃん川へ洗濯に行ったんやて。瓜が川上からふらふらぁっと流れてきたんやて。そしたら、婆ちゃんな拾って食べてみたんやて。たいへん味なもんで、おいしかったんやて。

「もう一つ来い、爺におましょ(あげましょう)」って言うたんやて。そしたら理屈なもんや、またふらふらぁっと流れてきたんやと。たら、それ、これを、爺ちゃん、山へ行って難儀して仕事しとるんじゃさかいと思うて、拾(ひろ)て帰って、箱の隅(すま)へ入れておいた。

そしたら、爺ちゃん山から帰って来たんやと。そしたら、

「お爺ちゃん、わたしゃ瓜拾てきてあるさかいに、食べなさい」って言うて。そして、箱の蓋取ったんやと。そしたら、怖(おぞ)いもなぁ(何)も二つに割れて、かわいらしい瓜姫小女郎(うりひめこじょろう)って、姫がすわっとったんやと。そしたら、びっくりして婆ちゃん、

「爺ちゃんにあたわったんじゃ。わたしらにゃ子どももおらんし、今まで、爺と婆とになるまで難儀してこうしてあてしたんじゃに、こんなかわいらしい子がすわっとるんじゃ。わたしらの子どもにしよう」言うて。そして、いいのに育て上げて、育ててたんやと。そしたとこが、その娘は死にもせず、喜んで婆ちゃんらのやるもんを食べては、始めはお粥(かい)煮て、お粥のしたじ吸わしては、乳の代わりに。そして、養うといたんやと。そしたところが、だんだんでこうなって(大きくなって)きたら、あのう、でこうなって機織りをみな織るて、我が身が。そして、機織っとったんやと。

そしたとこが、瓜姫小女郎というて名付けて。そして、機織っとったら、あの、何やら来ては窓覗いては、山姥（やまんば）みたいなが。

「どうでもそのいい音がする。ここを、窓をちょっこりあけてうらに見せてくれ」て言うて。そしたら、「いや、お爺（じじ）やお婆（ばば）がおこるさかい、あけん」て言うては、チャッキリコッコ、ギースちゅうては機を織っとったんやと。そしたら、またして来ては、毎日のように来てはせめとったんや。そしたら、どんなもんじゃやらと思うて、姫やちょっこ（ほんの少し）おり戸をあけて覗いて見ようとしたんや。そしたとこが、そこへ手が入ったら引き開けて入ったんやと。そして、姫もなあも縄に巻いて、家の木の、よの木に吊って来て。そして、我がで入って、そして機を織っとったと。

そしたら、爺ちゃんやら婆ちゃん帰ってきて、

「どうでも飯（まま）食わんか」て言う。

「飯も何も欲しない。わたしゃ織れりゃいいんじゃ」と言うて、コッコギースといっては機織っとったんやて。そしたら、もう飯も食べんし、どしたんじゃやらと思うて、織った機（はた）を見りゃあ、おもし（不思議なことに）、機の織った織り目みな血がついておるんじゃと。こりゃ弱った、この娘でないがな。女じゃさかいというても。たら、あの、姫ゃ後ろのゆの木におって、姫が何やらじゃって。

「何が入っとるやら、何や音がするみたいや。ありゃ姫でないぞ」って言うた。そして、お婆ちゃんな後ろ行って見たら、姫は何やらころころっと巻いて、よの木に下げてあったんやと。

そしたら、昔やさかい、てん車持ってきて、そういうのがさし寄ったやらこそにゃ、姫をもらいに来たんじゃ

って。そして、その車に乗せて下げて行ったんや。そしたら、姫ゃその、後ろに下がっとって、「姫がてん車、天ん邪鬼が乗っていく。やれやれおかしや、ホホーッ」って言われたんや。そしたとこが、その、てん車持ってきたその人も気がついて。そして、

「こりゃ弱った、こんなもん何の、てん車に乗せてきたのは天ん邪鬼じゃっていうて音がした。おお、合点がいかん」て言うて、また家へ戻ったんやと。そしたら、その家に美しい姫ゃあの、家にすわっとったんやと。そしたら、そのてん車持ってきた人は、びっくりして、天ん邪鬼じゃったら引きずり落といて、草やぶを踏み込んで踏みつけて殺いてしもうたんやて。そして、姫を乗せて。

そういう人は、天からお授けになるんで、何年か経つとそうやって迎えに来るんじゃって。そうしりゃそれに乗っては帰ってまうんじゃ。昔の人はそう言っては話して聞かしたんよ。

そうろうべったりかいのくそ、かいて食たらうまかった。

これはいわゆる西日本型の「瓜子姫」で、機織をしていた姫は天邪鬼に殺されずに木に吊るされており、最後に天邪鬼は正体が暴露されて殺されてしまいます。面白いのは、瓜姫小女郎が天から授けられた人なので、何年か経つとお迎えが来るというところで、一般に知られる話とはかなり違っています。異界から登場した姫が再び異界に戻って行く「竹姫」のような趣向になっていますね。

さて次に、すぎさんのをはじめ、同地域で聞かれた三つの「瓜姫小女郎」の昔話について比較した表をご覧ください。（═══線部は三者に共通の部分。ただし、主要な点のみに限定。……線部は（イ）（ロ）に共通の部分。〰〰線部は（ロ）のみの特徴。――線部は（ハ）のみの特徴を示す。）

	（イ）『加賀江沼郡昔話集』（西谷村）	（ロ）『加賀昔話集』（山中町真砂・中島鈴子さん）	（ハ）山中町真砂・中島すぎさんの語り
①	昔、じじとばばとおった。	昔あるところに爺と婆がおった。	昔、爺と婆とおった。
②	爺は山へ柴刈りに、婆は川へ洗濯に行く。	旅の人が来て泊めてくれと言うので泊める。	爺は山へ柴刈りに、婆は川へ洗濯に行く。
③	川上から大きい瓜が流れてきたので婆は家へ持ち帰り、箱に入れておいた。	爺と婆に子どもがないと聞き、宿銭の代わりに瓜の種を一粒置いていく。植えて大事に育てると大きな瓜がなり、婆は家へ持ち帰る。	川上から瓜が流れてくる。食べるとうまい。「もう一つ来い、爺におましょ」と言うとまた流れてくる。持ち帰り、箱に入れておく。
④	二人で食べようと箱の蓋を取ると、美しい女の子がいた。瓜姫小女郎と名を付けた。	瓜を割ろうとするとぽかんと割れて、かわいい女の子が出てきた。瓜姫小女郎と名づける。	箱の蓋を取ると二つに割れて、かわいらしい女の子がいる。瓜姫小女郎と名づけて育てる。
⑤	瓜姫に機を織らせていると、爺と婆のいない間に天邪鬼が来て、戸を開けてくれと言う。	瓜姫が毎日機をたてて「チャキリコッコ、ギース」と織っていると、天邪鬼が娘に化けて来て、機織を見せてくれと言う。	瓜姫は大きくなって機を織る。機を「チャッキリコッコ、ギース」と織っていると、山姥が来て、機織を見せてくれと言う。
⑥	瓜姫は爺や婆が叱るからと開けないが、腕の入るだけというので開けると、天邪鬼は姫を俵に入れて後ろのよの木に吊り、姫の飯を食い、機を織っていた。	瓜姫は爺や婆が叱るからと開けないが、やかましく言うので仕方なく戸を開けると、天邪鬼は姫を俵に包んで家の後ろのよの木にぶら下げ、姫に化けて機を織っていた。	瓜姫は爺や婆が怒るから開けないが、毎日のように来ては言うので戸を少し開けると、姫を縄に巻いて家のよの木に吊り、そのまま家で機を織っていた。
⑦	爺と婆が帰って来て、昼飯を食べたかと言うと、今食べたと言って、「ちゃっきりここ」と機を織る。	爺と婆が帰って来て、飯を食えと言うが、今日は具合が悪いと言って、「チャキリコッコ、ギース」と機織を続け、夜なべのまま食わずに寝てしまう。	爺と婆が帰って来て、飯を食えと言うと、「欲しくない、機さえ織ればいい」と言って「チャッキリコッコ、ギース」と機を織る。
⑧	ほかから姫を嫁にくれといって貰いに	翌日、殿様から、てん車を持って迎えに来る。	てん車で姫をもらいに来る。織り目にみな血が付いているので怪しむ。

	来る。		
⑨	天邪鬼に美しい着物を着せてんぐるまに乗せて行くと、木の上の姫が「てんぐるまに天邪鬼が乗って行く、やれやれおかしや、はははは」と笑った。	天邪鬼を姫と思いてん車に乗せて引いて行こうとすると、家の後ろから「姫のてん車に、天邪鬼が乗って行く。やれやれ、おかしや、ほほ」と笑った。	天邪鬼を車に乗せて下げて行くと、姫は後ろに下がっていて、「姫がてん車、天邪鬼が乗って行く。やれやれおかしや、ほほー」と言った。
⑩	車屋は「どうも聞いたことのない鳥が鳴く」と言うと天邪鬼は「あの鳥はいつも鳴く鳥じゃ」と言う。それでも「珍しい鳥じゃ」と行って見ると、俵の中にいた姫だった。	車引きは「おかしな、何という鳥じゃろう」と言うと天邪鬼は「この辺で鳴く鳥じゃ、早く行かしゃれ」と言う。また笑うので行って見ると、木に吊るされ俵の中にいる姫だった。	てん車を持ってきた人が、合点がいかんと言ってまた家へ戻る。姫は家にすわっていた。
⑪	「これこそ姫なれ」と言って、天邪鬼を萱わらの中へ踏み込んだ。	「これこそ姫なれ、お前みたいな者天邪鬼じゃ」と言って、萱株の根へ踏み付けた。	天邪鬼を引きずり落として、草藪の中へ踏み付けて殺してしまった。
⑫	姫を車に乗せて行く。	姫を車に乗せて引っ張って行く。	姫を乗せて行く。
⑬	今でも萱の根の赤いのは天邪鬼の血のためという。	今でも萱株のじくの中が真紅なのは、天邪鬼の血であるという。	姫は天から授けられた人で、何年か経つと迎えに来るのだという。
⑭		そうろべったり（結末句）	そうろうべったりかいのくそ、かいて食たらうまかった（結末句）

三つの話例のうち（イ）は『加賀江沼郡昔話集』所収のもの。これは昭和十年に刊行された資料集で、山下久男氏という加賀市在住の方が昭和六、七年に旧西谷村を調査した時の報告書です。真砂での資料のようですが誰が語ったものかはわかりません。山下氏は慶応大学を出た人で、折口信夫や柳田國男の薫陶を受け、石川県の昔話研究の先駆

者として生涯を捧げた方です。（ロ）は『加賀昔話集』所収のもの。同じく山下氏が（イ）の資料を中心に、その後の資料を増補して昭和五十年に刊行したもので、昭和五十年七月に山下氏が真砂の中島鈴子さんから聞いたもの。（ハ）が例話に掲げたもので、私が昭和五十五年八月に中島すぎさんから聞き取ったものです。ところで、この中島鈴子さんというのは、実は中島すぎさんの次女にあたる人なのです。

半世紀の隔たりの中で

この三話を比較してみると、全体としては昭和初期の（イ）の資料と（ロ）（ハ）では調査時期に半世紀近い隔たりがあるにもかかわらず、ほぼ同じような内容になっています。同地域なのですから当たり前のことのようですが、戦争をはさみ、五十年近く経っているのによくこれだけの語りが残っていたものだなという思いが強いですね。ところがよく見ると、実の母と娘の語りよりも、むしろ時間的にはるかに隔たっているはずの（イ）と、（ロ）の鈴子さんの話のほうが割りに近いといえます。そして、（ハ）のすぎさんの語りには、すぎさん独特の言い回しが随所にみられます。例えば③で「もう一つ来い、爺におましょ」と、川上から流れて来る瓜を二度招くところは、すぎさんの語る「桃太郎」で桃を二度招くのと全く同じですし、⑦の天邪鬼が織る機の織り目に血が付いているというのは、やはりすぎさんの語る「女房の口」という昔話の場合とも同様なのです。これらはすぎさん独自の語り口と言え、（ロ）の娘の鈴子さんのほうには全く見られません。また⑬で、姫が天から授けられた人なので何年か経つと迎えが来て天に戻らねばならないというのも、わずかに福井県の戦前の資料である『福井県郷土誌・民間伝承篇』にほぼ同内容のものが確認できるくらいで、他に例を知りません。

では（イ）と（ロ）が全く同じかというと、右の比較表の始めの②③の部分を見ると、（イ）と（ハ）が、川上から瓜が流れて来る一般的なかたちなのに対して、むしろ（ロ）のほうに決定的な違いが見られます。それを鈴子さんの語りから確かめてみましょう。


昔ある所にじいとばあがおったんじゃと。そしたら、ある時、旅の人が来て、

「どうでも一晩泊めてくれ」と言うので、泊めてやったんじゃと。その時、じいやばあには、子供がない事を、いろいろ話したら、旅の人は、

「そんなら宿銭のかわりにこれをやるさかい作ってみよ」と言うて、瓜の種を一粒出いてくれたと。じいとばあは、それを大事にして植えて、作ったそうじゃ。そしたら、それにいかい、いかい（大きい、大きい）瓜がなったんじゃと。ばあは喜んで瓜をもいで、家へ帰って、じいと二人で割って食おうと思うて、割ろうとしたら、瓜がぽかんと割れて、中から可愛い女（めろ）の子が出て来たそうじゃ。じいやばあは喜んで、

「じいやばあにゃ、子供がおらんのに、これを子にして養のうておこう」

「瓜の中から出たんじゃから、瓜姫小女郎と名をつけよう」と言うたと。（以下略）

語り出しはまるで昔話の「大歳の客」にそっくりですね。畑から瓜を持ってくるというモチーフは東北地方にいくつか報告例がありますが、この話は全体としては西日本型で、東北型のように、瓜姫が天邪鬼に殺されてしまうというふうにはなっておりません。ところが一方で、「じいやばあにゃ、子供がおらんのに、これを子にして養のうておこう」という部分は、母親のすぎさんの語りにも、「わたしらにゃ子どももおらんし、今まで、爺と婆とになるまで難儀してこうしてあててしたんじゃに、こんなかわいらしい子がすわっとるんじゃ。わたしらの子どもにしよう」と、

ほぼ似たような言い方がなされているのです。ここは親子としての語りの近さを感じさせますね。

それと今ひとつ面白いのは、実は御伽草子の中に『瓜子姫物語』というのがあって、近世初期の作品のようですが、その冒頭は大和の国石上(いそのかみ)のほとりと場所を明示し、翁と姥が瓜畑で瓜を抱いて、こんな子どもが欲しいと願って瓜を塗桶に入れておくと夢のお告げがあり、瓜から姫が生まれたということになっています。また、⑨の部分は、三つの例話すべてがほぼ共通な言い方になっていて、例えば（ハ）でみると「姫がてん車、天邪鬼が乗って行く。やれやれおかしや、ほほー」とあり、一方『瓜子姫物語』の場合もその本文を見ると、和歌の形式で、「ふるちこを、むかへとるへき、手くるまに、あまのさくこそ(さくめそカ)、のりてゆきけれ」とあって、昔話の表現と極めて近いことを示しています。

これらの問題は一言では解決できません。ただ、半世紀近く隔たった資料がほとんど同じ内容であることを確認できる一方で、ずっと一軒家に住む親子でありながら、その語る内容に大きく異なる部分が存在すること。さらに、遠く時代を隔てた数百年以前の『瓜子姫物語』とも共通する内容を有しているものがあることを、娘の鈴子さんの語りから指摘できるということです。これは、昔話と御伽草子の関係を考えるあらたな課題ですね。同一地域だからといって、決して一括りにできない昔話伝承の複雑さ、奥深さ、不思議さ、面白さがあるといえます。

三　中島すぎさんの語り――「蛇聟入（水乞型）」から――

次に「蛇聟入（水乞型）」を取り上げて、簡単に比較してみます。

	モチーフ	「三人姉妹（サルサワの話）」『加賀江沼郡昔話集』（真砂、九谷）	「蛇聟入（水乞型）」『南加賀の昔話』（山中町真砂・中島すぎさんの語り）
①	嫁にやる条件	百日日照りで田んぼが割れた。水を当てた者に三人娘の一人をやるという。晩のうちに水をつるりと当てた者が梯子の下にきて寝ていた。	百日日照りが続き、長者の田がひび割れた。田に水を当てた者に三人娘の一人をやると言う。猿沢という大蛇が田に水を当て、梯子の下へ来て寝ていた。
②	娘の応対	父親はその姿に驚き、朝起きられない。姉二人は「見るもいや」と断る。下のおと娘は、父の言うことを何でも聞くから飯を食えと言う。	父親は心配で朝になっても起きない。姉二人は「見るも恐ろし」と断る。三番目の娘が、私が行くから起きて飯を食えと言う。
③	娘の持ち物	瓢箪一つ、針千本、胡椒の粉一紙袋、うみそ一桶、紙三帳。	紙一帳、苧桶一杯の苧、胡椒の粉一紙袋、針千本、ふくべ一つ。
④	嫁入りの道行	娘はうみそを柴に掛けて行き、なくなると紙を裂いて行く。ずっと行くと池があり、サルサワは自分の家だと言う。	娘は帰りの道標に苧を松や道の畔に付けて行く。なくなると紙を裂いて行く。三里ほどで大きい池があり、猿沢は自分の家だから入れと言う。
⑤	退治の方法	瓢箪を池に投げ、浮けばサルサワが、沈めば自分が入ることにし、浮いたのでサルサワが先に入る。針千本と胡椒を池に入れると、池中が真っ赤になる。娘は嬉しくて「ほほ」と笑った。	ふくべを池に投げ入れて、沈めば自分が、浮けば猿沢が入ることにし、浮いたので猿沢が池に入る。娘が針千本と胡椒を池に入れると猿沢は苦しみ、泣き泣き死ぬ。娘は嬉しくて「ホホッ」と笑う。
⑥	猿沢の辞世の句	「サルサワが死ぬる命はほしまねど姫が泣くこそ可愛いけれ」	「死する命は欲しもない、姫が泣くこそ可哀けれ」
⑦	山姥の家	日が暮れたので、向こうの山の明りを頼りに行き、ぶば（婆）の頭の蛇やまむしやとかげなどを鋏で取ってやり、泊めてもらう。	暗くなり、向こうに見える明りを頼りに行き、婆の頭の虱やら蛇やらまむしやらを鋏で取ってやり、泊めてもらう。
⑧	娘の隠し場所	婆は団子こね鉢を娘にかぶせて座り、次郎坊、太郎坊か	婆の座っている下に娘を入れて鉢をかぶせ、太郎坊、次郎

		ら隠す。	坊から隠す。
⑨	次郎坊と太郎坊のうた	サイブリヤ、サイブリヤ、さいがなけりゃ味噌の子ー	さあぶるさ、さあぶるさ、最後の子ぁ味噌の子
⑩	次郎坊と太郎坊の疑い	二人は人臭いと言い、玄関の杖と笠を見つけるが、婆は河原へ御膳さまをかしきに行って来たと言う。二人は歌いながら出て行く。	二人は人臭いと言い、足半が脱いであると言うが、婆は自分が川へ米をかしきに行って来たと言う。飯を食べると二人はまた出て行く。
⑪	山姥のくれた物	おんばの絹（きん）	おんばの衣（きぬ）
⑫	山姥の忠告	米を炊いだ濁しについて行き、太郎坊、次郎坊が来たらおんばの絹をかぶって道のくろに転んでおれと言う。	米を炊いだ濁しについて行き、太郎坊、次郎坊が来たら姥ばりをかぶって道の畔に転んでおれと言う。
⑬	長者の家までの道行	二人が婆の絹をかぶった娘を蹴って行く。いなくなると娘は起きて濁しについて行き、長者の家の前に出る。	二人がおんばの衣をかぶった娘を蹴って行く。いなくなると娘は起きて濁しについて行くと、大きな長者の門に出た。
⑭	長者の家での仕事	竈の火焚き	飯炊き
⑮	娘の手間賃	油三合、豆一合、針三本。昼は竈の火焚き、夜は絹を脱いで学問をする。	針三本、豆一合、油一合。晩になるとおんばの衣を脱ぎ学問する。
⑯	娘の正体露見	長者の息子が毎晩遅く帰って来て、隙間から覗く。	長者の息子が夜遊びの帰りに部屋を覗き、八方一の美人を見る。
⑰	息子の嫁の希望	親が息子に嫁の話をすると、「誰もいらん、竈の前の火焚きぶば」と言う。	「ぼくは嫁なんかいらんわい。竈の前の婆」と言う。
⑱	嫁選び	家来どもをみんな集めて嫁選びをする。	村の娘どもを集めて嫁選びをする。

⑲	第一の条件	竹藪の雀の止まったのを折って来て、畳の上にちっくり挿した者。	雀の止まった木の枝を折って来て、畳の縁に挿した者。
⑳	第二の条件	綿を敷いた上を、草鞋を履いて綿を付けずに歩ける者。	真綿の上をまくらず歩いた者。
㉑	第三の条件	金を箕に入れて音の出た者。「五万長者のおとむすこ、三万長者のおとむすめ、かねざっくり、ザー」と音が出る。	でかい箕に小判を入れて音を出した者。「三万長者の弟娘、五万長者の弟息子、金ざっくりざい」と音が出る。
㉒	結　末	絹を脱いで美しい娘になり、長者の息子の嫁になる。嫁の里へ帰ると、死んだと思い三年の法事をするところだったが、お祝いになった。	おんばの衣を脱いで八方一の美人になり、長者の息子の嫁になる。嫁の里へ帰ると、三年の法事の用意をしていたが、嫁取りの祝いになった。

これも、上段は山下久男氏の『加賀江沼郡昔話集』の「三人姉妹（サルサワの話）」で、昭和六、七年頃の調査資料ですが、やはり誰が語ったものか不明です。そして下段が昭和四十八年八月に中島すぎさんからお聞きしたもの（一部、昭和五十五、五十六年のものも参考にしている）。是非とも全文を紹介したいところですが、今はそのスペースがありません。内容はどちらも全体にかなり整っており、田んぼに水を入れた大蛇のことを猿沢と言っております。そして⑥で、娘の計略で池で苦しみながら死んでいく猿沢が、「死する命は欲しもない、姫が泣くこそ可哀けれ」と辞世の句を詠んでいます。こんな「蛇聟入」はちょっとありませんね。ここは「猿聟入」という昔話の猿の辞世の句が入り込んでいるといえるのかも知れません。猿沢という名称からもそれとの響き合いがうかがえます。

語りの確かさ

さて、猿沢を退治して家に帰ろうとする娘が、山道に迷うところから、あらたに話が「姥皮」に展開していきますが、婆から貰った身を隠す衣を「おんばの衣（きぬ）」といったり、婆の家の太郎坊・次郎坊が登場したり、米を炊（かし）いだ濁（にご）しについて行って長者の家の前に着き、そこの屋敷の飯炊きになり、やがて長者の息子の嫁選びで三つの難題を解決し、見事その嫁になるというところまで、両者の筋の運びは細かいモチーフにいたるまで全く同じであります。五十年の隔たりがあり、なおかつこの話の場合は、その長大さにも関わらずここまできちんと受け継がれているんですね。昔話の伝承のエネルギーというのはすごいです。私は中島すぎさんから「蛇聟入」を三回お聞きしたのですが、その語りはほとんどぶれておりません。語りの確かさというものを身をもって体験いたしました。

その他にもすぎさんから注目すべき昔話をいくつもお聞きしているのですが、詳しくお話する時間がありませんので、いくつか簡単に申しますと、「女房の口」という話は、機織をしている女のところに毎日山姥が来て麻糸を捻る手伝いをする。ところが、先程「瓜姫小女郎」のところで申しましたように、その捻り目に血が付いている。それを夫が見つけ、危険を察知して女を長持ちに隠して上から吊っておく。しかし翌日、山姥が女に渡してあったつげの櫛で場所を突き止められ、女は食い殺される。山姥が、食い残した女の尻べたを囲炉裏に埋めておくと、それが帰って来た夫の顔にくっ付き、どこへ行っても夫と同じようにものを言う。夫は呆然としてさ迷い歩き、そのまま死んでしまうというもの。ちょっと気味悪い話です。これは『日本昔話事典』に「首下げ訪問」とあるものと同じで、秋田県から新潟県にかけてと、福井県、滋賀県、長崎県あたりにもいくつか似たような話が聞かれます。

それから、「玉取姫」というのは、竜宮世界に奪われた面向不背の玉を海女が取り戻す話ですが、これは幸若舞（こうわかぶ）曲（きょく）

の『大織冠(たいしょっかん)』や謡曲『海人(あま)』、古浄瑠璃の『大織冠』などでも知られているものです。そのような話を山奥にひっそりと生活する一人の語り手から聞くことができました。この話は関敬吾氏の『日本昔話大成』にもわずか四例しか報告がないもので、山下久男氏のものにも報告がありません。そのことを確認できただけでも大きな収穫でした。

ところで、この「玉取姫」の伝承・伝播の可能性を考えると、一つには、南加賀の東方、旧石川郡の白山麓地方（現、白山市）に江戸時代から文弥(ぶんや)人形浄瑠璃、この地方ででくまわしとかでく人形と呼ばれる素朴な一人遣いの人形芝居が今日まで伝えられており、その中に『大職冠』という演目があるのです。現在は東二口と深瀬の二村だけですが、かつては他にも人形を舞わす村がいくつもあったらしいのです。そういった民俗芸能が長い年月の間に昔話の語りとしても伝えられたのではないかと思っています。その白山麓には、今もそうでしょうが、盆踊りや秋祭りに踊り歌として「大織冠鎌足公」というのが歌われているのですね。恐らくはそういったものが伝承の基盤にあって、昔話の世界にも入っていったのではないかと考えられます。

このように、たった一話だけであっても、地道な聞き取りが昔話伝承の広がりと奥行きを実証することにもなるという一例であります。その他にも中島すぎさんには、最近国際的視野で再び注目されている「桃太郎」などがありますが、時間の都合で割愛いたします。

四　「おちらしの話」―「粉」をめぐる笑いと豊饒―

次は、真砂の中島すぎさんをはなれ、同じ山中町の調査資料から、昔話の持っているある機能といったものと、古典の咄の世界との交渉を思わせる昔話についていくつか紹介していきたいと思います。いずれも『南加賀の昔話』に収録した資料で、私たちが三十一年前にまとめた資料集なのですが、久しぶりに見返してみますと、あらためて大事なことがいっぱいあることに気付かされます。

まず最初に「おちらしの話」というまことに奇妙な話の紹介から始めます。おちらしというのは豆や麦を炒って粉にしたもの、黄粉とか麦粉とか言いますね。これは山中町旧東谷奥村の四十九院（しじゅうくいん）の喜多はつさん（明治二十九年十月四日生まれ）という方からお聞きしたもので、昭和四十八年の調査当時はこの話がどんな意味を持っているのかわからず、とりあえず「備考資料」としておいたものです。

> お爺（じじ）とお婆（ばば）とおって、おちらしを食べとったんやと。そしたら、昔ゃあ、法螺（ほら）の貝というて、今のでけえこういう貝をプウプウとこして（こうして）吹く、そういう人がござったんやとい。そしたらお爺とお婆と、
> 「さあ、法螺の貝や来た、どこい隠す」ちゅうて、そして、後ろかまあ隠いたんや。そしたら、お爺かお婆か知らんけどか、プーンとおならが出たんやと。そしたら、そのおちらしゃこう翔（た）つし、おちらし入れた入れ物じゃね、それがむこうへ行って踊ってあるいたて。

何とも変てこな、結末も落ちも何もない話ですね。法螺の貝というのは山伏のことでしょう。この手の話には爺と婆が登場いたしますが、爺と婆がおちらしを食べていると法螺貝を吹いて山伏が来たので隠そうとする。そうして二人の後ろに隠すと、屁をこいてみんな飛んで行ってしまった。ただそれだけの話です。私たちが資料から外しそうになったのも無理からぬところです。でも、備考資料としてでも入れておいたので助かりました。

実はこれと似たような話が北陸地方のあちこちにあったのです。次に紹介する福井県越前地方の戦前の報告資料を

見てください。「きな粉とよい婆わるい婆」と題する話です。

昔、ある所にとてもよい婆が居ました。或時、婆が豆をつぶしてきな粉を作つてゐると、婆が不思議にも、出た事もない嚔が「はくしよい」と出た。すると、きな粉がぷーうと吹き上り、前より倍になつて吹きもどり、もうそこら一ぱいになつて、夜は爺と婆は、よろこんでそのきなこをかいて食つた。（以下略。傍線は引用者。）

（『福井県郷土誌・民間伝承篇』）

この後、隣の婆が真似をして失敗することになるのですが、今は前半部のみを問題にいたします。私がこの話で注目したのは傍線を附した部分、くしゃみで吹き飛ばされた黄粉が前より倍になって吹き戻って来たというところです。そして、そこらいっぱいになった黄粉を爺と婆が喜んで食べたという。そこには黄粉の豊饒性が感じられます。この話では屁で飛ばすといった可笑しさは影を潜めていますが、何かしらそこには、満ち足りたものを希求する貧しい爺と婆の思いが込められているような気がいたします。

ただ、これだけの話例からでは元々の豆の量がわからないので何とも言えませんが、次の資料を見ると、この話の本質を考えるヒントがあるように思えます。これも福井県の若狭地方の資料で、「飛びたった粉」と題された話です。語り手は福井県三方郡美浜町寄戸の戸島弥夫（のぶお）さんという方です。

むかしむかし大昔、爺（じ）さんと、婆（ば）さんと屋根ふきしとったら、穂（ほう）が一本出てきてんてや。ほしたらその穂を、爺さんは、

「鳥にやろ」いうて、婆さんは、

「はったいに（はったい粉）して食おかいな」いうて言うたんやて。ほして、婆さんきばって、ねばり臼でこねて、

「さあこれから練ってやろかい」てたら、爺さんその時、勢いよう屁をブーンてこいたなり。ほすとみな立ってしもたんやて（飛び立っていってしまったんだと）。

（『若狭の昔話』）

これも、この話だけ見ていると、屁ではったい粉を吹っ飛ばすというところが何となく可笑しい。それだけのことで、話としての展開もまとまりも何もなさそうです。私は九年程前、若狭の民俗調査の折、偶々これを語った方にお会いしました。専業農家の穏やかな落ち着いた方で、知識欲は旺盛ですがこんな話を好んでするような感じの人ではありませんでした。ちなみに最近、若狭地方でいくつか同様の昔話の報告があるのは注目すべきところです。

ところで、この話で注目すべきは、屋根葺きをしていたら穂が一本出てきたというところ。屋根葺きをしますと穂に一本、二本と取り残した籾の付いたのがある場合があります。そんなにたくさんあるはずがありません。はったい粉にするだけの量になるものかどうか。普通は無理ですね。ところがそれがなるんです。そこがこの話の面白さです。屋根葺きで見つけた、たった一本の稲穂から臼で搗いて粉にし、それを盛大にバアッと爺の屁で吹き散らしてしまう。あるいは、その飛び立った粉をかぶることを期待する雰囲気があったかも知れませんね。とんでもなく話が大げさになってまいりました。

豆こ話

ここまで来ると、その先には、次に紹介する岩手県の「爺婆と黄粉」のような話との関わりも見えてくるようです。長い話なので要約しますと、こんな内容です。

爺と婆がおり、婆がウチを掃き、爺が土間を掃いていると、土間の隅から豆コが一つ転がり出た。婆と畑に蒔くか炒って黄粉にするか相談し、黄粉にすることにする。大きな鍋に一粒の豆コを入れて、「一粒の豆コア千粒になれ、一粒の豆コア万粒になれ　カアラコロヤエ、カアラコロヤエ　カラコロコロ」と掻き回すと豆が大きな鍋いっぱいになった。今度はそれを大きな臼で搗くと臼いっぱいになる。粉下ろしがないので、爺の褌の端で粉下しをした。黄粉を猫や鼠に食われないように、爺と婆の間に置いて寝る。ところが、夜中に爺が大きな屁を「ボンガラヤエ」とひると黄粉がバフウと吹っ飛び、婆の尻にくっ付いてしまった。爺はそれをもったいないと言いながら「ペッチャラ　クッチャラ」みんな舐めてしまった。

（『岩手県上閉伊郡昔話集』）

これも、土間を掃いていて豆がたった一粒転がって来た。「一粒の豆コア千粒になれ、一粒の豆コア万粒になれ」というのは一粒万倍の呪的な唱え文句の感じがしますね。そうして豆が鍋いっぱいになり、それを臼で搗くと今度は臼いっぱいになる。大変不思議な状況です。これも一つには、やはり豊饒を象徴的に表現したもののようです。人々の豊かさへの願いがこういった昔話には込められているようです。そしてその一方で、事も有ろうに爺の褌で粉下ろしをし、爺と婆の間に入れて寝て、爺さんがバフウと屁で吹き飛ばし、黄粉が婆さんの尻にくっ付くと、爺はそれをペッチャラクッチャラとみんな舐めてしまったという。このあたり、話がどんどん大きくなり、かなり露骨でエロチックな内容になってまいりました。豆コというのも実は女性の象徴を指します。しかしながら、こんな話を爺と婆の性的な笑い話として、おそらく聞き手は振りかかるはずの黄粉に逃げ惑い、身を捩って笑い狂うのでしょうね。豆コと黄粉を題材にした性的な笑いと、それに込めて豊饒の目出度さをも表現しているといえる。そこには集団的な伝承の場が見え隠れいたします。

五　直会(なおらい)の昔話──「爺と婆のむかし」──

最初に語る昔話

こういった話は東北地方や新潟県にもいろいろ話例があり、いわゆる「豆こ話」と呼ばれているものでありまして、こちらの大学にいらっしゃった野村純一氏によれば、これらが昔話の場を盛り上げるための「最初に語る昔話」ではなかったかということであります。しかもそれらは家族伝承ではなく、「直会(なおらい)」などといったような、共同体的空間ともいえる場で語られていたことが想定されています。秋の収穫後とか祭礼などの行事とか正月や小正月など、寛いで昔話がふんだんに語られる機会に、まず最初にその場の雰囲気を作る役割を担った話だったのではないか。それが「爺と婆」の話の枠で語られることも、ハレの日の呪的な豊かさへの期待なのでしょう。貧しい生活の中で、わずか一粒の豆、一本の稲穂から豊饒を希求する象徴的表現として、まず最初に性的な笑いとともに語られることがあったのであります。ハレの場の語りは、神仏に感謝し喜ばせるものでもありました。

豆や粉のほかに餅、牡丹餅、団子などもやはり同じ意味合いがあったようで、一例をあげると、野村純一氏の紹介した富山県東砺波郡（現、南砺市）のものは、隣から牡丹餅を三つ貰った爺と婆が、無言比べをして勝ったほうが二つ食べることにして寝る。すると夜中に泥棒が入り、婆は思わず口を開くが、爺は黙っていたので二つ食べたというもので、これを語り手自身が「最初に語る話」と言っているのです（『昔話伝承の研究』）。これに類した昔話は富山県や石川県の能登地方、南加賀地方からもいくらか見出せます。それらは元来がハレの日の食べ物でもあります。おそらくは共同体の祝祭事にもそういうハレの日の目出度い食物として、まずは神仏に供えられたことであろうし、直会の食べ物としても振舞われたことでしょう。そんな目出度いものをまず手始めに題材に取り上げて、語りの場の雰囲気を高揚させるべく、こんな爺と婆の話が語られたのではないかと思われます。

ところで、野村氏が新潟県栃尾市（現、長岡市）で聞いた「最初に語るむかし」は、やはり、にわ（土間）を掃いていた爺が稲穂を一本拾い、うちを掃いていた婆が小豆を拾って牡丹餅を作ることにする。作り始めると蜂が次々と飛んで来て、爺と婆のほっぺをチクーンと刺すので、持っていた餅をぶっつけて殺したというもの（『増補・改訂　吹谷松兵衛昔話集』）。今度は稲穂と小豆の両方が出てまいります。野村氏はこの話について、そこには、蜂が飛んで来て爺と婆をチクーンと繰り返し刺すのにふさわしい挙動が伴っており、周囲にいる聞き手たちは身を捩（よじ）って針を避けようとし、投げられた餅を避けようとして小さなざわめきが起こり、笑いのさざ波が立って、むかしを語る独特の雰囲気が生まれてくるというふうに述べています（『昔話伝承の研究』）。

これと似たような雰囲気を感じさせる話が、実は私たちが調査した石川県の白山麓にもありました。石川郡尾口村深瀬（現、白山市）の河岸てる子さんが語った「雪隠（せんちゃ）の屋根葺き」という話で、爺が雪隠（便所）の屋根葺きをしていると垂木が折れて下へ落ちる。助けに来た婆が手に針を持ったまま、「どこ足や、どこ足や」と言いながら爺を助けようとして、爺の急所に針がチクチク刺さり、爺が痛がったというもの。この場合も語り手は、声も刺すそぶりもだんだん大きくなってゆき、しまいには回りにいる人共々大爆笑になってしまいました。そして、この話を語り手自身は「しまいの話」と言っているのです。爺が便所の屋根を葺いていて下に落ち、婆の持つ針で急所を刺されるという下ネタ話であり、いわゆる「クソ話でとり」に近いということも言えますが、始まりとおしまいの違いがあるにせよ、やはり針で刺すといった挙動によってその場を盛り上げていることがわかります。この話ももしかしたら、かつては一座の笑いを誘い、その性的な語りと相俟って昔話を語る独特の雰囲気をまず醸し出していたのかも知れません。

北陸地方は浄土真宗地帯でありまして、十一月から十二月にかけて親鸞聖人の忌日の前後に報恩講が盛大に行われます。ちょうど秋の収穫が終わった頃で「ホンコさん」と地元では言っています。「話はホンコさんの晩」といった言い方もあるのです。一年の終わりに当たり、相当寛いで昔話をふんだんに楽しめる時期だったのでしょうね。またお講も定期的に行われています。そういう時に町の方から坊さんがやって来る。講の後に直会があります。白山麓地方では、お逮夜（法事）や茶飲み（親族の命日）などにも親戚の者が集まって夜遅くまで話が尽きなかったそうです。

ところで、昔の坊さんというのはよく旅をするんですね。そういった祭事の頃には能登や越前や富山などからも説教僧とか客僧と呼ばれる坊さんたちがどんどん入り込んで、道場などで説法をして行くんです。そんな折にも昔話が盛んに語られ一座を賑わせました。廻国の宗教者は物識りでもあり話術も巧みです。そういった人たちが多くの昔話や笑話や世間話の運び手にもなっていたのです。

六　「麦粉の話」と茶湯の座—咄本と昔話の交渉—

西行狂歌咄

次に、今度は目を転じて、古典の世界を通して昔話のありようを考えてみたいと思います。近世の狂歌や俳諧にまつわる話を収録した咄本などには昔話との関わりを有する話が多く書き留められているのですが、江戸時代初期の『新旧狂哥誹諧聞書（しんきゅうきょうかはいかいききがき）』の中に、次のような西行法師にまつわる麦粉の話が記されていました。

西行法師醒ヶ井の水にて麦粉を食はんとしてけるに風麦粉を吹きちらしければ、
頼みつる麦粉は風に誘はれてけふ醒ヶ井の水をこそ飲め

というのですが、これだけではあんまり意味がわかりませんね。西行法師が登場するこれは狂歌咄といわれるものです。西行法師が麦粉を食べようとしたら風が吹いて、麦粉が飛び散って食べることができず、しょうがないから今日は醒ヶ井の水を飲んだ。ああ興醒めじゃといったようなことなんでしょう。今日と醒ヶ井が興醒めに掛けられています。小林幸夫氏に言わせれば、ここは近江の醒ヶ井ではなく京の醒ヶ井でなければなるまいということです。この話も実に他愛がない。何で西行が麦粉を食わねばならないのか。しかしこれは西行に仮託した言葉遊びなんですね。それに打ち興じている。他にも、西行とは言いませんが、同時代の『醒睡笑』とか『新撰狂歌集』とか『古今夷曲集』にも同じ話が記されており、当時結構人気のあった話のようです。また、狂言『御冷』には、「水」の読みについて、「おひやし」と読むと主張する主人に、太郎冠者が右の歌を西行の故事として引き、反論する様が描かれていますから、すでに西行の歌としても知られていたようです。

こういった西行咄のことは花部英雄氏や小林幸夫氏が専門的に研究をしておられ、そこから教えられることが多いのですが、このような話の担い手は連歌師や俳諧師であろうといわれています。室町から戦国、江戸という激動の時代にこうした人々が活躍し、機知に富んだ面白おかしい狂歌咄を作り、それらを互いに披瀝し合い享受しているのです。この人たちも旅に生きた人たちであり、それを各地に持ち運び広めていったようであります。その中に麦粉を風に吹き飛ばされて食べ損なった西行さんの話などもあった。「都よりあきなひ宗祇下りけり、言の葉めせといはぬばかりに」という表現が『醒睡笑』にあります。これは言葉遊びに生きた連歌師宗祇を端的に表現したものでしょう。

そういった旅に生き、言葉遊びの世界にいた人々が、平安時代末期の戦乱の世を、やはり旅と歌に生きた大先達としての西行を題材に、しかもその歌聖としての立場を逆転させることでこのようなおどけた、まことにばかばかしい笑話の主人公に仕立て上げ、語り伝えてきたのだろうと思います。生真面目に文学研究していると一見ばからしく思えますが、面白いと思ってみると、この連想と言葉遊びの文芸は大変面白い。そして、そのような狂歌咄がたくさん記録されてきたのが江戸時代の初めなのですね。

夜伽の座・直会の場

ところで、この麦粉について注目しますと、小林氏によればこれはお茶請けでありまして、茶菓子とか茶の子なども言います。ということは、この連歌師や俳諧師はどういった時にそういう狂歌咄を楽しんだのかというと、おそらくは夜伽の座ではなかったかと思われます。それはまた茶の湯の座なのですね。これは集団で行われます。お茶も点(た)てますが、お酒も出るし物も食べます。そうして面白い話をひとしきり披瀝する。そんな時のお茶請けに麦粉などが出てくると、それを題材に座興としてこういった「麦粉の話」がまず話されたもののようです。茶湯の席という、いってみれば茶人・文人たちの共同体的な空間である寄合において、こういう話が大変もてはやされたのだろうと思います。そこはハレの空間でもあります。ひょっとすると、座興として麦粉をまず話題にしながら、風に吹き飛ばされた麦粉が一座の人々に振りかかるような仕草をして、みんな体を捩って逃げたりして笑い転げたのではないかとさえ想像いたします。そういう仕草を踏まえて一座の笑いを醸す。そこから狂歌咄や俳諧の咄を楽しむ雰囲気ができたのではないか。振りかかる麦粉をかぶる仕草は豊饒の粉をかぶる意味にも通じていたかも知れません。麦粉のほかにも饅頭や団子も題材に選ばれたであろう。それらもやはりハレの食べ物です。

そのような意味合いのことが、一方でいわゆる地方の民俗社会における直会の場にも浸透していったのではないかと私は考えています。例えば、先程述べたような説教者とか客僧といった民間宗教者たちと茶人や連歌師・俳諧師などの活動は、「旅」と「咄」を介してかなりの接点があったのではなかろうかと思います。尾形仂氏の『俳句の周辺』を読むと、美濃派の行脚俳諧師たちが地方の庶民大衆の俳諧の座に入り込み、俳諧の指導のみならず、幅広く雑多な知識・教養の伝播者としての役割を果たしていたとあります。

こうして、茶の湯の席でもてはやされた連歌や狂歌俳諧の咄のあり方が、次第に地域の共同体社会にも浸透し、やがて定着していくと、今度は語り爺とか語り婆といったような人たちがそれを受け継いで、自分たちの共同体社会における民間伝承として、直会の場などで語る役割を担っていった時代があったのではないかと思うのです。『新旧狂哥誹諧聞書』に書かれた西行の麦粉の話などを通して考えてみると、咄の世界と民間説話の伝承の場というのは案外近い関係にあったといえるのかも知れません。

七 「おちょんに杓文字（しやもじ）」と狂歌咄―好き者西行の造形―

「西行と女」

さて、同じ山中町旧東谷奥村の荒谷で聞いた昔話に「おちょんに杓文字（しやもじ）」という、これも変わった昔話がありました。河原仁作さん（明治四十三年十月二十五日生まれ）という方の語りです。おちょんというのは女性の隠し所のことです。これだけで相当に下がかったものを予想させますね。まずは例話を掲げます。

大昔でしょう。あのう、夏の暑い日にね、そのう、四十過ぎた、何ですね、母ちゃんがぁ、子どもはたくさんいるし、さあ家(うち)行ってこれから、お団子でもして食わしょと思て、ほいて、夕方四時ごろ、こうして大きな囲炉裏へ鍋掛けて、ほうしてこうお団子こねてたんです、こね鉢で。汗かきかき、ね。誰も来んからと思て、まあ素っ裸になって。今とは違ってね、昔は、そのう、女の人は腰巻ちゅうもんだけしかなかった、ね。そりゃあ、夏ぁ暑いでしょ。だからほの、誰も来んし、裸んなって腰巻を、もう前も何もない。汗ぁたらたら出るでしょう、前に大きな鍋掛けて火い焚いてるんですから。ほいでまあ、お湯ぁくらくら煮えとるし、あまり暑い。こう、汗を拭き拭き、前も後ろもない、腰巻も何にもなぁい、まあいわば今のヌードみたいなもん。ほうしてお団子こねてた。

ほうしたら、ガラッと開(あ)いて弘法さんが見えた、玄関へ。

「どうか一文くれ」って。ほうして、ふっと弘法さんが戸う開けざしたら、母ちゃんがぁ、そのう、裸んなって汗を拭き拭き団子をこねてるんですから。片一方(かたいっぽ)はお団子で手は今度ぁ、何でしょ、粉だらけでしょう。片一方にはお湯ん中へ杓文字を持ってたん。ほうすると、前隠す暇ないんだ。弘法さん、ひょっと戸う開けて見るなり、あんまりその、母ちゃん慌てたんや。今度は隠さんないかんから。ほうしたらほの弘法さん、そこで歌歌わしたと。どういう歌(うと)うって。

「おちょんに杓文字は見初めじゃ」ってそう言う。「おちょんに杓文字は見初めじゃ」って、こうする。なあだ、方々歩いたけど。ほうしたら、ほの母ちゃんがどう言うかったら、

「おちょんに杓文字があればこそ、多くの子どもを掬い出す」って。弘法さん負けてまって、こそこそっと逃げて行かしたって。

（『南加賀の昔話』）

これは粉と団子にまつわる話ですね。ここでは弘法大師になっていますが昔話の型でいうと「西行と女」です。暑いので裸になって、こね鉢で粉だらけになって団子を捏ねていた女が、弘法さんが来たので慌てて前を杓文字で隠そうとする。そこで弘法さんが「おちょんに杓文字は見初めじゃ」とからかうと、女は「おちょんに杓文字があればこそ、多くの子どもを掬い出す」と言い返したので弘法は負けて逃げて行ったというもの。捏ねた団子を杓文字で掬うことと子どもをたくさん産んで取り上げることを掛けた、村の女の当意即妙の返歌に降参してしまうのです。ほぼ同じ話を能登の富来町でも聞いており、それは西行になっています。要するにこれは、修行の旅の途中に訪れた土地で、その土地の精霊との歌問答に敗北して逃げ帰る西行話のパターンといえます。こね鉢、杓文字、粉、団子、おちょん、子だくさんといった要素を揃え、見事に下がかった話に仕立てられています。

ところで、これとよく似た話が『安芸国昔話集』にありました。「西行と亀と女」と題するもので、発句の上手な西行法師が修行に出て、峠でうっかり亀の背に便をし、便を背に載せて歩き出した亀と発句を掛け合って西行が負けます。続いて、女が尻をからげて豆を研いでいるところに通りかかると女は慌てて笊で尻を隠した。そこで「西行はながの修業はするけれど　豆に笊（こしき）はこれがはじめて」と詠むと、女は「尻にこしきは豆蒸し（うむ）　杵があるなら突けや西行」と言い返したので、また西行が負けてしまったというもの。先の例話の「おちょんに杓文字は見初めじゃ」と、この「豆に笊（こしき）はこれがはじめて」とは大変よく似た言い方ですね。しかも、どちらの場合もからかったほうが女の即興に言い負かされて退散していますから、類話といっていいと思います。こちらも豆、尻、笊、杵、突くといった縁語で一段ときわどい話になっています。豆と杵が男女の陰部を指すのは言うまでもありません。後者の話のほうが「杵があるなら突けや西行」などと、より挑発的で露骨な内容ですね。女性のほうがしたたかです。野村敬子氏は、旅の宗教者である老尼が産室での夜伽において「西行と女」「西行と小僧」などといった笑話を聞かせていたという近江国栗太郡の事例を報告しています（「昔話と女性」『岩波講座　日本文学史』第十七巻）。西行話に女性が加担していたことを思わせる一例でもあり、そうであればそのしたたかさもうなずけます。

これらは腰から下のネタを特に強調しつつ、「多くの子どもを掬い出す」とか「杵があるなら突けや西行」などといった性的な語りを通して、好色な好き者西行としての行状を語っているようです。他にも滋賀県や長野県、岡山県、鳥取県、宮崎県などに類話が見られます。これらは歌聖としての歴史上の西行像を見事に逆転させ、性的な話の主人公としての好き者西行として造形されているといえます。

御伽の衆

さて、そのような好き者西行はいったいどこから来るのだろうかと考えると、古典の世界にすでにその淵源があるように思われます。ここに一例を掲げると、豊臣末期から江戸初期の成立と思われる『室町殿日記』巻第十に西行狂歌話（「徳永法印咄御事」）が記されています。秀吉の御伽の衆の一人である徳永法印が、御伽の御菓子に夏大豆が出た折にこんな西行咄を太閤の前で披露しております。西行が修行の途中、摂津の国で一夜の宿を求めると、亭主が留守なので断られるが、修行者だからと言って無理に上がり込む。このあたり江口の遊女と西行の話を髣髴させます。そしてこの場合は、言葉巧みに女に言い寄るところを帰って来た亭主に見つかり、浜辺で柴漬（ふしづけ）にされそうになった時、即座に「西行かたま〳〵つくる大豆（まめ）ばたけ　豆一つふか三斗にこそなれ」と詠み、西行とわかって許されます。危ういところを機転で難を逃れるというのも昔話の「俵薬師」と一脈通ずるものがありそうですが、この場合は西行の機知に富んだ歌によって命が助かる、いわゆる歌徳説話の形になっていて、『宇治拾遺物語』巻第三第十一「藤六の事」などが思い合わされます。秀吉はこんな好き物西行の狂歌咄にたいそうご機嫌だったようです。これも夜伽の茶湯の座での狂歌・俳諧の座興だったのでしょう。

　ここで題材とされるのがやはり豆でありまして、「大豆」から女性器が、「つくる」から性行為が連想されます。また、「豆一つふか三斗にこそなれ」を三斗（みと）と読めば「溝合（みとのまぐわい）」で、男女の性的行為に通じますし、一粒の豆が三斗の量にもなるというのは豊饒性を表しているといえます。こういったことが夜伽の茶湯の座で言葉の遊びとして笑い興じられたのだろうと思います。小林幸夫氏は徳永法印を烏滸（をこ）なる咄の者だろうと言い、このような西行の逸事を面白おかしく語る者が、連歌や俳諧に興じる座に列なっていたであろうことを指摘しています。昔話に西行の名が多く登場するのもそれら咄の世界からの影響だろうと思います。

しまいの話

ところで、ことわざ・慣用句を集めた江戸中期の『譬喩盡（たとへづくし）』に、「お尻咄（いどばな）しが出れば咄（はなし）の仕舞（しまひ）じやげな」と記されています。そして、先の『安芸国昔話集』の「西行と亀と女」についても、稲田浩二氏がすでに指摘しているように、いわゆるしまいの話としての「とりの話」であろうと述べているのです。確かに、「くそ話でとり」と言われるように、話題もくだけて下の話になればもう宴の座も果てるということで、これらはむしろ「しまいの話」としての可能性を考えてもよさそうですね。とすれば、先程の南加賀の「おちょんに杓文字」などもこれと同様に、かつて「しまいの話」としての機能があった可能性を推測することもあながち無意味ではないように思えます。稲田氏は京都府船井郡和知町（現、京丹波町）の事例から、西行狂歌話がとりの話として愛用されたと言っています。また、「西行と亀」の話について、「この類の狂歌と話が各地の狂歌師輩や多少の文芸好みの人士によって、文字に縁のない農民たちの耳を喜ばしたことは容易に想像できそうである」と言っています（『昔話の時代』）。これらのことからも、民間伝承の世界と咄の世界とは案外近いところにあった可能性が考えられるのでありました。

おわりに

わずかに南加賀という狭い地域の伝承であり、限界を通り越してもはや消滅し始めている小さな世界の伝承一つが、大きな広い世界の伝承と深く関わっております。あるいは時間を遡れば、三百年、四百年昔の文芸とも重なってくるものがいくらもありそうだというのが昔話の世界でありました。そういった貴重な歴史と文化を、この中島すぎさんを筆頭に、南加賀のすぐれた語り手である人たちが担ってきた。そうして、私たちに今日まで伝えてくれていたことをあらためて思うのです。語り手一人が一つの図書館であると言いましたが、この人たちの図書館は大きいですね。今日、フィールド・ワークが難しくなってきたからといって、昔話研究が終焉を迎えたわけではありません。むしろ今後の課題としては、フィールド・ワークの経験をさらに生かしつつ、これまでに莫大なエネルギーを費やして蓄積されてきた膨大な昔話資料の、丁寧な読み返しが求められているといえるかも知れません。時間を超過しましたがこれで終わります。

〔参考文献〕

黄地百合子・大森益雄・堀内洋子・松本孝三・森田宗男・山田志津子編『南加賀の昔話』（三弥井書店　一九七九年）
野村純一『昔話伝承の研究』（同朋舎出版、一九八四年）
稲田浩二『伝承の旅』（京都新聞社、一九八二年）
同　『昔話の時代』（筑摩書房、一九八五年）
花部英雄『西行伝承の世界』（岩田書院、一九九六年）
小林幸夫『咄・雑談の伝承世界―近世説話の成立―』（三弥井書店、一九九六年）
同　『しげる言の葉―遊びごころの近世説話―』（三弥井書店、二〇〇一年）
松本孝三『民間説話〈伝承〉の研究』（三弥井書店、二〇〇七年）

日本の古典と昔話
――共有される話型をめぐって――

廣田　收

はじめに

私は国文学、特に日本の平安時代の文芸である『源氏物語』を、学生時代から勉強して参りましたが、一方では、極端なことに見えるかもしれませんが、昔話を中心とする民間伝承の勉強も少しばかり致して参りました。それで、私は古代の貴族文芸である『源氏物語』も、おそらく紫式部ひとりによってすべてが作り出されたもの、創造されたものだとはいえない、と考えて参りました。それは「複数の作者が書いた」ということではなく、発想とか様式とかといった、物語の枠組みの問題のことです。つまり、文字で書かれた物語文芸の基盤には、必ず音声による、集団によって伝えられた口承の世界が基盤になっている、という確信に基づいています。そのような類型性なしに、物語を描くことはできないはずだ、ということです。

例えば、「古い器に新しいものを盛る」という言葉があります。言葉はまさにそうです。もともと言葉は、最初から私のものではなかったのです。私は、学習の過程で、古くから用いられてきた日本語を身に付けるとともに、伝統的な使い方を少しずらしたり、言葉の組み合わせを新しく組み替えたりすることによって、新しい創造的な表現を獲得できるというわけです。文芸の制作には、必ずこの仕組みが必要です。

ところで私はこの一〇年ばかり、鎌倉時代の初期に成立いたしました『宇治拾遺物語』という説話集、物語集の勉強をして参りました。その動機のひとつには『宇治拾遺物語』を『源氏物語』を代表とする古代物語の伝統として読めるかという疑問があります。これは、読んでみて感じましたことですが、『宇治拾遺物語』は『源氏物語』とはどうも違う伝統に立っているというのが結論です。

もうひとつは、『宇治拾遺物語』の説話の中に、昔話と同じ話型が見出せるものがあり、これをどう読むか、という問題です。この問題を昔話の側から考えるか、『宇治拾遺物語』の側から考えるか、二つの立場がありえますが、今回は「日本の古典と昔話」という題をいただきましたので、本日は『宇治拾遺物語』の側から考えてみたいと思います。

どうやって論じるのかと申しますと、比較という方法を用います。そして、比較を試みるときに、あまり耳慣れない言葉かもしれませんが、「話型」というものを考えてみたいと思います。

一　話型と事項

口承文芸 oral literature のひとつである昔話 fairy tale を参照して、文字で書かれた日本の古典文学を捉えようとするとき、私は媒介項として、話型というものを考えています。普通、昔話研究では話型はアールネ・トムプソンの話型索引 type-index を用います。例えば、日本の昔話「瘤取爺」を例にとりますと、話型の分類番号として、AT503番というふうに番号が与えられています。瘤取の鬼は爺に呪福を齎すわけで、この鬼は神格 god であり、霊格 fairy であるといえます。

これが今や、いわば世界基準となっております。ですから、外国で同じ昔話の話型を探そうといたしますと、このAT503番を手掛かりに調べますと、比較の対象が探し出せるというわけです。

ところが、実際に外国のメルヘンと比較をやろうとしますと、日本では活発に語られている話型が、別のある国や地域ではほとんど語られない場合もありますので、話型をあまり固定して考えると、有効な比較ができないという欠点があります。

口承にしても書承にしても、日本の文芸を考えるとき、そのような話型 type を、すぐそのまま適用すると、どうも比較が窮屈になってしまうように思います。私はいつも、昔話研究においては話型 type というものが、普遍的で自明なものとして先験的に設定されているように感じます。まして日本の古典文芸を、昔話の話型でもって切り取っても、古典文芸の text はバラバラになるだけです。

ですから、私は話型というものを、もう少し緩やかに、物語や説話、昔話や伝説を貫き、それらを構成的に支えている枠組みとして捉えようと思います。いずれにしても、伝承が地域や言語、文化や歴史を越えて伝播してゆくときに、話型が安定した枠組みとして持ち運びされているように感じます。

地域による話型の偏りということで申しますと、私が面白いと感じましたことは、継子虐めは日本人が大好きな話型だという指摘です。ドイツのグリム・メルヘンの中にも、あの有名なシンデレラ型の継子虐めの昔話があることはよく御承知だと存じますが、精神史研究からいえば、がまんにがまんを重ねて逆転する機会をひたすら待つという姿勢に共鳴、共感してやまない日本人の心性 mentarity の問題であると思います。

二　昔話「継子虐め」の話型

事項からみた昔話「継子虐め」

日本昔話の継子虐めの代表は、例えば「お銀小銀」とか「糠福米福」「栗拾い」「継子と鳥」などと呼ばれる話柄です。昔話「お銀小銀」のように、継母が繰りかえし継子の命を絶とうとする残虐なものと、昔話「栗拾い」のように、継母が継子に過大な労働を与えたり、祭や芝居に連れて行かないときに、亡き実母や母性の印象 image をもつ山姥が継子を助けるというものがあります。この昔話「お銀小銀」とは、およそ次のような内容です。

継母は継子に毒饅頭を食べさせようとします。それを、実の娘が継子に食べないように教えて、継子は危機を逃れることができます。さらに、継母は刀で突き刺して殺そうとしますが、実の娘がまた助けます。しかしついに、継子は棺の中に閉じ込められ、山に埋められてしまいます。実の娘が継子にホウセンカの種を渡しますと、継子は棺の底に開けた穴から、ホウセンカの種を播いて行きます。次の年の春、実の娘は点々と咲いたホウセンカの花を辿って行き、継子を掘り出します。長い間土に埋まっていた継子は目が見えなくなっていますが、ちょうど父親が戻ってきて、流した涙が継子の目に入り、目が開きます。それで父親は継母を追い出した。

というような内容です。

これは水沢謙一という高校の先生が、長年にわたって主に新潟県の村々を廻って昔話を記録し、表現を整えられた採録資料の語り口を、私が粗筋storyの形で要約したものです。実に美しい様式の語りで、表現の整えられたものだと思いますが、語り口のおもしろさは『おばばの昔ばなし』(野島出版、一九七三年)を御覧下さい。

皆様の中には、幼いころに昔話を聞かれて育った方や、実際に昔話の採訪に御出掛けになった方がおられるかもしれませんが、私のわずかな経験でも、同じ語り手に同じ話型の昔話を語ってもらったとしても、およその筋storyは同じでも、一回一回の語りnarrativeの細部は毎回違います。ですから、昔話の表現を捕まえることは、なかなか難しいところがあります。

それで、いきなり昔話の構造というものを捕まえることは難しいものですから、何度語っても安定した語り口を保証できる構成というものは、登場人物caractorとその行動を、「主語+述語」という単位で抽出することがよいと思います。というのは、motifやplotの分析は、人によって違いが生じるからです。それでこの枠組みは何度語ってもらってもゆるぎのないもので、安定していると考えられるからです。私は、これを「事項」と呼ぶことにしています。この次元、この水準で掴(つか)まえますと、時には語りの欠落しているところがあったり、時には語り間違いがあっても、「話型」を原理的に見ることができます。

この「事項」を具体的に取り出した分析は、次のようです。

昔、あるところに、父と母がいた。

(母に)子どものお玉が生まれた。

母が亡くなり、父は後家をもらった。

後家（継母）にお次が生まれた。
後家は、お次においしいおかずを食べさせ、お玉（継子）にまずいおかずを食べさせる。
継母は、お玉に毒を食わせる計画をお次に話す。
お次は、お玉に継母の悪巧みを話し、お玉を助ける。　Ⅰ
継母は、お玉を刀で殺す計画を話す。
お次は、お玉に継母の悪巧みを話し、お玉を助ける。　Ⅱ
継母は、お玉を山に捨てる計画を立てる。
お次は、お玉に継母の悪巧みを話し、桶の隅に穴を開ける。
継母は、お玉を桶に入れ、山に捨てに遣る。
お次は、お玉に桶の穴からホウセンカの種を播くように教える。
継母は、お玉を山に捨てる。　Ⅲ
お次は、ホウセンカの花を辿り、お玉の埋められた場所に至る。
お次は、お玉を呼ぶ。　Ⅰ
お玉は、お次の呼びかけに答える。
お次は、お玉を呼ぶ。　Ⅱ
お玉は、お次の呼びかけに答える。
旦那様が、お玉を助ける。　Ⅲ

お玉は、子守りをして働く。
父が帰り、子どもがいないので泣いて失明する。　Ⅰ
父が、子どもを探しに旅に出る。
お次が父を見つける。　Ⅱ
お玉とお次が父の目を治す。
父と子どもたちが継母を懲らしめる。　Ⅲ

というふうに分析できるでしょう。この中で、大文字のローマ数字で示したⅠ・Ⅱ・Ⅲは、登場人物の行動の繰り返しを示しています。「二度あることは三度ある」とも申しますが「三度目の正直」ということもございまして、三度目にはついに事態に変化が生じます。登場人物の同様の行動が繰り返される中で、事態は展開して行きます。繰り返し refrain にこそ、昔話特有の面白さがあるのです。このような繰り返しは、物語や説話では場合によって省略されたり、簡略化されたりしますが、昔話はこの繰り返しそのものが命です。

この事項をさらに整理し、基本的な構成を見ると、次のように纏めることができます。

継母に実子が生まれ、先妻の子は継子となる。　（主人公の設定）
実子は、継子殺害の計画を知り、継子の危機を回避する。　Ⅰ・Ⅱ・Ⅲ
実子は、継子を救出する。　Ⅰ・Ⅱ・Ⅲ
実子と継子が、父と再会する。　Ⅰ・Ⅱ・Ⅲ

父と子どもたちは幸福に暮らす。

（幸福なる結末）

長い間、昔話の採集を続けて来られた方なら、昔話の語り手に、昔話をどのように記憶しているのか、一度や二度は聞き取り interview された経験が御ありだと存じますが、おそらく語り手は、一字一句暗記しているわけではなく、各場面を映像的に記憶しているように思います。山の畑で、種を播く爺とこれを妨害する狸が、対立的に配置されているというふうに、どんな場所で、誰と誰とが配置されているかということを、絵のように語り手は記憶しているのではないかと思います。と同時に、語り narrative を、何かしら枠組みの次元で記憶しているように思います。いわば語りの構造は、記憶の構造でもあるのです。

もちろん、擬態語・擬音語なども効果的に用いられますし、伝承的な表現として記憶されている固定的な詞章も、話型に重ね加えられて昔話は重層的に構成されています。外国文学を勉強している先生方にうかがったところでは、擬態語・擬音語などは、日本語の大きな特徴らしいのです。それから、伝承的な表現と申しますのは、唱え言や歌、諺（ことわざ）や慣用句など、固定して記憶されている表現を申します。いずれにしても、主人公が試練を克服して、幸福を獲得するという転換の構造が、このような語りの反復によって具体化して行きます。

農村の昔話としての「栗拾い」

一方、「栗拾い」という昔話の粗筋は、およそ次のようです。

継母が継子と実の子に、栗拾いを命じます。継子に持たされた袋は底に穴が開いていて、拾っても拾っても栗は溜（た）まりません。一方、実の子の持たされた袋は穴が開いていないので、すぐに栗が溜まります。それで、実の子はいつけを守って家に帰ってしまいます。継子が途方に暮れ、道に迷いますと、遠くで明かりが見えます。山の中の家を訪ねますと、そこに亡くなった母親が現れます。亡くなった母親から継子に打出小槌をもらいます。ようやく家に戻ってきた継子に、また途方もなく手間のかかる仕事をいいつけて、継母は実の子と祭に出掛けます。仕事がはかどらない継子を小鳥が助けます。継子が打出小槌を振りますと、帯や着物、簪などが出てきます。継子が着飾って祭に出掛けますと、殿様が見染めます。継子が継母たちの先回りをして家に帰ると、殿様が祭で見かけた美しい女の子を捜しにやって来ます。継母は実の子を殿様に見せますが、殿様は違うと言います。やがて殿様は継子を見つけ、継子は殿様のもとに嫁入りする、というものです。

これはまさに「シンデレラ」のメルヘンです。同じ話型が、なぜ日本とドイツにあるのかという問題は措くことにしますが、この「栗拾い」という言葉は、間引きや堕胎の隠語として使われている、とも聞いております。他の継子虐めでも、「継子と鳥」などは、最初に継子が殺され、鳥となって父親のもとに飛んで行き、自分が継母に殺されたことを告げます。それで父親は、継母を追い出したり、復讐したりするという話柄です。このような昔話は、実に救いのない悲しみに満ちています。殺された継子の埋められた場所は、土間や茶の間などの隅とされるのですが、それは命を落とした子どもたちを、ひそかに埋葬した歴史を踏まえているのではないかと思います。

江戸時代はいわゆる幕藩体制と呼ばれる支配制度を備えていました。藩の年貢だけでなく、神社の氏子制度や寺の檀家制度があり、人々は幾重にも負担を強いられていました。その上、何度も飢饉が村を襲います。老人や幼児たち弱者は切り捨てられざるをえませんでした。継子虐めや姥捨山の昔話は、そのような時代の過酷な現実を基盤にしていると思います。

さらにいえば、「鶴女房」でも「笠地蔵」でも、奇蹟的な幸や福がもたらされるなどということは、現実にはありえないことで、これらもほのぼのとした夢を伝えているというよりも、人々の絶望の裏返しなのです。いわば、今私たちが日や耳にする昔話は、日本の近世から近代における農村の現実を基盤にしているのです。

三　継子虐めの物語　貴族社会の『落窪物語』

貴族社会における虐め

それでは、日本の古典の中から、一〇世紀の中頃に書かれた『落窪物語』を取り上げてみましょう。

今は昔、中納言なる人の、娘あまた持たまへる人おはしき。大君、中の君には婿取りして、西の対、東の対に花々として住ませたてまつりたまふに、三、四の君、裳着せたてまつりたまはんとて、かしづきそしたまふ。また、時々通ひたまひける王家統流腹の君とて、母もなき御娘おはす。北の方、心やいかがおはしけむ、仕うまつる御達の数にだにおぼさず、寝殿の放出の、また一間なる、落窪なる所の二間なるになむ住ませたまひける。公達ともいはず、まして御方とはましていはせたまふべくもあらず。名を付けむとすれば、さすがに御殿のおぼすところあるべしとつつみたまひて、「落窪の君と言へ」とのたまへば、人々もさ言ふ。

（原文は、藤井貞和校注『新日本古典文学大系　落窪物語』岩波書店、一九八九年）

少し内容の説明をしておきます。今は昔、娘が沢山いる中納言がいた。大君、中君と上二人には婿を取り、寝殿造の西の対に華やかに住ませていた。下二人の三君、四君はこれから成人式を迎える年ごろであった。一方にはまた、皇族の血を引く王家統流の先の母から生まれた姫君もいた。王家統流という高貴な血筋が、物語の主人公の徴し（しる）mark です。継母は、姫君を自分の子どもたちとは同列に扱わず、成人式をすべき年齢に達しているのに、裳着さえしてやりません。「裳」は今のスカートのことで、「裳着」は女性の成人式のことです。ともかく、継母は継子の姫君をいつまでも大人として扱いません。さらに、継子の姫君は「寝殿の放出の、また一間なる、落窪なる所の二間なる」に住ませていた、とあります。まずここに、この物語特有の虐めがあります。

　この時代の貴族の邸宅は、寝殿造ですが、「放出」と申しますのは、この寝殿に「建て増し」した部分を申します。継子の姫君が与えられた部屋、この「寝殿の放出の、また一間なる、落窪なる所の二間なる」という箇所は、従来から難解とされており、色々な学説がありますが、私は、これはひそかに、作者が作り出した空想の場所 fiction ではないかと考えています。いずれにしても継母は継子の姫君に、住む場所としてはとんでもない、ありえないような部屋を、物語の中で与えたわけです。

　その上、継母は姫君を姫君と呼ばせず、姫君に与えた部屋の名前をとって「落窪の君」と名付けました。このあだ名は、いわば「へっこんだ場所の姫君」とでもいうような蔑称、ひどい名前だったわけです。姫君を口さがないあだ名で呼ぶことも、また虐めです。

　それだけではありません。この場面の後にも、継母は、継子の姫君に養育係の乳母や女房、女童（めのわらわ）も与えなかったり、姫君には自分の娘に七絃の琴（きん）を教えさせたり、婿たちの着物を縫わせたりしています。そもそも貴族の姫君は周りの人たちに支えられて生活していますから、自分では何もしませんし、できません。ですから、他人のために仕事をさせるということが虐めになるわけです。

今の感覚ではわかりにくいのですが、この時代は階層社会、階級社会であり、いわば姫君を姫君として待遇しないということが虐めなのです。その後、姫君は継母のたくらみによって老人の医者・典薬助（てんやくのすけ）に襲われそうになるのですが、間一髪のところで姫君は道頼という男主人公に救い出されます。

要するに、継子虐めの話型をもつ物語といっても、『落窪物語』は平安京の貴族社会の物語です。継子虐めの話型を用いながら、物語には歴史的、文化的な条件が付け加わっているのです。

『落窪物語』の特質

ちなみに、この物語を読み進めて行きますと、姫君は曽祖父から祖母、祖母から母君、母君から姫君へと相続された邸宅を継母に奪われそうになっていることがわかります。ですから、姫君は「へっこんだ部屋」に押し込められていたわけです。

興味深いことですが、この時代は、土地や家・屋敷は女性が相続します。ところが男主人公の道頼に助けられた姫君は、地券という、今で申しますと、土地・建物の権利書をかざして、邸宅を奪い返します。つまりこの物語の主題は、姫君が本来伝領すべき邸宅を奪還するところにあるのです。姫君の相続すべき邸宅を継母から取り返すことは、姫君が姫君自身であることidentityを回復することだったのです。家という本来自分が自分らしく生きられる場所を取り戻します。そういう転換こそ、この物語の基本的な構造です。

この生きられる場所とはまた妙な日本語だと、思われるかもしれませんが、その人がその人らしく生きることのできる、本来的な場所のことを申します。ですから、虐げられた住みかを強いられるということが、この物語の特質をなす虐めなのです。

邸宅を奪い返すということが、なぜ『落窪物語』の主題になるのかというと、私は、物語の基盤となった平安京という都の特殊性にあると思います。奈良時代の都、特に藤原京、平城京以前では、天皇の交替とともに遷都の行われることが基本でした。

奈良の南の方、飛鳥一帯を尋ねますと、沢山の都の跡地が発掘されています。いわば、都は帝が即位して崩御されますと、都を捨ててまた新しい都を建てたと考えられます。帝の運命が都の運命であったわけです。この観念はずっと後まで生きておりまして、院政期の堀河天皇に仕えた女房の書きました『讃岐典侍日記（さぬきのないしのすけにっき）』にも、天皇の亡くなられたあとに、清涼殿だけは一旦取り壊して、また立て直すことをしております。都を作り直す観念が生き続けているわけです。

御承知のように、七九四年に桓武天皇が、平安京に遷都します。もちろん次の平城天皇のときにも遷都が話題になりますが、平安京遷都が大がかりなものであったために財政は逼迫し、人民も疲弊しているというので、遷都は見送りになります。私は、「宅地班給（はんきゅう）」ということに注目したいと思います。都を造営したときに、官僚たちから庶民まで、その身分に応じて宅地が政府から割り当てられます。ただし、身分に応じて広さが決められていたといわれております。その後、平安京では都が固定してしまったために、邸宅は代々相続されることになったわけです。それ以来、有名な人の住んだ家や、歴史的な出来事の起きた家は、所有者が変わったとしても、ずっと名のある邸宅として伝承されて行くことになります。あの家は誰から誰に渡ったというふうに、邸宅に系譜が生じます。つまり、邸宅の相続は、平安京固有の問題なのです。ですから平安時代の物語において、おのずから邸宅の問題が組み込まれてくるのです。

同じ継子虐めでも、昔話が近世から近代に伝承された村落の人々のものであるとすると、『落窪物語』は古代平安京の貴族のものです。成立基盤が違います。しかも昔話は、音声によって語られる口承の文芸であるのに対して、物語は文字による文芸であるというふうに、決定的な違いがあります。ところが、単純化して申しますと、話型は文字を用いるか用いないかとかかわりなく働く、ということがいえます。

こんなふうに、昔話を対照させることによって、歴史的な表現である物語の特質を浮かび上がらせることができると思います。

四　古層としての話型

風土記にみえる話型

それでは日本では古い話型にどんなものがあるのか見ておきましょう。日本の古い話型を取り出すのに、資料として、奈良時代・七一三年に成立した『風土記』を用いたいと思います。『風土記』は、平城京に遷都した元明天皇の勅命によって、諸国から中央政府に郡郷の名や由来や産物、地理地形、神の名や神々の伝承などを提出するよう求めた命令に対する報告書です。なぜそんなものを求めたかと申しますと、特産物は貢納させるための、税金の対象です。今なら、国民総背番号制でひとりひとりが管理されておりますが、古代では国家が国民を支配しようとしますと、神様の支配ができれば、その神様を信仰している集団を根こそぎ支配することができたわけです。そのような報告書は、本来は祭祀集団の秘義であるはずの神話mythを、白日のもとに曝(さら)すべく、国家が諸国を支配するために提出させたものだったといえます。複雑な編纂物である、歴史書『日本書紀』や古代天皇の神学の書である『古事記』に比べて、地誌である『風土記』の方が、在来の神話を記録したものとして、伝承の話型を抽出するのに適しています。

そこで、『風土記』の中に、昔話にも認められている代表的な話型（話柄type）を探しますと、次のような事例を見つけることができます。

（1）桃太郎型
・賀茂神の伝承　（『山城国風土記』逸文）

（2）隣爺型
・福慈岳／筑波岳の伝承　（『常陸国風土記』）
・蘇民(そみん)将来の伝承　（『備後国風土記』逸文）

（3）天人女房型
・伊香小江(いかごのおえ)の伝承　（『近江国風土記』逸文）
・奈具社(なぐしゃ)の伝承　（『丹後国風土記』逸文）
・三保(みほ)松原の伝承　（『駿河国風土記』逸文）

（4）蛇婿型
・大伴狭手彦(おおとものさでひこ)の伝承　（『肥前国風土記』逸文）
・努賀毘古(ぬかびこ)の伝承　（『常陸国風土記』）

この中で、「桃太郎型」という名称は、かつて柳田国男が『桃太郎の誕生』において、「神子降誕の神話」に日本在来の「固有信仰」を求めようとしたことに敬意を払って残しました。そして、これ以後の文献には、例えば、院政期に成立した仏教説話集『今昔物語集』には、さらに、

猿神退治
藁(わら)しべ長者

などが加わります。これらは、鎌倉初期に成立した世俗説話集『宇治拾遺物語』にも、ほぼ同内容の説話が掲載されています。さらに、『宇治拾遺物語』には、

瘤(こぶ)取爺
博徒(ばくと)婿入(むこいり)
腰折(こしおれ)雀

などの話型が新たに加わります。以上のようなこれらの話型は、日本の後の時代の文芸作品を成り立たせる基本的な枠組みとなっています。

しかしながら、これらの話型は、すでに古代中国の文献にも見られますから、もっと古くから極東の日本はもちろんのこと、東アジアの隅々に色々な話型は行き渡っていたものと考えられます。そう考えますと、それらの話型の中で、古代から中世に成立した日本の物語や説話には、採られた話型と採られなかった話型があるということができます。

風土記における隣爺型の話型

それでは、『風土記』の中から、隣爺型の事例を検討してみましょう。これは、「福慈（ふじ）・筑波の伝承」と呼ばれているものです。

かつて、親神が巡行され、駿河国の福慈の山に至り、泊めてほしいと伝えます。すると、福慈の神は「今日は、新嘗の祭であり、諱忌（ものいみ）をしているから、御泊めすることはできません」と断ります。そこで、親神は「永遠に滅んでしまえ」と、呪（のろ）いの詞を発します。

さらに親神が筑波の山に登って、また宿りを乞われますと、筑波の神は、「今日は新嘗の祭りですが、御泊めします」と迎え入れます。そして、饗宴を設けて礼拝し、祭を致します。すると、親神は、「愛（は）しきかも我（あ）が胤（すえ）」云々と、すなわち「永遠に栄えあれ」と祝賀の歌を歌います。

だから、福慈山は、常に雪や氷に閉ざされて登れない。一方、筑波山は、人々が集まって歌舞飲食することが、今に至るまで絶えない、という内容です。

この「愛しきかも我が胤」という歌謡は、壽詞（よごと）であり、話型の典型、理想形からいえば前半で親神は呪（のろ）いの歌を歌っていてもよいわけですが、省略されています。あるいは、後半だけに歌謡が組み込まれたともいえます。要するに前半の呪いに対して後半に壽（ことほ）ぎというふうに、対照性が示されています。この伝承は、明らかに隣爺型の話型を用いています。

昔話の場合、隣爺型では、ほとんどの場合、最初の爺が正当な存在であり、隣爺が偽りの存在であることが明らかになるわけですが、この「福慈・筑波伝承」では、あとの方の神様が正しいというふうに逆転しています。ですが、様式的にみますと、同じことだと考えてよいと思います。

そこで、同様に「主語＋述語」という単位で事項を抽出してみますと、次のようになります。

神祖尊が、福慈神に宿りを請う。

福慈神は、新嘗（にいなめ）の祭の諱忌（ものいみ）のため、御泊（と）めできないと答える。

神祖尊は、呪詞（じゅし）を言挙げした。

神祖尊は、筑波神に宿りを請（こ）う。

筑波神は、新嘗の祭であるが、御泊めすると答える。

神祖尊は、壽詞を言挙げした。

だから、福慈岳は寒さに閉ざされ、登ることができない。

一方、筑波岳は人々が集い歌舞飲食することができる。

さらに、これを抽象化し、もっと簡潔に纏めると次のようになります。

神祖尊が、福慈神を訪れる。

福慈神は、祭の籠りの中で神の来訪を認めることができない。

神祖尊は、福慈神に災厄を齎す。

神祖尊は、筑波神を訪れる。

筑波神は、祭の籠りの中で神の来訪を認める。

神祖尊は、筑波神に壽福を齎す。

常識的に見ますと、神祭りをしているのに祖神を迎えることは禁忌 taboo に違反するように見えますが、神祭りをしているときに来訪する神の姿を認めることができないことこそ、咎(とが)められるべきことなのです。訪れてくる神を見出すことのできる者と、できない者とが語り分けられているわけです。これこそ、籠りにおける神の顕現が祭の本質であるということを伝える神話 myth の枠組みです。ですから、筑波神が「あえて」祖神を迎えたとあるのは重要な表現です。このように、対照的に語り分ける枠組みが、隣爺型の話型です。

五　隣爺型の物語『伊勢物語』第二三段

事項からみる隣爺型の物語

そうすると、平安時代の物語『伊勢物語』にも、奈良時代の『風土記』に見える隣爺型の話型を用いた物語のあることが分かります。『伊勢物語』には、沢山の事例を見つけることができますが、ひとつ分かりやすい物語を挙げてみます。

これは筒井筒と呼ばれる有名な物語ですから、御存知の方も多いと思います。

昔、地方官の子どもたちがいたのですが、男の子と女の子は幼馴染(おさななじみ)で、成長して結婚します。冒頭は主人公が成人式を終えるまでを描いています。要するに、前半は、大人になった主人公が、恋物語を始めるために必要な設定なのです。ところが、女性は親を亡くしてしまい、男は後見を失ったために、新しく田舎に、新しい女性ができます。この後がこの物語の核心です。

そこで、後の部分の構成を、さらに単純化して示すと、次のようなものになります。

男は、隣の女のもとに通う。

女は、上手に歌を詠む。

男は、女のもとに戻る。

男は、隣の女のもとに通う。

隣の女は、無作法に振舞う。

男は、隣の女のもとに通わなくなる。

隣の女は、下手に歌を詠む。

男は、隣の女のもとに通わなくなる。

この場合、隣の女は、振舞も歌も劣っていると、二つの事柄について繰り返し語っています。要するに、最初の女は歌も振舞も優れていますが、隣の女は歌も振舞も劣っていることを対照的に語り分けているわけです。つまり、この物語は正当なものが先に登場し、偽せものが後に登場しているわけですが、隣爺型の枠組みに拠って成り立っていることは明らかです。

最初の歌「筒井つの」や歌「くらべこし」は、他の資料には見えないものですから、もしかするとこの物語に合わせて創られたものかもしれません。次の歌「風吹けば」は、日本で最初に出来た勅撰集である『古今和歌集』に載っている大変有名な歌で、模範的な離別歌です。旅に出る人との別れを悲しみ、旅に出る人の無事を祈る歌です。これをこの物語では恋の歌として転用しています。歌「君があたり」は『萬葉集』に類歌があることは知られていますが、歌「君来むと」は鎌倉時代の『新古今和歌集』に載っています。つまり、『伊勢物語』は、もともと別々の歌をひとつの物語に組み立てたのではないかというフシがあるのです。

このように考えて参りますと、平安時代の『伊勢物語』には、奈良時代『風土記』に見える話型という古い古代の上に、平安貴族社会の習慣や儀礼という、新しい古代が重ねあわされているわけです。これが、私が先に申しました「古い器に新しいものを盛る」ということです。すなわち、『伊勢物語』という作品は、文学の歴史が重ね合って成立しているわけです。私は、その意味で、ひとつの作品 text それじたいが、文学史そのものであると考えております。これが私の今回の提案のひとつです。

文学史とは確かに、文学の歴史のことですが、ひとつの作品の中に古いものから新しいものへという重なり、重層性を認めることができます。この重層性と申しますものは、考古学の地層の image で、化石の出てくるカンブリア紀とかジュラ紀など、時代が層をなして重なり合うというものです。

和歌を核とする物語の構成

面白いことですが、組み込まれている五首の和歌を、それ自体として独立させて読んでみますと、歌の優劣などというものはよく分らなくなってしまいます。問題は、和歌の置かれ方なのです。置かれ方によって、歌の上手下手が決まるということです。男を振り返らせることのできた歌だから、これは上手な歌だというふうに、この物語は構成された、創られた物語であると思います。ともかく、男は最初、元の女の良さが判らなかった。隣の爺に当たる高安の女を知ることによって、最初の女の雅び、具体的にいえば、和歌や立居振舞などに優れていること、最初の女性の価値を際立たせるために、『伊勢物語』は隣爺型の話型を用いる必然性、有効性があったのだといえます。

ところで、この時代の結婚の形態は、御承知のように、一般には「通い婚」とも呼ばれておりまして、学術的には、婿を招くという意味で招婿婚（しょうせいこん）と呼ばれています。近代や現代と異なることは、母系制が基礎にあり、女性は親から邸宅を伝領します。婚姻史の専門家であった高群逸枝（たかむれいつえ）は、招婿婚から嫁入婚への展開は、女性の世界史的敗北だと批評していますが、邸宅を相続するといっても、この時代には財産を自分では処分するとか、運用するなどという発想はなかったのです。つまり、女性の方が自立していたかと申しますと、むしろ女性は家に結び付けられており、自立して生活することができず、家に縛り付けられていました。婿の身の回りの世話も経済的な援助も女性の親が面倒を見るというのが、平安時代の習俗です。ところが、女性の親が零落したり他界したりしますと、家はあっという間に逼塞してしまいます。それで、男の方も、経済的に不如意になった女性を捨てて、他の裕福な女性のもとに通うということも、この時代の習慣です。ですから、この男の不誠実さだけを責めるわけには行きません。

ともかく、話型は普遍的で歴史貫通的な性質をもっているのですが、その上にさらに、婚姻制度や相続の問題など、歴史的・社会的な問題が重ねられたところに、貴族文芸としての『伊勢物語』の特質があります。

六　韓国昔話と日本昔話の比較　「猿神退治」の話型をめぐって

事項からみる昔話「猿神退治」の比較

もうひとつ、「猿神退治」の話型を見ておきましょう。これは、『今昔物語集』にも『宇治拾遺物語』にも載っている有名な説話ですが、すでに類話・出典は中国の文献にも見えています。詳しくは省略しますが、先に問題点を挙げますと、古代中国の「志怪小説」と呼ばれる『捜神記』では、生贄（いけにえ）を要求する「神様」を打倒するのに、犬と刀と両方を用いています。また、日本の昔話のような唱え言を組み込んでいません。邪悪な「神」は一方的に打倒されてしまうだけで、退治される「神」が、これからは生贄を止めるという誓約がありません。ともかく、早くから、『今昔物語集』や『宇治拾遺物語』と昔話との類似の存在することは指摘されていますが、どこが昔話と一致して、どこが昔話と異なるのか、さらに明らかにする必要があります。

残念ながらこれまで国文学の研究は、あまりにも文献に閉じ込められていました。これからは口承文芸にも領域を広げるとともに、東アジアの伝承の間でも、大胆かつ丹念に比較を試みる必要があるでしょう。それはともかく、少しだけ検討して見たいと思います。

次に掲げる事例は、韓国の昔話「猿神退治」です。これを事項にもって分析すると、次のようです。

事例（1）

（貧しい娘が住む）

娘がひきがえるに飯を与える。Ⅰ
娘がひきがえるに飯を与える。Ⅱ
娘がひきがえるに飯を与える。Ⅲ
……………………
蛇が処女を犠牲として求める。

事例（2）

（貧しい娘が住む）

娘がひきがえるに飯を与える。Ⅰ
娘がひきがえるに飯を与える。Ⅱ
娘がひきがえるに飯を与える。Ⅲ
……………………
神が処女を犠牲として求める。

娘が犠牲に選ばれる。	娘が犠牲になることを申し出る。
祭の日、娘が犠牲に引き出される。	祭の日、娘が堂へ犠牲に引き出される。
ひきがえるが娘に着いて行く。	
ひきがえるが蛇に毒を吐く。	ひきがえるがむかでに毒を吐く。
蛇がひきがえるに毒を吐く。	むかでがひきがえるに毒を吐く。
……………………	……………………
娘が倒れている蛇を発見する。Ⅰ	村人が倒れているむかでを発見する。Ⅰ
娘が倒れているひきがえるを発見する。Ⅱ	村人が倒れているひきがえるを発見する。Ⅱ
娘がひきがえるを埋葬する。Ⅲ	村人が娘を生き返らせる。Ⅲ
村人が蛇を焼く。	村人がむかでを焼く。
（娘を犠牲にする悪風が絶える）	（娘を犠牲にする悪風が絶える）

両者の採録資料は、採集された場所も時代も違うのに、事項で比べると実によく似ています。神に生贄を差し出すことで祭をする点は日本と同じです。

ただ、この話型に蟇蛙（ひきがえる）や百足（むかで）が登場するところは、韓国らしいのかもしれません。もし、ひきがえるとむかでとの戦いが、三回繰り返しになっていれば、より典型化された話型になったかもしれません。また、**事例（1）**では生贄を要求する神祭は毎年恒例のものですが、**事例（2）**では凶作に伴う臨時の神祭です。いずれにしても興味深い点は、両者ともに生贄を要求する神祭が廃止されるという枠組みをもつことです。

韓国昔話と比較する事例として、任意にですが、

（a）『丹波和知の昔話』稲田浩二編、三弥井書店、一九七一年。

（b）『蒜山盆地の昔話』稲田浩二・福田晃編、昔話研究資料叢書1、三弥井書店、一九六八年。

（c）『なんと昔があったげな』代表稲田浩二編、岡山民話の会、上巻、三弥井書店、一九六四年。

という三例を挙げました。

すると、日本昔話の「猿神退治」も、生贄を要求する神を打倒し、神祭を廃止するという点は同じですが、大きく異なる点があります。一番大きな違いは、昔話の展開の中に、唱え言が組み込まれていることです。すなわち、（a）では「しんぺいとうざに知らせるな」とか、（b）では「すっぽこ太夫に知らせるな」というふうに、猿神の方から唱え言として、「あの犬だけは困る」と言っているわけで、それを察知した男が、その犬を探し出して猿神をやっつける、という謎解きになっているわけです。

ここに見える犬の名「しんぺいとうざ」や「すっぽこ太夫」の意味は不明ですが、例えば柳田国男が早く指摘したところでは、静岡県磐田市にある見付天神、矢奈比売（やなひめ）神社には狒狒（ひひ）を倒して、人身御供を救った「しっぺい太郎」という犬が祀られています。国文学でも島津久基が、早太郎とか兵坊太郎とか呼ばれる義犬について論じています。この検討については省きますが、「しんぺいとうざ」や「すっぽこ太夫」たちが義犬の名前であることは動きません。

日本昔話の特質としての唱え言

私の調べた範囲では、日本の昔話の採録資料から「猿神退治」を九一例見つけることができました。大きくいえば、

これらはおのずと、

（1）武力型　刀に象徴される武力をもって化物を打倒し、正体を暴く。

（2）唱え言型　唱え言の中に、生贄を要求する神格的存在を打倒する援助者を知る手がかりが隠されていることを見抜き、援助者を探して打倒し、その正体が化物であることを暴露する。

という、二つの亞話型に分けることができます。

恥ずかしいことに私は、ハングルが読めませんので、韓国の原資料は読めませんが、今まで調べてきたかぎりでは、他の話型においても、韓国昔話では、唱え言が介在していないように見えます。つまり、この話型の中に唱え言を含む構成のしかたは、どうやら日本で展開した独自なものといえるようです。

そこで、**事例（a）**を見ますと、この昔話の特徴は、旅人がその援助者を、猿神が口にした唱え言の意味を解き明かすことによって探し出すところにあるといえます。その唱え言は「名前＋知らせるな（もしくは、聞かせるな）」という形式をもっています。

（反復1）

しんぺいとうざに知らすまいぞや。（Ⅰ）

しんぺいとうざに知らせまいぞや。（Ⅱ）

しんぺいとうざに知らせまいぞや。（Ⅲ）

（反復2）

しんぺいとうざ来い来い。（Ⅰ）

しんぺいとうざ来い来い。（Ⅱ）

（　省略　（Ⅲ））

（反復3）

しんぺいとうざに知らせまいぞや。（Ⅰ）

しんぺいとうざには知らせまいぞや。（Ⅱ）

しんぺいとうざに知らしたら、こちゃ命が無いぞ。（Ⅲ）

このような三回繰り返しを備えた事項が、昔話の語りの理想形 model だといえます。問題は、昔話「猿神退治」が、「謎解き」という構造をもっていることです。猿神は愚かにも自分の正体を暴けるのは、特定の犬だけだということを知らせているわけです。この昔話の結末は、援助者である犬によって生贄を要求する正体をあばき、「人身御供（ひとみごく）」を廃止させます。村人に災いをもたらす神を祭ることによって、護（まも）り神に転換させるという構造は、日本特有の神の祭りかたであるとされています。

かくて、日本昔話の事例（c）は、韓国の事例（1）（2）と同様に、唱え言が必要とされない武力型であることにおいて重なり合います。つまり、日本の事例の中に、韓国の事例に酷似したものと、日本独自に展開したものを見出すことができるのです。

このように異なる話型が混在しているという現象は、他の日本昔話にも見られます。例えば、昔話「腰折雀」を見ますと、日本では多数の事例が、瓜から米が出てきて、婆が豊かになるというのが、在来の話型です。韓国の代表的事例では、雀がもたらした種から得られた瓜の中から大工が出現し、家を建ててくれるという motif の連鎖をもつことが知られています。

あるいは、昔話「瘤取爺」の日本の事例は、私の調べたかぎりでは、爺が天狗や鬼たちに仲間入りするのに、うまく歌ったりうまく踊ったりできることで祭に参与できるという構成をもつものと、天狗や鬼たちの提示した謎としての唱え言を解読して、仲間入りの許されるものとがあります。

つまり、他の昔話の話型を見ると、恐らく古く日本に根付いた話型が、日本的に展開したものと、新たに伝播してきた話型とが混在していると予想できます。

七　日本説話における「猿神退治」

『宇治拾遺物語』の「猿神退治」

次に、鎌倉時代初期、京都で成立したと考えられる『宇治拾遺物語』の説話を分析しておきましょう。

今は昔、山陽道美作国に「中山、高野」という神がいた。「高野」は蛇、「中山」は「猿丸」でおられた。その神には、毎年の祭に必ず生贄を奉っておりました。生贄には、女性でも美貌で、髪が長く色の白い、姿形の美しい人を選んだ。生贄に指名された女の親は泣き悲しんでおりました。

そこへ、狩をする東国の荒武者の男が訪ねてきます。男は、考えをめぐらして犬とともに長櫃（ながびつ）に入ります。やがて生贄は御社に捧げられ、神主は祝詞を奏上して、神前に長櫃を差し入れます。男が穴を開けて外を見ると、大きな猿が見えました。横座の猿が、長櫃の蓋（ふた）を開けようとしましたので、「今だ」と、男が号令をかけると、犬が踊り出て、大猿に襲いかかります。

男は刀を抜き、猿を俎板の上に引き伏せて、首に刀を当て「人の命を断ち、肉を食べる者はこうなるぞ。首を切って、犬に食わせてやる」と言います。すると、猿は血の涙を流し、命ごいをします。すると、一人の神主に神が憑いて託宣して申しますには、「今日より後、絶対に生贄は要求しない。長く廃止したい。また、人を殺す事もしない。生贄になった人の子孫は、末々に至るまで、我は必ずその護りとなろう。だから、早く我が命を助けよ」と誓約いたします。男は、「今後絶対こんなことはするなよ」と言い含めて許します。それから後は、すべて人を生贄にすることはなかった、というものです。

この説話が、昔話とどこが違うのかと申しますと、『今昔物語集』にも『宇治拾遺物語』にもstoryとしては同じで、三者の間に同じ話型を共有しておりますが、まず『今昔物語集』は、仏教集団を基盤とする説話集であり、『宇治拾遺物語』は貴族社会を基盤とする説話集ですから、そこには当然違いがあります。

ただ一点、特に興味深いことは、『宇治拾遺物語』の説話で、猿神を「猿丸」と呼んでいることです。いうならば、これはもはや神を呼ぶ呼び方ではありません。一般には、京都では伏見稲荷大社の御神体は「狐」だとか、奈良では三輪神社の御神体は「蛇」だとかと申しますが、それは本来、神様が人の目に姿を現わされるときに、動物の姿をとって現れるということです。あるいは、『枕草子』には、殿上に飼われていた犬の名前が「翁丸」と呼ばれていることです。これは愛称に用いる使い方です。『宇治拾遺物語』では、猿神を小馬鹿にして「猿丸」と呼んでいることがわかります。

一方、岡山県津山市では今でも、「猿神」は神格として信仰を集めています。つまり、在地の信仰とは関係なく、

『宇治拾遺物語』の編者は、この奇妙な説話を利用したのです。どう利用したのかと申しますと、『宇治拾遺物語』には、生贄の要求に対して、援助者である男が娘の親に「人は命にまさる事なし」と述べています。そして、男は犬を使って猿神を追い詰め、猿を俎板に乗せて、猿の首に刀を当て、どうだ分かったか、これで生贄になる者の気持ちがどんなものか、と迫っています。つまり、人はいったい人の身になって考えることができるか、と問うているわけです。そこに昔話にはない、中世の個人的な都市的思想の主題があるわけです。

『今昔物語集』における異教の神

もうひとつ、指摘しておきたいことがあります。それは、生贄を神に捧げるという風習は、仏教や神道の側からみると、許されざる野蛮な習俗であったということです。仏教説話集である『今昔物語集』では、

> 今は昔、震旦の某帝の代に、某が「北の方」の「大なる国」に「国王」となった。ところが国内が荒廃しているので、国人に尋ねると、「此の国に、昔より神強くて在(い)ます」という。その神が「毎年に一度、祭」に、高貴で美貌の未婚の女性を生贄として要求する。新国王は、巫（かむなぎと呼ばれるshaman）を徹底的に迫害し、海に突き落としてしまう。そして、生贄の女性を王の妻にしてしまう、というものです。

つまり、仏教を信仰する新王は、異国における旧来からの祭祀組織を解体させたのです。国王は神の妻を妻とするとともに、巫女という祭祀者を排除し、在地の祭祀を壊すことによって、古い国家を滅ぼしています。つまり『今昔物語集』の立場からいえば、「此の国に、昔より」「強くて在ます」在地の神とは、仏菩薩の側から異教の神格です。そこでの生贄とは、仏教から見ると邪宗(じゃしゅう)、蕃俗(ばんぞく)の淫祀(いんし)なのです。

一方、日本ではどうかと申しますと、「播磨国風土記」讃容郡の記事に、鹿の腹を割いて出る血をもって稲の種を播いたという伝承があります。これはフレイザーが『金枝篇』で感染呪術と呼んだ儀礼、血の中に籠められた生命力を種に付与することによって豊饒を期待するという、古代的な祭祀儀礼です。この伝承 text はまさに神話 myth であるとともに、農耕儀礼を説明しています。そしてこれは律令以前の祭祀形態が神話という形で伝承されているとみることができます。このような伝承に、国家的に整備された神道以前の、原始的な宗教のありかたをうかがうことができます。ですから、平安時代や鎌倉時代になりますと、仏教や神道の側から生贄というものは成り立たなくなるわけです。

つまり、古代国家の確立に伴って神道祭祀が整備されたときに、在来の生命力を賦与する血の祭祀は抑圧され、海幸山幸の供物にとって替わられたのは間違いないと思います。『風土記』には、律令以前の祭祀形態と、古代天皇を統治者とする制度化された祭祀とが並存しているといえます。逆にいえば、古代天皇制の確立に寄与した『古事記』や『日本書紀』ではなく、地誌である『風土記』だからこそ古い儀礼の痕跡が残ったのだともいえます。

まとめにかえて

昔話のいくつかに認められる話型は、奈良時代の『風土記』に時代を越えて共有されています。それこそが、日本文学史を見通す有効な視点になる、ということです。

私が今回提案いたしましたことは、『風土記』に見られる昔話と同じ話型を、日本の古典文芸の基層と捉えることができれば、それぞれの時代の歴史的、社会的な問題が、その上に重ねられることによって古典作品は成り立つ、ということが明らかになるということなのです。

〔参考文献〕

廣田收「『宇治拾遺物語』表現の研究」（笠間書院、二〇〇三年）
廣田收「『宇治拾遺物語』「猿神退治」考」（『同志社大学　人文学』二〇〇六年三月）
廣田收「『宇治拾遺物語』の中の昔話」（新典社〈新書〉、二〇〇九年）

昔話の比較・心理

昔話「蛇聟入」の比較……花部英雄
「はなたれ小僧さま」の心理学的再話……矢吹省司

昔話「蛇聟入」の比較

花部英雄

一　先行研究概観

関、佐竹、上田の蛇聟入

蛇聟入の昔話を問題にするにあたって、まずこれまでの研究を目に触れたところで概観しておきたいと思います。それを通して、何が問題であるかをはっきりさせていくことにします。いくぶん回りくどいことになるかもしれませんが、ご容赦ください。

『日本昔話名彙』（一九四七年）、『日本昔話集成』（一九五〇年）が刊行される以前、まだ話型認定がされる前の昭和十六年に関敬吾は「蛇聟入譚」（『昔話と笑話』に所収。一九六八年）を書いています。「われわれが蛇聟入譚とよんでいる中にも、少なくとも水乞（みずこい）型、蛙（蟹）報恩（ほうおん）型、鴻（こうのとり）の卵型、立聴（たちぎき）型もしくは苧環（おだまき）型の四つの定型がある」と述べ、蛇と人間の女性との結婚を発端とする話型を概括しながら苧環型を話題にしていきます。関の方法は、全国の事例六十七の伝説、昔話を取り上げ地域の伝承変化を意味づけて、それに文献資料を追加補足しつつ話型全体を跡づけていくといった、オーソドックスな地理歴史的研究法によっています。そこで、「この昔話に関するかぎり、わが国においてはきわめて古い時代のあるひとつの形式の神話を本源として伝説化し、昔話となって民間に伝承」してきたと結論づけています。この時期の関は、柳田国男の説く神話から伝説・昔話への進化に沿って発想していたといえます。

古典研究の立場から独自な昔話研究を行ってきた佐竹昭広は、昭和二十九年に「蛇聟入の源流―「綜麻型」解読に関して―」(『国語国文』)を発表しています。『万葉集』巻一の「綜麻型の」歌の、綜麻型の読みへソは、苧すなわち緒の意味で、それは緒方と重なるとして、大和の三輪山神話と豊後の高知尾明神の五大孫の緒方三郎維義伝説との一致を取り上げます。その緒方氏が大神惟基の系譜に連なることから、豊後大神氏は「大和大神氏の一族の峙れ」であろうと述べます。さらに加えて、神の正体をつきとめる手段の針糸(苧環)モチーフの「針は元来附いて居たものか頗る疑わしい」として、苧環の糸にこそ神の正体をツナグ本来の意義があると説きます。そして、神を受け入れる糸を紡ぐ機織女性の関与を想定し、「神衣を調える為の機織を重要な任務として帯びている巫女を女主人公にした神話、否こうした巫女達が生み出して傳承したであろう」と述べています。しかし、こうした国語や日本文化に基づいた解釈は、苧環モチーフが中国奥地の少数民族のイ族、ハニ族等に密に分布する(百田弥栄子、斧原孝守の論考)ことを前にすると無力といえます。

三輪山神婚説話に関しては歴史学の立場からもいろいろあるようですが、ここでは後の議論にかかわるところで、上田正昭の「神婚説話の展開」(『古代伝承史の研究』一九八四年)を取り上げます。上田は、『古事記』『日本書記』に記される三輪山の神との神婚譚にふれるが、その記述の違いを問題にしています。『古事記』が神とイクタマヨリビメとの結婚を親和な「神人交流型」と語るのに対し、『日本書紀』の方では神とヤマトトトビモモソヒメとが決別につながる形の「神人隔絶型」であるのを問題にしています。さらに前者は正体を探るのに苧環モチーフを取るが、後者は「威儀を観たてまつらむ」と視覚に訴えて確認しようとします。こうした両者の相違を説話発展相の違いとして、「神人交流型の三輪神婚伝承は、その御子（巫女）の説話として定着し、神人隔絶型の三輪神婚伝承は、三輪の王者の王女らでは祭祀権を掌握しえなかったいわれを物語る説話として記録化をみたのではないか」と述べます。そしてそのことを、歴史的な対応として、三輪王朝から河内王朝への政治的変化に基づくものと意味づけています。

福田の伝承研究

伝承研究からの福田晃「水乞型蛇聟入の古層―南島の伝播を基軸に―」（『奄美文化を探る』一九九〇年）は、伝承の襞にふれる形で資料を丹念に読みとっていきます。一般に蛇への殺意を実行したと思われがちな水乞型ですが、蛇との幸福な結婚を結末とする「単純婚姻型」があることをまず指摘します。これをイレギュラーとせず、自然との共生に「幸福の根元をみつめた古代人の精神風土」を示したものと評価していきます。この型が次に蛇体の聖性を後退させた形の「転生婚姻型」へと移行し、さらには蛇体の聖性を否定し殺害するいわゆる水乞型グループと、蛇体を転生させた後に人間の青年と邂逅し結婚する「転生邂逅型」、および強く蛇体の聖性を引きずり両者が再会する形の「転生再会型」との三つに分かれると説きます。ただし転生再会型は隣国の韓国とは違い、日本では七夕由来につながる中世の文芸（「天稚彦草子」「七夕の本地」）にしか見えないが、これは明らかに中国からの伝播を示すものだと述べます。福田の研究は、日本の水乞型蛇聟入をアジアを視座に、ミクロなレベルの伝承事例から帰納的な方法に基づいて、その形態的変化を跡づけたものです。形態を二項対立等の図式的なモデルの仕分けによって説く構造論とは違い、客観的で説得力があります。

以上これまでの研究を概括したところで、本稿の立場を明らかにしていかなければなりません。方法的なスタンスとしては、福田の拓いた地点から発想していきたいと考えています。すなわちアジアを踏まえた蛇聟入の形態を、範囲を世界へと広げて伝承様態を追究していきたいと思います。そこから水乞型、苧環型およびその周辺の話型を含めた「蛇（異類）との婚姻」をテーマにした昔話を問題にし、昔話伝承の意図がどこにあるのか、などといった点を考えていきたいと思います。

二 「天稚彦草子」と「グピドーとプシケー」

苧環型の心理

苧環型の昔話で、長く気にかかっていたことがあります。学生時代のころ、何かの時にある女子学生が、闇の中で蛇の化身を受け入れる娘の気持ちが何となくわかるといった発言をしたことがありました。それを聞いた時の気持ち悪さが、ずっとしこりのように残っていました。

しかし最近になって、河合隼雄がユング心理学の説明で、ギリシャ神話の「クピド（エロス）とプシケ」の物語を話題にしているのを読んで、かつてのことが少し納得できるような気がしました。河合のその部分を引いてみましょう。

美しい娘プシケはクピドに愛され結婚するが、夫のクピドは夜にだけやって来て朝にはいなくなってしまう。そ

> して、プシケに自分の姿をけっして見てはならないといいわたす。始めのうちは幸福にすごしていたプシケも、とうとう好奇心や疑いの気持ちに勝つことができずに、ある晩に灯りを取り出してクピドの姿を見てしまう。それと気づいたクピドは怒ってとび出してゆき、ここからプシケの苦難の道が始まる。（『ユング心理学入門』一九六七年）

姿を見せないクピドをプシケはいつも貞淑に受け入れていました。この夜の訪問者クピドこそわが蛇聟であります。そのクピドを迎え入れるプシケの心理、すなわち蛇聟に柔順な娘が、男の衣に針糸を通すのを、かの女子学生は直感的に理解していたのかもしれません。

ところで、プシケの心の底からつきあげる「好奇心や疑いの気持ち」が物語を新たに展開へと導いていきます。このプシケの「好奇心や疑いの気持ち」をユング心理学では「アニムス」と言い、女性の内界に存在する男性像であると言います。この心に目覚めたプシケは続いて自己実現のための長い苦難の道を歩むことになるのです。

さて、ここから「クピドとプシケ」の物語と蛇聟入の昔話との比較に入ることになります。クピドは別名をアモルとも言い、「アモルとプシュケ」の名で呼ばれることもあります。ちなみにギリシャ神話ではアモルはエロスとなります。次に「クピドーとプシケー」の物語と、これとよく似た日本の「天稚彦草子（あまわかひこのそうし）」とを対照してみたいと思います。

要約の恣意性を避けるために、天稚彦草子の梗概は福田晃のもの（前掲）を参考にしたいと思います。ただし、挿入画の説明は省きました。

グピドーとプシケー

昔、国王に三人の娘がいて、末娘は独身であったが、とりわけ美しかった。この評判が女神ヴェヌスにも入り、嫉妬したヴェヌスは息子グピドーに、プシケーが世界一卑しい人間と恋におちるように言いつけた。一方、王は夫のいないプシケーを案じて、アポローンに伺いを立てる。すると山の嶺に死装束で置いておけと託宣が示される。

悲しむ両親に、これが美しく誕生した運命なのだと説明して別れを告げ、プシケーは家を出る。

天稚彦草子

1　大蛇の聟契約

昔、長者の家の前で、その下女が洗濯をしていると大蛇が現れ、口から文をはき出し、長者に渡せと言う。下女の持ち帰った文を長者が見ると、三人娘の一人をくれ、さもないと、父母を取り殺す、釣殿に、一七間の設けの屋を作れとある。これを読んだ長者夫妻は悲嘆にくれる。

2　末娘の承諾

長者が大娘を呼んで、そのことをいうと、大娘はとてもいやだと言う。中娘も同じことである。三の娘は、いちばんの愛し子なので泣く泣く呼んで言うと、父母に代って行くと承諾する。泣く泣くその支度を整える。

3　末娘の嫁入

嶺に登り、一人待っていると風が吹いてきてプシケーを持ち上げ、谷の草原に運ぶ。目を覚ますと庭の泉のそばに宮殿があり、中に入ると豪華な作りのすばらしい装飾品が並んでいる。どこからか声がして、これはみなあなたのものだと言う。

夜のご馳走の後、臥所（ふしど）に見えない良人（おっと）が現れて夜をともにし、夜明け前に帰っていく。そうした日々が続く。

大蛇の言い付けどおり、池の前に釣殿を建て、長者夫婦は泣く泣く送り出し、三の娘をひとり釣殿に置いて皆は去る。

4　蛇体の転生

亥の刻の頃になると、稲妻が走り池の波が高く立って、一七間の家いっぱいになるほどの大蛇が現れ、刀で頭を斬れと言う。そこで爪切刀で斬ると、直衣を着た美しい男が走り出る。

5　幸福な婚姻

その美しい男は、蛇の皮を掻いまとったまま唐櫃に入り、二人はめでたく語り臥す。そこにはあらゆる物が備わり、従者・眷属も現れて、何不自由なく豊かに二人は暮らす。

ある夜良人は、姉たちが訪ねてきて、そそのかされても、決して私の顔を見るようなことをしてはいけない、もしそうしたならば奈落の底に落ちることになると硬く言いつける。

訪問を拒む夫を説き伏せ、プシケーは姉たちを迎え入れる。その豪華な暮らしぶりを羨(うらや)んだ姉たちは奸計(かんけい)を企て、夫は大蛇であるから剃刀で首を落とすようにとそそのかす。半信半疑のプシケーは思い切って夫の寝姿を見ると、その美しさに驚き、灯油を肩にこぼす。気づいたグビドーは去ってしまい、悲嘆したプシケーは川に身投げするが、牧の神に救われる。

6　聟殿の昇天

ある日、その美しい男が、三の娘に、自分は実は海龍王であるので、近いうち用事があって、天に昇らねばならない、七日たって帰らぬときは二七日待て、それでも帰らぬときは、西の京の女の許に行き、一夜ひさごという物に乗って昇ってこい。天に昇ったら天稚御子はどこか尋ねてくるとよいと言い、この唐櫃を決して開けるな、開けると、自分は戻れなくなると言って昇天する。

7　タブーの侵犯

姉の二人は、この家に遊びに来て豊かな暮しを羨んで、あちらこちらを見て回り、開けてはならないという唐櫃を開けて見せよと迫る。三の娘は鍵がないと拒むが、姉たちは隠しておいた鍵を見つけて開ける。見るとなかには何もなく、ただ煙が空へ昇って行った。

プシケーは姉たちを訪ね離縁されたと言うと、欲に狂った二人の姉は、宮殿に行こうとして嶺から転落死する。

夫を訪ねてプシケーは遍歴する。険しい山の神座にいるケレースや、ユーノーを訪ねるが追いやられる。

一方、グピドーの母のヴェヌスは、プシケーを捜し出し仕置きしようと企む。ついにプシケーはヴェヌスのもとに連れ出される。

8　末娘の昇天

三の君は、三七まで待ったが、婿君は見えなかったので、婿君の言う通り西の京へ行って、一夜ひさごに乗り、空に昇ることとして「遭ふことも、云々」の和歌を詠む。

9　末娘の遍歴

三の娘が、空を昇って行くと、白い狩衣を着た宵の明星に会い、次いで箒を持つ箒星、大勢のひとのすばる星、玉の輿に乗る人と次々と会い、天稚御子の在所を尋ねてたどり行く。

10　天上の再会

三の娘が天稚彦に尋ね会い、その慕う心を訴えると、天稚彦も同じ心と語る。

ヴェヌスはプシケーに、四つの難題を課す。第一の雑穀の仕分けを蟻が手伝ってくれる。第二の羊の毛皮は葦の教えで解決する。第三の黄泉からの水汲みを、荒鷲が助けてくれる。第四の冥王への小筐（こばこ）の使いを塔がこと細かに指示してくれて、無事に使いを果たし小筐を受け取る。

そこへヴェヌスの邸に戻ったプシケーは、冥王からあ

11　舅の横槍

天稚彦は、父なる人が鬼であるから、人間のあなたに、何をするかが気がかりだという。幾日かを暮らしていると、鬼の父がやって来て、人間臭いとかぎ回る。三の娘を脇息、扇、枕などに姿をかえて、父の目をまぎらわすが、天稚彦が昼寝をしているすきにやって来て、三の娘を見つけ、わが嫁なら使ってやると言って、娘を連れ去る。

12　舅の難題

まず鬼の父は三の娘に千頭の牛を飼えというこれも天稚彦から教えられたことば「天稚御子の神々」と言って、千頭の牛をなびかせる。次には、米千穀を米倉へ運べと言うのでこれも天稚彦の袖を振ると、たくさんの蟻が出て来て果たしてくれる。算を置いて数えていた鬼が、一粒足らないと怒るが、それは腰折の蟻一匹が運び損ねていたためであった。

ずかった小筺を開けてしまい眠ってしまう。

傷の癒えたグビドーが飛んできて、プシケーを目覚めさせ、眠りを小筺に詰めてヴェヌスに届けさせる。

天の神ユッピスは、プシケーを憐み、若い二人に祝福を与え、神々の前で結婚式を催してあげる。

次には、一尺ばかりの大むかでが四五千匹もいる倉に閉じ込められる。また天稚彦の袖を振ると、むかではそばに寄らず、七日間無事であった。

次には、蛇の城に閉じ込められるが、同じようにして、蛇に（ママ）寄りつかず、七日間無事であった。

13　七夕の邂逅

鬼はやむを得ないから、月に一度、二人は会えと瓜を投げつけると、天の川となる。娘は月に一度を年に一度と聞きそこなって、それから七夕・彦星とて、七月七日、年に一度会うことになった。

両者の梗概を対比するなら、三番目の娘を生け贄に求めるという発端に始まり、大蛇の化身ともいえる「夜の訪問者」を受け入れます。豊かな暮らしを羨んだ姉二人の妨害等にあって、二人は別れ別れになってしまいますが、失踪した夫を訪ねては娘は遍歴し、天上の男の家に至り、四つの難題を課されます。しかし動物等の援助で危難を乗り越え、ついに二人は再会を許されることになります。

天稚彦草子が中国からの伝播であるとしても、ほぼ地球の反対側に位置する地に、共通するストーリーの物語があることは注目に値します。次に、これが単なる偶然でないことを類話をあげて論証していきましょう。

三　世界の異類婚姻譚の比較

異類婚の三タイプ

異類婚姻をモチーフとした比較を通して、民族によって異類（動物）をどのように受けとめているかを追究した小澤俊夫『昔話のコスモロジー――ひとと動物との婚姻譚』（講談社学術文庫、一九九四年）は、蛇聟入を考える本稿にとって誠に有意義な、そして多くの示唆を与えてくれた書物であります。個々の昔話を丹念に読み込むことで語り手の意識へと分け入っていく方法は、昔話研究の基本であることを改めて確認するものです。

ところで、小澤が同書で『世界の民話』（全三十七巻）から取り上げた異類聟の事例は次の通りです。

・インドネシア「リンキタンとクソイ」（アジア編Ⅱ）
・インド・バンジャブ「わにとお百姓の娘」（バンジャブ編）
・アルバニア「蛇婿」（アルバニア他編）
・マケドニア「テンテリナとおおかみ」（東欧編Ⅰ）
・ハンガリー「物言うぶどうの房、笑うりんご、ひびく桃」（東欧編Ⅰ）
・フランス「美女と野獣」（南欧編Ⅰ）
・フランス・ローレヌ地方「ばら」（ロートリンゲン編）

・北アフリカ・カビール族「ろば頭のムハメッド」（アフリカ編）
・エスキモー「かにと結婚した女」（アメリカ編Ⅰ）

この他に、朝鮮の「蟾息子」を挙げていますが、これは申し子の蟾（ひきがえる）が主人公であり、女性が主人公であるものとは異なるので、ここでは比較対象から外すことにします。次に管見した関連資料をあげます。

・韓国「青大将の新郎」（韓国昔ばなし 上、白水社）
・台湾「蛇郎婿（へびむこ）どの」（台湾の昔話、三弥井書店）
・中国・浙江省「蛇の婿どの」（中国民話集、岩波書店）
・ベトナム「神の蛇」（ヴェトナム少数民族の神話、明石書店）
・ベトナム・マレー系山岳民族「蛇の夫を娶る」（ラグライの昔話、ラィエラコーポレーション）
・インドネシア「トカゲ王」（インドネシアの民話、法政大学出版局）
・シベリア「うそ鳥」（「世界の民話」モンゴル他）
・シベリア「三人兄弟の妹」（「世界の民話」モンゴル他）
・コーカサス「三人姉妹」（「世界の民話」コーカサス編）
・フランス「ちいさなカラス」（「フランス民話の世界」白水社）
・ノルウェー「白くま王ワレモン」（「世界の民話」北欧）
・スウェーデン「白へび王子」（「世界の民話」北欧）

これに天稚彦草子とグビドーとプシケーを加えた一覧表を基にして分析していきます。

A　殺害タイプ

	国名	題名	主人公の環境	求婚者正体	変身	姉妹(兄弟)葛藤	転生	失踪理由	夫捜し	備考
1	台湾	蛇郎婿（へびむこ）どの	姉妹	ヘビ	自由変身	姉殺害摩り替え	小鳥、棗、敷居、火の粉			
2	中国	蛇の婿どの	3姉妹	ヘビ	自由変身	妹殺害摩り替え	雀、竹、椅子、餅、女子			
3	ベトナム	神の蛇	3姉妹	ヘビ	自由変身	妹殺害摩り替え	青い鳥、竹藪、銀の指輪			
4	ベトナム	蛇の夫を娶る	姉妹	ヘビ	殻		(妹はシロアリになる)			
5	インドネシア	トカゲ王	4姉妹	トカゲ	皮	妹殺害	鶏、木に止まる	皮を焼く		小刀・針の死
6	インドネシア	リンキタンとクソイ	9姉妹	クスクス	皮	妹殺害計画	木に吊るす			
7	コーカサス	三人姉妹	3姉妹	ヘビ	皮	妹殺害	チャルメラ、灰、ポプラ、桶			

B　失踪タイプ

	国名	題名	主人公の環境	求婚者正体	変身	姉妹(兄弟)葛藤	転生	失踪理由	夫捜し	備考
1	日本	天稚彦草子	3姉妹	ヘビ	皮				唐櫃開封	難題
2	韓国	青大将の新郎	3人娘	ヘビ	皮			皮を焼く	試練、花婿救出	
3	アルバニア	蛇婿	娘	ヘビ	皮			皮を焼く		

4	マケドニア	テンテリナとおおかみ	娘と兄	オオカミ	変身なし			――	妹と逃竄	
5	シベリア	うそ鳥	嫁	ウソドリ	羽			羽を焼く	(花婿の救出)	
6	シベリア	三人兄弟の妹	娘と3兄弟	ガチョウ	羽	兄弟による退治		刀で撃つ	花婿の救出	
7	ノルウェー	白くま王ワレモン	3姉妹	クマ	自由変身			松明の滴	花婿の救出	
8	スウェーデン	白へび王子	3姉妹	ヘビ	自由変身				ヘビと遍歴	
9	フランス	美女と野獣	3姉妹	雄ブタ	魔法変身					
10	フランス	ばら	3姉妹	ヒキガエル	魔法変身			醜い動物ね		
11	フランス	ちいさなカラス	3姉妹	カラス	羽			羽を焼く	試練	
12	ハンガリー	物言うぶどうの房、笑うりんご、ひびく桃	3姉妹	雄ブタ	魔法変身					
13	ギリシャ	クピドーとプシケー	3姉妹		変身なし	姉たちの唆し		燈油の滴	試練	

C　無変身タイプ

1	インド	わにとお百姓の娘	娘	ワニ	変身なし					
2	北アフリカ	ろば頭のムハメッド	娘と3兄弟	人食い巨人	変身なし	兄弟による退治				
3	北アメリカ	かにと結婚した女		カニ	変身なし					

まず、主人公は三姉妹の末娘といっていいでしょう。異類の正体にはさまざまな動物や鳥などが登場するが、ヘビがアジアを中心に全体で八例あり、この型における基本的な動物として考えていいと思います。異類から人間への変身の仕方には、状況によって異類自身が自由に変身する場合が四例、皮や殻、翼を脱いで変身する場合が十例、魔法によって変身が解ける場合三例、変身なしの四つに分かれます。この変身の仕方が後半の展開に深くかかわっていくようです。

三タイプの比較検討

ところで、ここでは話の展開の違いから、大きく三つに分類して話をすすめます。末娘が殺害され、その死骸が転生していく形で展開するのを「A 殺害タイプ」とします。たとえば、Aタイプ3の「蛇の婿どの」は、三人娘の父が蛇の洞窟で花を摘むのを咎められ、娘一人をやる約束する。末娘が嫁に行くと、婿の家は金銀の立派な邸宅である。上の娘は遊びに行って妹を井戸に突き落とし摩り替わる。妹は小鳥になってくるが、姉は小鳥を殺して食べる。骨を捨てたところから棗(なつめ)の木が生え、それが敷居となり、燃やすと姉の目に火の粉が入って目が見えなくなってしまいます。

このA型は台湾、中国、ベトナム、インドネシア、コーカサスなど、アジアに分布します。インドネシアの例は、夫が航海に出た留守に、姉たちが仕組んで高い木に吊るして殺そうとするが、夫が助けます。ヘビとの結婚を拒否した姉が、変身した夫や豪華な暮らしぶりの妹を妬み、殺害に及ぶとする姉妹の葛藤を内包しています。

次に、皮や羽を脱いで若者に変身した妹が、異類に戻るのを嫌って破棄するか、あるいは覗き見等によって正体が露見し男の失踪へとつながる展開をとるのを「B 失踪タイプ」と名づけます。Bタイプ5の「白くま王のワレモン」は、ある王の末娘が夢に見て欲しがっていた金の冠を、熊が持っていたのをもらう代わりに結婚を約束してしまいます。熊の住まいは立派な宮殿で、熊は夜になると人間の姿で現れ、三年間に三人の子どもが産まれるが、みなどこかへ連れていってしまいます。里帰りした王女に母はたいまつの明かりで姿を見るようにと助言します。王女は寝姿の美しさにたいまつの滴が額に落ちるのに気づかず、目を覚ました熊は、あと一ヶ月で魔法が解けるのに、これで魔女と結婚しなければならなくなったと言って出て行きます。

王女は夫捜しの旅に出ることになります。森の小屋にいた老婆と少女から魔法のハサミ、次の小屋でビン、さらに次の小屋の老婆と少女から布地をもらいます。さらに旅を続け、大きな山の麓の子だくさんの家で、魔法の道具でご馳走や衣服を出してあげます。そのお礼に山に登るための爪を、鍛冶屋の父から作ってもらい、王女はその爪で山に登ると、魔女の宮殿があり、三日後に結婚式が行なわれという話を耳にします。王女は魔女にハサミを与えて、一晩花婿の傍にいる機会を作るが、花婿は眠り薬を飲まされたために目を覚ましません。翌日はビンを与えるが、その晩も起きません。三日目に事情を察した職人が花婿に耳打ちをして、花婿は飲む振りをして目を覚ます。魔女を橋から落ちるように仕掛けて落とし、二人はめでたく結ばれます。

モチーフと三タイプのテーマ

Aタイプが姉妹の葛藤をモチーフとするのに対し、この失踪型のBタイプには主人公の娘に男兄弟がかかわるものもあり、総じて姉たちの影が薄いようです。姉たちは異類との結婚の異常性を強調する役割をもたらされているようで、異類との結婚を拒否したところで姿を消してしまいます。

Ｂタイプは、結婚相手が人間の姿をしていることを知った末娘が、人間である男との結婚を強く望み、相手の了解なしに変身の道具を焼く手段に出ます。その結果、異類との回路を断たれた男は失踪し、娘は夫捜しの旅に出発します。娘の旅先は険しい山や地底、天空など、この世のものとは言えない場所で、つまり異界を遍歴する苦難の旅であることがわかります。それから先の展開は、夫の生家に辿り着き、家族から試練を課される場合と、夫が別の女と結婚するのを阻止して花婿を奪還する場合とがあります。このタイプに登場する女性は強い意志を持ち、愛する夫を獲得することに専心します。ここにこのタイプの主題が示されているようで、いうならば異類との結婚はけっしておぞましいものではなく、新たな力を流入するためのもので、末娘は自力で積極果敢に行動します。Ａタイプでは姉妹の妨害に遭い殺されるが、東洋独特といえる輪廻転生を経て、最後には結婚が成就される結末になります。

Ｃタイプは事例が少ないためはっきり言えないが、異界からくる男がそのままの動物の姿をしているタイプです。Ｃタイプ１のように人間の娘が水底のわにの世界に移行してしまいます。３のカニの場合は人間界でカニがそのままの姿で生活するなど、両界との区別が希薄、渾融している印象を受けます。これが他のタイプとどのような関係となるのかは、ここでは問題にできませんが、今後の課題といたします。

四　日本の蛇聟入の解釈

日本の蛇聟入の特性

さて、ここから日本の蛇聟入の昔話に話題を移していくことにします。これまで見てきた世界の異類婚姻譚の土俵に、日本の蛇聟入の昔話を乗せてみると、これまで見えなかった部分、あるいは疑問であった部分が、いくぶん明らかになってくるように思われます。

その大きな点は、苧環型も水乞型も、ともにいったん蛇との結婚を受け入れた後で、すぐさまその結婚を拒否する形で蛇殺害へと働きかけます。プシケーがカミソリと燈油で「夜の訪問者」に傷を与えたことは、失踪タイプの他の昔話が皮や羽を焼くのと同様に異類の正体を確認し、かつ異類の姿を拒否することが目的であって殺害致死が目的ではありません。しかし、苧環型の針糸モチーフは「夜の訪問者」の正体を確認する針で、結果として致命的ダメージを与えて、その後の失踪する夫捜しの展開を終了させてしまいます。同じことは水乞型の「瓢と針」も殺害道具に特化し、その結果蛇との結婚を破綻させて、その後の展開を切る役割を果たしていると言えます。

ただ、水乞型の場合、蛇を殺害した後、姥皮型に接続していく展開は、いったん切断の形はとるが、さらなる継続ともとれます。すなわち沼から一軒家を訪ねた娘は、翌日から姥皮を被って行動するが、これは異界遍歴の旅の象徴と解釈できます。長者の息子が夜に姥皮を脱いだ娘の姿を見るのは、蛇が人間界に訪れた男の反転した構造といえます。次に行なわれる「嫁選び」が失踪した妻奪還の日本的バージョンとも見られますので、この展開は福田晃の指摘した「転生再会型蛇聟入」と一致します。

昔話の伝播と変容

このことは韓国の「青大将の新郎」を間に入れて考えると、いくぶん整合性がつくように思います。隣の青大将の息子が三人娘に求婚すると、姉二人は拒否するが、三女は母が許すならと承諾します。婚礼の夜、青大将は風呂に入って皮を脱ぐと、立派な男になり、二人の姉は妹を妬みます。夫は脱いだ皮を預けて科挙の試験に出かけます。姉たちが来て、その皮を燃やしてしまい、二年経っても夫は帰ってきません。そこで娘は夫を捜す旅に出ます。カラス、イノシシ、老人、洗濯婦などが課す試練を乗り越え、ようやく青大将の家にたどり着き再会します。しかし夫はすでに結婚しています。そこで新旧の妻による「技比べ」が始まります。雀が止まる枝折り、氷上の水桶運び、トラのまつげの取得の難題を、先の妻が無事にクリアして、元の鞘に収まるという結末になります。

最後の技比べの難題には、日本の嫁比べに用いられるものもあり、両者は無縁ではないことを証しています。さらにこの韓国の昔話は、中世の天稚彦草子と展開が微妙に一致しております。結婚した夜に皮を切り（風呂で皮を脱ぎ）若者に変身すること、覗くな（焼くな）のタブーを姉たちが侵犯すること、遍歴の旅の後の試練など、偶然とはいえない一致部分があります。余談ですが、天稚彦の「唐櫃を開けるな」のタブーの侵犯は、日本書紀の櫛笥（くしげ）の中を見て驚き神が去るのと微妙に重なっているようです。その後に姫が箸（針？）でホトを突いて死ぬのは、失踪する夫捜しの停止といった隠されたコードと言えなくもありません。しかしその問題はここまでにしましょう。

以上のことをまとめるなら、韓国の「青大将の新郎」を介在すると、日本の姥皮型蛇聟入は中世の天稚彦草子に連続する内容を保持していると見ることができます。さらにその向こうに、世界的な失踪タイプにつながっていく可能性をも秘めているようです。そうした想定に立つなら、日本の蛇聟入の昔話は始めから蛇との結婚を忌避する態度で臨んでいるといってもいいかもしれません。そのことを比較の視点から見ると、これは日本人の動物観の問題に帰結するような気がします。すなわちトーテム信仰や異族結婚といった習俗や精神的背景の希薄さといえるかもしれません。そのことについては後日機会を改めて論じる必要がありましょう。

蛇聟入の心理学的研究

最後に、蛇聟入の昔話の意味解釈について少し考えてみたいと思います。福田は蛇聟入の思想的背景を、「自然の象徴たる蛇体を神聖なる存在として、人間にかけがえのない幸せをもたらすものとみる思想」に基づき、「人間の幸福が蛇体に象徴される聖なる自然に将来されるという観念を保持させていた」と転生再会型を評価しました。自然との共生の立場にたった見方といえますが、ここではこうした解釈とは別に、女性の心理、行動といった視点から評価してみたいと思います。

この論考の初めの方で、河合隼雄を引用しながら、グビドーとプシケーの物語を、プシケーの目覚めた心、つまり知的に生きようとする内面性の心「アニムス」との統合を求める自己実現の旅の始まりであるとしたが、もう少しこれについてふれてみたいと思います。

ユング心理学のエリック・ノイマンは、『アモールとプシケー』（玉谷直實・井上博嗣訳、一九七三年）で、同じくこの物語を女性の内的な自己確立を目的にしているととらえます。無人の宮殿に住むプシケーは自己愛的世界の「暗い楽園」にいたが、それに飽き足らず高次の自己をめざして、まずグビドーの正体の確認から行動を開

始します。それは直接的にはそのかす姉たちの奸計(かんけい)であったが、実は彼女らの結婚生活が「父性社会における女性の服従」のシンボルであったのだと言い、また、一方でそれはプシケーの「影」の側面でもあったのだという。つまり、見かけの豊かさの中で「待つ女」を演じる精神性を失ったプシケーの現実そのものであり、それを否定した内面的な自己実現のため、真の愛をとりもどすために「夫捜し」の遍歴の旅に出る必要があったのだと説きます。

フロイト学派のブルーノ・ベッテルハイムは、昔話は人間の内的世界の一面と、未成熟から成熟への発展段階を映し出すものであると言い、その観点から昔話を解釈します。プシケーが迎える「動物夫」は、女性の性的不安を示しているのだとします。動物夫の昔話は「性的パートナーがはじめは動物の姿をしている」のだと言い、それは育った家庭の中で培われた性の抑圧からくるもので、「女性の目に性が醜くて動物的なものと映っている間は、男性の性は動物なまま—その男性の魔法が解けないまま—だからである」(『昔話の魔力』一九七八年)と解きます。そして、フランスの「美女と野獣」が、「美女と、以前は野獣だった王子との結婚は、人間の動物的な面と、より高次な面との有害な亀裂がなくなったことの、象徴的な表現である」と説明します。一方でそれは、美女のエディプス的な問題でもあるともいいます。「美女の父親に対するエディプス的な愛は、未来の夫に移し変えられた時、相手をいやすすばらしい力を発揮する」と言い、父の病を心配した美女が、自分の意思で野獣のもとに帰る行為に出たのは、父親へのエディプスコンプレックスの克服ととらえるのです。

さて、こうした心理学的な知見が、わたしたちの昔話解釈の理解にどのくらいつながるものなのか軽々には言えません。昔話が人間心理をどのように反映しているのか、心理学からの解釈やメッセージが、現実の人間生活とどのように対応するのか、そしてわたしたちの昔話研究、すなわち地域分布や話型、サブタイプ、モチーフ研究等に、どのように取り入れ調整していくかは、今後とも考えていかなければなりません。ただここでは、蛇聟入の昔話は女性が結婚を出発として、どのように生きるかをテーマにした内容ととらえ、女性の視点から考えてみたということです。雑駁（ざっぱく）な話になりましたがご静聴ありがとうございます。

〔参考文献〕

福田晃「水乞型蛇聟入の古層―南島の伝播を基軸に―」（『奄美文化を探る』海風社、一九九〇年）
百田弥栄子「中国の苧環の糸―三輪山説話―」（『説話・伝承の脱領域』説話・伝承学会編、二〇〇八年）
斧原孝守「雲南イ族の『三輪山型説話』」（比較民俗学会報、二〇〇三年）
小澤俊夫『昔話のコスモロジー―ひとと動物との婚姻譚』（講談社学術文庫、一九九四年）
エリック・ノイマン『アモールとプシケー』（紀伊國屋書店、一九七三年）
ブルーノ・ベッテルハイム『昔話の魔力』（評論社、一九七八年）

「はなたれ小僧さま」の心理学的再話

矢吹省司

非日常性の体験

昔話について心理学の立場から、お話をしてみたいと思います。

人からよく昔話の心理分析って深読みじゃないかと言われたりしますが、そんなことはありません。そもそも昔話は人間の生き方に関わる思想といったものを潜めているんですね。だからむしろ昔話のほうがその思想を読み取ってくれることを待ち望んでいると言ってもいいぐらいです。たとえばグリム兄弟の再話、『グリム童話』──これなんかには本当に、人間性の深みを掘り下げて解き明かすような話が多いですね。

では日本の昔話の再話はどうかというと、やっぱり松谷みよ子さんのものがいいですね。そこで今日は松谷再話の「はなたれ小僧さま」を取り上げて、その心理学的な分析をしてみたいと思います。まずは読んでみましょう。

むかし、貧乏なじいさまが、あったそうな。

毎日、町へ薪（まき）を売りに出て、暮らしをたてておった。ある日のこと、いつものように薪を売りに出て、

「薪ええ、薪はいらんかな。」

と売り歩いたが、きょうにかぎって、一束も売れなかった。しかたなく疲れた足を引きずって、もどってはきたが、なんとも重くてひと足も前に出ん。

そこで、

「竜神（りゅうじん）さま、残りものですまんがの、使ってくだはい。」

というて、かついでいた薪を、残らず川へ流してしまったそうな。そうして、竜神さまを拝んで、さて帰ろうとすると、だれやら呼びとめる者がある。振りむいてみると、きれいな若い女が、小さい小さい子どもを抱いて立っておった。

「竜神さまが、薪をたくさんもろうて、たいそうよろこばれ、お礼に、この子をあげたい、というておられます。この小僧さまは、はなは出ている、よだれはたれている、なんともみっともない子だが、はなたれ小僧さまというて願えば、なんでも望みはかなえてくれます。ただ、毎日三度ずつ、とりたてのえびなますを食べさせてください。それも、ほかの人からでなく、じいさまの手で食べさせてください。」

女は、そういうと、じいさまに小僧さまを渡したそうな。

じいさまは夢のような、おかしな気持ちで帰ってきた。そうして小僧さまを神棚のわきにすえてはみたものの、なんともせまい家のことで、足の踏み場もない。そこで、

「はなたれ小僧さま、すまんけれど、もう少し広い家を、出してくだはりませ。」

というてみた。

はなたれ小僧さまは、それを聞くと、ふんと、はなをひとつかむような音をさせた。すると、ひろびろとした屋敷が、でんと出た。

さあ、じいさまは、たまげるやらうれしいやら、

「これはありがたい。ありがたいが、屋敷ばかり出て、こう着ているもんがぼろでは、みっともない。着物を出してくだはりませ。」

そうたのんだ。

はなたれ小僧さまが、もうひとつ、ふんと、はなをかむ音をさせると、これもぞうさなく出た。

「ひゃ、見たこともない、ええ着物を出してくれた。しかし、着物は出ても、しまうところがない。長持も出してくだはりませ。」

ふん。これも出た。

「やあやあ、もっとたいせつなものを忘れとった。はなたれ小僧さま、金がなかった。金を出してくだはりませ。」

ふん。これで千両箱が、じゃんと出たそうな。

さあ、こんなありさまだから、じいさまはたちまち、長者の暮らしになってしもうた。番頭はおく、女中はおく、つきあいも広うなって、あっちへよばれ、こっちへよばれ、旦那さま、旦那さまともてはやされて、いそがしくなったが、そうなると、困ったのは、えびなますのこと。

とりたての新しいのを、三度三度、それも、自分の手で食べさせねばならん。なんともめんどうで、これさえなかったらと思うようになった。おまけに、はなたれ小僧さまは、いつになっても、はなは出ておる。よだれはたれておる。なんとも、見たくもないかっぱかっぱした顔で、じいさまのあとをちょこちょこついてくる。

それもいやになった。

それでとうとう、ある日のこと、

「はなたれ小僧さま、わしもおかげでりっぱになって、もう出してもらうものもない。このあたりで、竜宮へ帰ってくだはらんか。」

というたそうな。

はなたれ小僧さまは、悲しげな顔をしたが、こっくりとうなずくと、家から出ていった。そのとき、戸口で、ずるんと、はなをすする音が一つしたそうな。

とたんに屋敷も蔵もみな消えて、じいさまはもとのあばら家に、すわっておったと。

こういう話ですね。

「お爺さんは山に柴刈りに……」というのは、昔話のよくある出だしですが、この話の主人公の爺さまというのは、その柴を薪にして、町へ持っていって売って暮らしを立てていました。まことにささやかな、豊かさとは無縁の生活でした。

そんな爺さまにあるとき不思議なことが起きました。いつものように町へ薪を売りに行って、「薪ええ、薪はいらんかな」と売り歩いたんですが、その日に限って全然売れない。一束も売れない。仕方なく売れ残りの薪を背負って、家へ帰ることになったのですが、重いですよね。売れ残りでも一束や二束ならまだしも、全然売れなかったわけですから、もう重くて重くて、足が前に進まない。それでついに爺さまは、「竜神さま、残りものですまんがの、使ってくだはい」と言って、川へ全部流してしまいました。こうしてしばらく爺さまは竜神さまを拝みます。この「拝む」ということ、つまり信心深さ、神仏にこうべを垂れる謙虚さが注目されます。

さて爺さまが薪を川に流して、さあ帰ろうというところに、きれいな若い女の人が現れて言います。

「竜神さまが、薪をたくさんもろうて、たいそうよろこばれ、お礼に、この子をあげたい、というておられます。この小僧さまは、はなは出ている、よだれはたれている、なんともみっともない子だが、はなたれ小僧さまというて願えば、なんでも望みはかなえてくれます。」

女の人が連れてきたはなたれ小僧さまというのは、はなやよだれをたらして何ともみっともない小僧さまなんですが、そんじょそこらのはなたれ小僧ではありません。「はなたれ小僧さま」と言って願えば、願いは何でもかなえてくれるわけですから、まあ言ってみれば福の神ですね。見かけは悪いが、ありがたい福の神には違いない……。

爺さまは言われた通り、小僧さまを家に連れて帰ります。そして神棚のわきにすえます。ですから、それなりの礼はつくしたんですね。その辺にほったらかしたわけじゃない。

欲望の肥大から自我の肥大へ

そのとき爺さまは我が家の、足の踏み場もないような狭苦しさを感じました。これって、爺さまにとって今までにない経験ですね。つまり「非日常性の経験」の後というのは、爺さまがそうだったように「夢のような、おかしな気持ち」になるものなんです。そして、いろんなものをこれまでとは違う感情をもって見るようになるんですね。「足の踏み場もないような狭苦しさ」という思いも、それです。今までは狭いとも何とも思わないで、ただ「こんなもんだ」と思っていたのに、改めてあたりを見まわして我が家の狭苦しさを実感したわけです。それで爺さまは「はなたれ小僧さま、すまんけれど、もうすこし広い家を出してくだはりませ」と、お願いしました。

せめて足の踏み場があるくらいの家を出してください。そう願ったわけです。ところが、はなたれ小僧さまが「ふん」とはなをかむような音を立てて出した家が、何と広々とした屋敷だったんですね。爺さまはそんなに大きな屋敷を望んだわけじゃない。「すまんけれど」と、恐る恐る「もうすこし広い家」を願ったのです。ところが「広々とした屋敷」が出たものですから、びっくり仰天して、天にも昇るような心地になったわけです。

普通におなかがすき、のどがかわき、食べたり飲んだりして満足する——こういう日常的な満足に対して、非日常性の思いもかけない満足がありますが、これがまさにそうですね。こういう思いもかけない欲望の満足を経験しますと、平常心を失う傾向が人間にはあります。心理学でいう現実検証能力、つまり現実性(リアリティ)を正しく把握する能力をすっとなくしてしまうんです。ビギナーズラックというのがありますね。競馬のような賭け事で、初心者がびっくりするような大金を一挙にせしめるような体験です。そこでやめてしまえば、とってもめずらしい「競馬で儲けた人」になれるんですが、そうはいかない。大概ちょっとおかしくなりますね。悪くすると現実検証能力をすっかりなくして、どんどん競馬にはまっていって、結局は破産の憂き目にあったりするわけです。

では爺さまの場合はどうかというと、やはりどんどん変貌して以前の薪売りの爺さまではなくなっていきます。まず広々とした屋敷をもらって、それも束の間、「これは、ありがたい。ありがたいが、屋敷ばかり出て、こう着ているもんがぼろでは、みっともない。着物も出してくだはりませ」とさらなる願いを申し出るわけです。

一回目のときには、女の人から「はなたれ小僧さまというて願えば、なんでも望みはかなえてくれます」と言われた通りに、ちゃんと「はなたれ小僧さま……」と呼称して願います。ところが二回目にはこの呼称がない。「これは、ありがたい」と言うばかりで、その直後に「ありがたい」と思う気持ちを振りほどくように、「ありがたいが、屋敷ばかり出て、こう着ているもんがぼろでは、みっともない」と愚痴をこぼします。そして「着物も出してくだはりませ」とねだります。ここにはほとんど遠慮が見られない。今までの質素を旨とする生き方が揺らいでいるのがわかります。

そして三回目は、「ひゃ、見たこともない、ええ着物を出してくれた」と喜ぶばかりで、「ありがたい」の一言もありません。爺さまの欲はどんどん膨らんで、ついには「やあやあ、もっとたいせつなものを忘れとった。はなたれ小僧さま、金がなかった。金を出してくだはりませ」と訴える。ここには、一回目の「すまんけれど……」とおずおず願い出るひかえめさがない。二回目の「これはありがたい」という、それなりの感謝の言葉もない。三回目の「ひゃ、見たこともない、ええ着物を出してくれた」という、感動の表現もない。この四回目の訴えでは「金への欲望」があらわにされた。爺さまの中ではすでに欲望の肥大がかなり進んでいました。爺さまの欲望がどんなに肥大しても、はなたれ小僧さまはそれにいちいち応えてくれました。

「さあ、こんなありさまだから、じいさまはたちまち、長者の暮らしになってしもうた」

番頭を雇う。女中も置く。付き合いも広くなる。あっちから、こっちから、お呼びがかかって、「旦那さま、旦那さま」ともてはやされる。もとは貧しい薪売りの爺さまが、今や立派な長者さまです。お大尽です。爺さまの自我はずんずん肥大してゆきました。

自我の肥大をやわらげる―事実本位の生き方―

それにしても、この爺さまの生き方の、何と危ういことか。爺さまは汗水流して働いて、爪に火をともすようにしてお金を貯めたのではない。厳しい現実と格闘して失敗を重ねながらも少しずつ財を築き、ついに大金持ちになったというわけでもありません。要するに欲望の肥大するに任せて大金持ちになったにすぎない。ところでこのように欲望が肥大するままに満たされていると、必ずや自我も肥大します。つまり傲慢になります。それで仕事を嫌うようになります。

爺さまの仕事というのは、竜神さまから仰せつかった仕事のことです。つまり、はなたれ小僧さまに毎日三度ずつ取りたてのえびなますを食べさせるという仕事ですね。そしてこれには付帯事項があります。つまり他の人ではなく、爺さまがみずから食べさせなければならないという決まりです。毎日三度ずつ、ということは、朝、昼、晩、新鮮なえびなますを、はなたれ小僧さまに手ずから食べさせる―これがつまり爺さまの仕事でした。もとの貧しい薪売りの爺さまにとっては、別段どうっていうこともない仕事だったでしょう。食材さえあれば、ちゃちゃっと作って、「はい、えびなますをどうぞ」と差し上げればいいわけですから。

ところが今や、この爺さまは「旦那さま、旦那さま」と誰もがあがめる長者さまです。お大尽です。そんな爺さまが朝、昼、晩と、えびなます作りに勤しまなければなりません。はなやよだれをたらしながら朝から晩までちょこちょこ後に付いてくる醜い顔の男の子を世話しなければなりません。そんな仕事を、いつか爺さまは嫌悪するようになっていたのです。

思うに仕事というのは、遊びと比較すれば分かるように、「事実」を大前提としています。遊びというのは「事実」にあまり頓着しません。おもしろいから遊ぶ。つまらなければ遊ばない。でも仕事はそうはいきません。おもしろかろうと、おもしろくなかろうと、「事実」を前提にやりぬかなければならないのが仕事というものです。

それで、この、仕事の前提としての「事実」を説く心理学について話してみたいと思います。「事実」ということについて、私の知る限り最も深い心理学的考察をしたのは、森田療法で有名な森田正馬(まさたけ)という人です。モリタ・セラピーの創始者として世界的にも知られる精神医学者です。ずいぶん昔の人で一九三八年に亡くなっています。その森田の心理学の精髄が要するに「事実唯真」です。つまり、あるがままの「事実」こそが「真実」であるという考え方です。「気分本位」で生きるんじゃなくて、「事実本位」で生きるべきであるという主張です。人はたとえ「気分本位」の生き方に偏ってノイローゼになったとしても、「事実本位」の生き方によって立ち直ることができるという理論です。

では、爺さまが引き受けなければならない「事実」とは何でしょうか？　はなたれ小僧さまというキャラクターが、それです。はなやよだれをたらしながら朝から晩までちょこちょこ後に付いてくる、醜い顔の男の子――このキャラクターがおそらく、爺さまにとっての「事実」なのです。こういう「事実」に仕えることを、竜神さまは爺さまに求めたのです。「あなたの仕事は、この『事実』（はなたれ小僧さま）に仕えることです」と。

なるほど汚さとか醜さというのは人生に付きまとう「事実」には違いありません。もちろん人生には美しいことや好ましいことや楽しいこともあります。でもそれは人生の一面であって、その裏側には汚さとか醜さが張りついているんですね。人はこのいわゆる人生の暗面の「事実」を避けては生きていけません。人というのは美や幸福を懸命に追い求めます。でも、もし純粋な美とか完全な幸福を求めるとしたら、それは「ないものねだり」であり、人生という「事実」と背反することであり、危険きわまりないことであります。このようなことを森田正馬は「事実唯真」という言い方で説いているのです。

倉田百三の場合

それでは、このことと関連して、渡辺利夫さんの『神経症の時代』に載る倉田百三（ひゃくぞう）について考えてみましょう。倉田百三と言っても、今の若い人にはあまり知られていないでしょうが、『出家とその弟子』という戯曲であまりにも有名な劇作家です。『神経症の時代』によると、彼は重いノイローゼ、神経症を患って、森田正馬の治療を受けたんだそうですね。では何で彼が神経症を患うようになったかというと、こういうことです。

倉田百三は一時、観照（かんしょう）というものにすごく凝っていました。『神経症の時代』では、観照とは「虚心に対象に見入り、対象と融合する」ことであると説かれていますが、何か一種の行なんでしょうか。私はこういうことには暗いので、辞書によって、「自分の主観を交えないで対象と向き合い、その美を直感的に感受すること」とでも理解するしかないのですが、ともあれ百三はその観照のさなか、一人法悦にひたり、無上の喜び、幸福感を味わっていたのだそうです。そして百三という人は元来非常にまじめな人でしたから、その観照を完全なものにしようと思ったわけです。要するに完全主義者だったんです。まじめな人というのは完全主義者が多いですからね。完全とか、さらには完璧を求めてしまう。

ところが完全、完璧を達成しようとすると、「事実」がそれを裏切るわけですね。「事実」はやっぱり「事実」ですから、いい加減なものです。百三が観照という行為を完璧なものにして、無上の喜び、完全な幸福感を得ようとがんばればがんばるほど、かえってますますうまくいかなくなります。そして百三オリジナルの美意識が崩壊して、地獄遍歴にも似た神経症との苦闘が始まります。いずれ百三は森田の治療によって立ち直りますが、そのきっかけはこうです。

それは妻に伴われて甲州路を旅していたときのこと、百三は御岳の山道のひなびた茶屋で床机に腰かけていました。そこで、ふと二メートルほど離れたところに二本のひょろりと長い雑草が土ぼこりにまみれて並んで生えているのを目に止めたのです。

その二本の雑草、百三の目には醜いものとしか映らないこの二本の雑草を何げなくみているうちに、どうしたことか、「ただ二つ」という観念がひらめくように心をとらえた。

「そうだ！」

「ただそれだけのことだったのか」

「この二つを忍びさえすればいいのだ」

ただ二本の雑草が生えているだけの、少しも美しさを感じさせないような世界を眺め続けて生きていこう。そうすれば、それよりいくらかでも勝っている世界を生きていけないはずはないではないか。どんなに醜くとも醜いままの世界の中で自分は生きていこう。そのように考えれば、身のおきどころもないような今の苦しみから這いだしていけるかもしれない。自然の美は失われる。しかし自然の美などもうとっくに自分からは失われているではないか。美なくして生きていけばいいではないか。

この小さな情景の中で、百三には深く決するものがあった。自然と人生の観照を生の根源とするような意思的な生き方からの決別である。この決別を覚悟するや、観照の障害を耐え忍ぶことの苦しみは薄らいでいった。

百三はこうして地獄遍歴のような凄まじい神経症から解放されました。

百三は「虚心に対象に見入り、対象に融合する」とみずから言うところの「観照」によって無上の喜びを感じていたわけです。でも「虚心に、虚心に」と言うわりには、百三の「観照」は自我の意識的なはからいだったんですね。「対象と融合する」と言いながら実は「対象をねじふせる」という意志的努力を—おそらく我れ知らず—重ねていたのでしょう。それに成功することが百三には無上の喜びであり、その喜びが「美」と混同されたんですね。森田の「事実唯真」という考えによると、百三は「事実本位」ではなく「気分本位」で生きていたことになります。

百三が「かくあるべし」と考える理想の「美」はあるがままの「事実」によって裏切られ、それがきっかけで百三は重い神経症を患うことになったのです。ですからその治癒のためには、あるがままの「事実」を改めて受け入れるしかなかったのです。「二本のひょろりと長い雑草」「砂ぼこりにまみれて並んで生えている雑草」「ただ二本の雑草が生えているだけの、少しも美しさを感じさせないような世界」を、あるがままの「事実」として受け入れると心に決めたとき、ようやく百三は安らぎを覚えたのです。

爺さまの場合

さて話は爺さまのことにもどります。元来爺さまは「事実本位」で生きるしかない仕事の人でした。遊びなんかにはほとんど縁のない人でした。山に行って柴を刈り、それを薪にして売って飢えをしのぐような生活を送っていました。とてもとても倉田百三みたいに「居間の床に差しこんでくる暖かい冬の光のなかにたたずみ、一人法悦にひたる」ような暇はありませんでした。そんな爺さまもその信心深さ（自我の謙虚さ）という美徳のおかげで、竜神さまの歓心を得ました。そういう奇跡的な幸運に恵まれ、「旦那さま、旦那さま」と、みんなからちやほやされる身分になりました。

もっとも、それで仕事はしなくてもよくなったかというと、そうではない。新たな仕事が爺さまを待っていました。つまり森田流に言えば、新たな「事実」が彼を待ち受けていたわけです。つまり再三申しますが、「はなやよだれをたらしながら朝から晩までちょこちょこ後に付いてくる醜い顔の男の子」という「事実」を引き受けなければならなくなったのです。

この「事実」を引き受けるということ、つまり「汚さ」や「醜さ」を忍ぶということ―これさえできれば、何も問題はなかったのです。要するに百三にできたこと（御岳の山道での「この二つを忍びさえすればいいのだ」という覚悟）が、爺さまにはできなかったのです。

爺さまは自我が肥大して傲慢になって、あるがままの「事実」を引き受けられなくなっていました。それでついに言ってはならないことを言ってしまったのです。

「はなたれ小僧さま、わしもおかげでりっぱになって、もう出してもらうものもない。このあたりで、竜宮へ帰ってくだはらんか。」

それをいっちゃあおしまいよ─みたいな物言いがありますが、爺さまは本当に言ってしまって、おしまいになっちゃったわけです。はなたれ小僧さまは悲しげな顔をしていましたが、こっくりとうなずいて家から出てゆきました。そして戸口でずるんとはなをすする音がすると、「とたんに、屋敷も蔵もみな消えて、じいさまはもとのあばら家に、すわっておった」ということでした。

理想の「美」への囚われから解放され「どんなに醜くとも醜いままの世界のなかで自分は生きていこう」と決心して安らぎを回復した百三とは正反対の結末を、爺さまは迎えたのであります。

昔話が心理学のおもしろい研究材料になるということを分かっていただけたでしょうか。特に優れた再話は、これを徹底的に読みこんでいきますと人間性の何たるかを多角的に明らかにしてくれます。

初めの方で申しましたように、昔話の心理学的な読みというのは決して深読みの類いではないのだということを、改めて確認しておきたいと思います。ご清聴ありがとうございました。

〔参考文献〕

松谷みよ子『松谷みよ子の本・8昔話』（講談社）
森田正馬『神経質の本態と療法』（白揚社、一九六〇年）
森田正馬『森田正馬全集第二・四・七巻』（白揚社、一九七四～一九七五年）

渡辺利夫『神経症の時代』(学陽文庫、一九九九年)
矢吹省司『グリムはこころの診察室』(平凡社、一九九三年)
矢吹省司『昔話はこころの診察室』(平凡社、一九九八年)

昔話と道具、俗信

昔話と生活道具……………………常光　徹
動植物をめぐる俗信と俳諧…………篠原　徹

昔話と生活道具

常光　徹

はじめに

ご紹介をいただきました常光です。昔話・伝説・世間話といったいわゆる口承文芸の中には実にさまざまな生活の道具が登場します。かつての重要な語りの場であった囲炉裏の風景を思い起こしてみても、炉の隅には五徳（ごとく）が置かれ、灰には火箸（ひばし）がさしてあり、中央に下がる自在鉤（じざいかぎ）には鍋や薬罐（やかん）がかけてある、といった具合です。また、流しには水甕（みずがめ）と柄杓、土間には杵と臼など、近年、私たちの生活の周りで見かけることは少なくなりましたが、昔話の中ではこうした生活道具が大切な役割を担っています。しかし、物語の中に登場する道具については、これまで注目されることは少なかったように思います。本日は昔話にでてくる道具を取り上げて、俗信との関係について話をさせていただきますが、最初に俗信について簡単に説明をしておきます。

一　俗信と心意現象

民俗資料の三部分類

日本の民俗学の創始者である柳田国男は、一九三五（昭和一〇）年に『郷土生活の研究法』という本を出版しています。この中で、しばしば引用されるのですが、ヨーロッパでの先行研究を参照しつつ、そこに独自のアイデアを入れて民俗資料の三部分類案を示し、次のように述べています。

最初に眼に訴えるものをもってくる。これならどんな外国人や他所者でも、注意しさえすれば採集することができるから、論理の上から言っても第一におくべきものであろう。次には言うまでもなく耳を通して得らるるもの、そうして第三には見たり聞いたりしただけでは、とうていこれを知ることのできない、単に感覚に訴えるもの、となるのが自然であろう。

第一部の有形文化というのは、眼に訴えるもの、つまり見ることによってかなりの程度理解できるものです。私たちが身に付けている衣服もそうだし、食物も住居にしてもそうです。衣・食・住をはじめとして、この有形文化に属するものは数限りなく存在するわけです。これは人間の身体の器官でいうと眼の機能に依拠しています。

第二部の言語芸術は、耳を通して得られるもの。見るのは難しいけれども、聞くことによって大方の理解が可能なもので、これは昔話であるとか伝説であるとか、まさにこの講座で取り上げている対象はここに入ります。ほかにも諺、語り物、謎など、口から耳へと伝えられていく口承の世界です。第二部は人間の身体でいえば耳に依拠しているといえるでしょう。

そして第三部に心意現象を置いています。これは感覚に訴えるものですから、第一部の有形文化や第二部の言語芸術に比べて何かつかみどころがない気がします。心意現象というのは、ものの見方や感じ方、心のくせ、幸福感や恐怖感など精神活動の広い領域をさしています。心意は基本的には見ることも聞くこともむつかしいわけですが、柳田はこの心意を明らかにしていくことが民俗学の重要な目的のひとつであると発言しています。

しかし、心意を明らかにするというのは、言うのは簡単ですが実際には容易ではない。この分野の研究が現実にはかなり立ち遅れていることも事実です。柳田は、心意に関わるさまざまな課題を想定して、それらを解いていくための手掛かりとして、兆・応・禁・呪という概念を見出しました。

兆とは予兆のことで「カラス鳴きが悪いと人が死ぬ」というように、ある現象から近い未来のことを推理する知識で、応は「人が死んだ、そういえば一週間前にカラス鳴きがわるかった」と、実際に起きた結果から過去の兆しを求めることです。つまり、兆というのは現在から未来に向かって、応は現在から過去に向って推理をしていくわけですから、兆と応は表裏の関係にあるといえます。つぎの禁は禁忌のことで、何々してはいけないという禁止事項をいいます。「夜、爪を切ってはいけない」とか「北枕に寝てはいけない」など私たちのまわりには禁忌がたくさんあります。そして、もし禁忌を破ると「親の死に目に会えない」、「お化けがでる」といった制裁が用意されています。最後の呪は呪い（まじない）、つまり呪術です。超自然的な力を駆使して何らかの願い事を叶えようとする方法です。身近なところでは、「霊柩車を見たら親指を隠す」というようなしぐさもお呪いの一種であるわけです。

事物と言葉と心意

このように、柳田は心意現象を探る一つの手がかりとして兆・応・禁・呪を設定して、これを俗信と呼びました。しかし、ある時期から応に代わって占（占い）が入り、現在では、一般に俗信と言った場合には、兆・占・禁・呪をさしています。ところで、今日、第一部の有形文化の調査・研究の中心は民具研究であり、第二部の言語芸術は口承文芸研究、第三部の心意現象は俗信研究というふうに大きく研究の流れが形成されているように思います。それぞれが専門性を高め独自の分野として自立しているように見えますが、ただ実際には「有形文化」「言語芸術」「心意現象」は相互に密接な関わりを持っています。例えば、柳田国男自身、伝説をどこに入れるかでずい分迷っています。実際には伝説は第二部の言語芸術に入れましたが、その経緯について「これを第二部の最後に置いたのは、仮りにそうしたのであって、伝説は本来一つの信仰であったゆえ、実は第三部に属せしむるべきものなるを、これと昔話とは信仰をなかにして互いに交錯しているので、ここに並べて採集した方が便宜と考えたからである」と述べています。伝説を常に信仰の領域に引き寄せて解釈しようとした柳田の立場からすると、伝説は言語芸術である以上に心意現象として位置づけたい思いに駆られていたのではないでしょうか。「伝説は本来一つの信仰であったゆえ、実は第三部に属せしむるべきものなのを」という発言にそれがにじみ出ています。しかし、考えてみると伝説は事物と結びついているという点も一つの大きな特徴として挙げられます。各地の弘法の井戸は、むかし弘法大師がやって来て杖をついたところ水が湧き出た場所だと伝えています。伝説というのは具体的な事物のいわれを説く話という性格をおびていますから、この場合、井戸に注目すれば当然有形文化としての側面が浮かび上がるわけです。一つの伝説は、事物と言葉と心意が分ち難く結びついたところに生成され伝承されてきたといえるでしょう。

二　天狗の隠れ蓑笠と篩

京が見える天竺が見える

今回は、昔話と生活道具の関係について、俗信に注目しながら紹介してみたいと思います。「隠れ蓑笠」という昔話があります。子どもが天狗を騙してまんまと隠れ蓑笠を手に入れるという話ですが、天狗を騙す最初の場面でよく登場する道具があります。岩倉市郎の『甑島昔話集』という昭和一九（一九四四）年刊行の昔話集の冒頭ではこう語られています。

　炭焼が毎日、籾撰ひ（篩）の目から、あちこち覗いて、京も見ゆれば天竺も見ゆる、此處の上には天狗殿も居らる―と言うて、面白がつて居つた處が、或る日天狗が出て「こら〳〵本當に見えるか」と言ふ。「はい見えます」と言ふと、「そんなら俺が隠れ蓑笠と換へてくれ」といふので、（以下略）

子どもが篩を覗きながら、京が見える天竺が見える、天狗殿も見えると言うと、そんなものがあるのかというので天狗がこの子どもに声を掛けてくる。

次の話もそうです。小笠原謙吉の『紫波郡昔話集』（一九四二年・三省堂）ですが、

　昔あつたぢもな。小ざかしいワラシ（子供）は、ブツカレコロシ（破れ篩）を貰つて、それを山さ持つて行ぎ大木の下で、其ブツカレコロシをツラ（顔）さあでがつてれ、あれあ江戸はめ（見）るでや、あれあ、大阪はめるでやと獨りでモチヤスビ（持遊）にして居たら、それを最前から樹の上で見で居だ天狗は、ハテ不思議なものをモチヤスビにしてるワラシだなと、たまげ（驚）て樹から下りで來た。（以下略）

と語られます。ここでも子どもが篩を覗きながら、江戸が見える大阪が見えると言うと、天狗が、これは不思議なものがあると下りて来て、隠れ蓑と交換をするのです。南と北の二つの例を出しました。天狗をだます道具は篩だけではありませんが、しかし、篩はよくでてきます。この道具はみなさんご存知のように、中に入れた粉状のものを選り分けるものです。なぜ話のなかに篩が出てくるのか。何だっていいような気がしますが、篩がよく登場するということは、偶然ではなくて篩という道具の俗信が関わっていると考えられます。

神隠しと篩

次の資料は『郷土研究』という雑誌の四巻八号に載っている記事ですが、大正五年といいますから一九一六年の報告です。

> 人喚びと云ふ事　伊予大洲町（現、愛媛県大洲市）附近の山村、私の郷里蔵川村などでは、十町以内ぐらゐの人に用事のある時は晝夜の別無く、誰さんよーと大聲に其人の名を喚び立てる。するとオーイと應答し、其まゝで用向を言ふのである。又人の急死の場合には死人を喚び返すことがある。縁者は枕許で、近所の男屋根の棟に登つて、誰殿よー戻らしやれよ〳〵と喚ぶ。三途の川を渡らぬ内なら戻ることがあるものと信じて居る。又稀には村の人が不意に行方を晦した時にも此方法を行ふことがある。山や川や心當りの處を尋ねて判らぬ時に、附近數十人の者本人揃ひで（戸主が出ること）行列を作り、誰殿よー戻らしやれよー、ドン、ギャンと太鼓と鉦とで村堺の峠を一周する。滑稽なことは最近親の者がスヰノウ（水篩）で覗くと分りやすいと言つて、其物を顔に括り附けて先頭に立つて歩くことである。（横田傳松）

「近所（きんじょ）の男屋根の棟（むね）に登つて、誰殿よー戻（もど）らしやれよ〳〵と喚ぶ」というのはいわゆる魂呼ばいですね。そういうことがこの頃にはまだ行われていたようです。興味ぶかいのは、それに続けて、行方不明者がでたときに「近親の者がスヰノウ（水篩）で覗（のぞ）くと分りやすいと言つて、其物を顔に括（く）り附けて先頭に立つて歩（ある）くことである」とある点です。スイノウ（水篩）というのは篩の一種です。以前は行方不明者がでると神隠しにあったといって捜したものですが、その際、大洲の辺りでは篩が用いられたことがわかります。

むかしの人は、昼間は人間の時間、夜は魑魅魍魎、悪霊、神霊など人間以外のものが徘徊する時間だから、夜間には不用意に出歩かないという意識が強かったようです。イギリス人の女性で明治の初めに東京から北海道まで旅をしたイサベラ・バードの『日本奥地紀行』に面白い記録があります。山形県の黒沢峠のあたりで宿が見つからず困ったときのことですが「農民たちは暗くなってから外に出ることを好まない。幽霊や、あらゆる種類の魔物をこわがるのである。だから、夕方おそくなって彼らを出発させようとするのは、困難なことであった」と記しています。夜道は暗くて危険だという以上にこういう不安を感じていたようですね。夕方というのは、ちょうど昼間から夜に移っていく境界の時間ですから、だんだん人間の時間が退潮してお化けがぼつぼつ出没し始める頃なので、かつては夕暮れ時を逢魔（おうま）が時ともいいました。不安がただよう時間帯だったのです。特に、夕暮れなっても子どもが外で遊んでいてなかなか家に入らないと、神隠しに逢うなどといって親たちはとても心配しました。

今だったら行方不明になるとすぐ警察に届けて捜索するでしょうが、以前は一族の関係者や集落の人間が出て鉦太鼓（かねたいこ）を叩きながら夜おそくまで探して歩きました。その時に大洲の辺りでは顔に篩をくくりつけて先頭に立って歩いたというのです。これはいったいどういう意味なのかということですが、篩というのは単に穀物をふるい分けて選別をする実用的な機能だけではなく、ある面ではこうした精神文化に深く関わるところで登場してくるわけですね。「スイノウで覗くとわかりやすい」と述べているように、篩を顔に付けることで、不明者を連れ去っているモノの姿や異界が見える、通常では見えないものが見えるという呪的な機能がきっとあったのだろうと思います。そのことは天狗の隠れ蓑笠の話で、子どもが「江戸が見える、大阪が見える」と言って篩をのぞく場面と一脈通じていると思われます。

異界をのぞく

和歌山県では「篩を逆さにして上からのぞくものではない。逆さにして見ると地獄が見える」といいます。本当に見えるかどうかは別にして、篩を逆さにして覗くと、本来見えないはずの異界というか、地獄が見えるというのです。それから、「難産で産婦が気絶したときは、屋根の棟に鞍をおき、それにまたがって篩をかついで産婦の名を呼ぶ」（岡山県）ともいい、また「難産のときは産婦にスイノウをかぶせる」（石川県）というふうに、妊娠した女性が難産で苦しんでいる時に篩を用いるという俗信もいくつかあります。

実は、本学の大先輩で、私なども俗信についていろいろ教えていただいた井之口章次先生がこのことに関心をもたれて「隠れ蓑笠」という論文（一九五二年）の中で、篩や笊（ざる）の類を通してものを見ることが、肉眼では見ることのできない世界を見るための手段であったということを指摘されています。また、神奈川大学の小馬徹先生は『川の記憶』（『田主丸町誌』第一巻）という本のなかで、隠れ蓑笠と目のある器物の透視力の問題にふれて、竹や柳を編んでこしらえた飯行李（めしごうり）、目の粗い笊、大小の篩、食べ物の水切りに使う一種の篩である水嚢（すいのう）などがその代表例となっていると述べて、目の多さは目の力の強さの象徴的表現であると指摘されています。

関東では二月八日を「コト八日」といって、竹竿の先に籠をつけて庭に立てて置く。そうすると一つ目小僧がやって来ないといいます。竹籠にはたくさん目があるので一つ目小僧がその目に恐れて近づいて来ないのだという。目が多いということは別の言い方をすると、多数の斜め十字や十字が交差している状態でもあります。斎藤たまさんは、この十字の魔よけたる由縁について、線の交差しているところからくる一種の目くらませであろう、目の多いもの、例えば目籠などが見る者の目を惑わすように、交錯する線が眼力を弱め力を失わせるのだろうと指摘しています（『死とものの け』）。それは十字路に立った時に心四方に振り分けるが如くであるというふうに述べて、実は目そのものというよりも、線が交差する十字の形とその連続性に相手を惑わす力の源泉が潜んでいるのではないかというのです。この点については早くに、岡山県の土井卓次先生がやはりそのことを指摘されています。籠を編む竹の十文字の交差の集合が魔よけとせられたもので、目の数ではなかったと思うと述べています（「除災の民俗と斜十字」）。

篩などの伝承を見ていくと、邪悪なものの影響をそこで遮断した上で相手の姿を覗き見る、日常では見えない世界を透かし見るという意味を持っていると考えられます。昔話「天狗の隠れ蓑笠」に篩がよくでてくる背景には、この道具がおびているこうした心意にかかわる伝承が横たわっているといえるでしょう。

三　鍋墨の呪力

道具と擬声語

昔話は語りの最後に語り収めの言葉を伴って終わります。語り収めは土地ごとの変化に富んでいて、たとえば、富山県には「語っても語らいでも候帳面はばっつる鍋の蓋」といって鍋の蓋がでてくるものがあります。それから、新潟県では「いちごさんけん俵、鍋の下カリカリ、やかんの下クリクリ」という所があります。語り収めのなかにも鍋ややかんなど身近な道具が顔をだしていて、言葉遊び的な要素がふくらんでいます。「鍋の下カリカリ、やかんの下クリクリ」という擬声語は、なにか生活の実感がこういう言葉の中に映し出されているのではないかという気がします。鍋の底には鍋墨というか煤がつきますので、ときどき煤をこそげ落とさなければいけないわけですね。「鍋の下カリカリ」という音からはこそぐときの手触りの感触が伝わってきます。そして、やかんは形からしてもクリクリっていう表現がふさわしいのではないでしょうか。このカリカリとかクリクリという何気ない言葉ですけれども、日々の生活の体験のなかから生れた表現といえるでしょう。

魔よけと鍋墨

鍋は俗信という面から取り上げてもたいへんに面白い。ただ、なぜそういうことをするのかはよくわかりませんが、例えば、鍋蓋の上でものを切ってはならないと言います。これはかなり広く分布している禁忌です。人の死後四十九日目に鍋蓋の上でものを切るので平生にはするなと説明している土地もあります。それから、鍋には山のかたちに弦(つる)

が渡されています。この鍋の弦の下を通して食べ物をやり取りしてはいけないということを言うんですね。これもかなり広い地域でそういう禁忌があります。真ん中の弦を境にして、向かい合っている同士でやり取りをしてはいけないというのは、単なる食事のマナーとしてよくないということではなくて、おそらくは、そこにはなにか民俗的な意味が隠されているにちがいありません。

鍋墨の俗信で広く知られているのは、生まれた子どもが初外出の時、魔よけの目的で子どもの額に×印や犬の字を書くアヤツコの習俗でしょう。江戸時代後期に東北地方を歩いた菅江真澄も、額に十字書いた乳児を背負った女のことを書き記しています。

それから、「履物は夜おろすな」と言いますね。昔は草履とか下駄をどうしても夕方から夜にかけておろさなければならない時には、その履物の裏に鍋墨をつけたりしました。似たことは今でもやっている人がいるようです。数年前ですが、國學院大学で私の授業を受けていた学生が、新しく靴を買った時にはガスの火をつけて炎の上で靴をあぶってから履くというのです。面白いことをやるなぁと思って、なぜそんなことをするのと訊いたところ、お母さんがそのようにやれと言ったからやっていますと答えてくれました。履物を夜おろす時に、昔は鍋墨をつけましたが、今はもう鍋墨はありませんから、たぶんその代わりにガスコンロで靴をあぶるのでしょう。いわば現代版の俗信といってよいと思いますね。

また、鍋墨を体に付けて川遊びをすると河童に引かれないなどともいい、鍋墨というのはなかなか重宝なものでした。大体共通しているのは、魔よけに使っていることが多いですね。墨を魔よけに使う背景には、黒い墨が塗りつけやすいだけでなく、墨を生み出す根源にある火の威力に期待しているのではないでしょうか。鍋の俗信一つを取ってみても実に面白い民俗的世界が広がっています。

四　水甕と柄杓

「猿聟入」とハンド

図1は水甕です。皆さんご存知の「猿蟹合戦」の中では、動物や植物たちが蟹の助勢にやってきます。栗は囲炉裏の灰の中に隠れます。そして、猿が「寒い、寒い」と言って家に入り、囲炉裏のまわりにすわると隠れていた栗がパーンと弾け、猿の股座(またぐら)むけて飛び跳ねる。「アッチッチッチ」と悲鳴をあげながら水甕のあるところに行って冷やそうとしますが、中に隠れていた蜂がチクーンと刺すわけです。最後は、臼が上から落ちてきてつぶされる、といったようにこの昔話にはいろいろな道具が出てきます。

図１『絵引　民具の事典』(河出書房新社)

現在のような水道が普及する以前にはどの家庭にも大きな水甕や水桶がありました。これに水を溜めておいて洗い物をしたり調理に使っていましたから、水甕は生活の必需品であったわけです。しかし、小川や井戸から水を汲んで運ぶのは大変な労働でした。それだけに昔の人は水を大切に使いました。関西ではこの水甕のことを広くハンドウ甕とかハンドというふうにいいます。そして、ハンドといえば昔話の「猿聟入」の話でなじみが深い。「猿聟入」という話は知っている方も多いと思います。爺さんが山の畑に行ったら草ぼうぼうだった。それで爺さんは独り言を呟くわけです。「この畑の草を取ってくれる者があったら、うちの三人娘の一人を嫁にやるがなぁ」と。それを山の猿が聞いていて、「爺さんそれは本当か」と訊く。「いやあ、本当だとも」と言うと、見る間に猿が草を引いて取ってくれる。その時の猿はただの動物の猿ではなくて、超人的な能力を持った猿といってよい。爺さんは助かりましたが、猿と約束をしたからには娘の一人を猿にやらなきゃならない。それで、一番上の娘に言うと、娘はけんもほろろに断る。二番目の娘も断る。そして、三番目の娘が猿のところへ嫁に行くことを承諾するわけです。しばらくすると猿がやって来る。ここまでのモティーフは全国的にほぼ共通しています。

ところが、そこから後の展開は東日本と西日本とで分かれてきます。東日本の方は娘と猿は一緒に猿のすむ山まで行き、そして、里帰りとかお節供の時に娘は猿と一緒に家に帰る。その戻って来る途中で猿を騙して、臼を背負ったまま桜の木に登らせて転落死させるわけです。これが大体東日本に多いパターンですが、ところが西日本では、娘の家に迎えに来た猿にハンド（水甕）を背負わせて娘は家を出ます。そして、川にかかった一本橋のうえで、娘は自分の頭の櫛をわざと川の中に落として騒ぎます。「大事な櫛が落ちた。取って来てくれ」と言うわけですね。可愛い嫁の大切な櫛が落ちたというので、猿はハンドを背負ったままで川に飛び込む。すると、ハンドの中に水がどんどんどんどん入って溺れ死んでしまう。つまり、西日本の「猿聟入」は、猿に水甕を背負わせて、嫁入りの途中で橋の上から川の中に飛び込ませて殺害するというモティーフです。ハンドの登場する猿聟入は西日本に広く分布しています。それだけ身近で日常的な生活の道具でしたから、猿がハンドを背負うといっただけで聞き手にはその姿や情景が眼に浮かんだわけですが、現代の子どもには説明をしないと分らないと思います。

柄杓の俗信

熊本県では「水甕が汗をかくと天気が変わる」などといいました。表面につく水滴から天気の変化を占うのですが、こうした占候は経験的にある程度理に適っているのでしょう。それから、水甕といえば柄杓が付き物です。水瓶には普段は上からごみとかほこりが入らないように蓋をしていて、上に柄杓が置いてある。柄杓は今でも神社などに行った時とか、いろんなところで比較的よく見かける道具です。竹で作ったものや曲げ物で作ったものが多いわけですけれども、柳田国男は、柄杓というのはひさごからきているんだと説いています。瓢箪を縦に二つに割って作ったものが柄杓の古い姿だというのです。『日本民俗大事典』を開くと、古くは火葬した骨を埋葬するための容器として、柄を抜いた曲げ物の柄杓が用いられることもあったと書かれています。お葬式の時、特に湯灌の時に左柄杓などといって普段とは違うやり方で柄杓の水を汲まなければいけない。あるいは右手ではなく左手に持って汲むともいいます。

柄杓で人を招いてはいけないとの俗信も宮城県や高知県にはあります。桂井和雄先生は、高知県下では、お盆の時に亡くなった人の霊を迎える際に柄杓で招くというところが何ヶ所かあると報告されています。ですから、柄杓で人を招くという行為は日常はやってはならない行為だったのです。巡礼にでるときにも柄杓を腰に差していって、喜捨を受ける時にも手で貰わないで柄杓で受け取るというような、興味ぶかい民俗がいろいろとあるわけです。柳田国男は、柄杓というのはいわゆる魂の入れ物であったという意味のことを書いています。

昔話や伝説の関係で柄杓というとすぐに思い浮かぶのは「舟幽霊」の話ですね。漁に出ていると幽霊舟のようなものが近づいて来て、「柄杓を貸せ」という。その時にまともに柄杓を貸してはいけない。もし貸すと、海水をどんどん舟の中に汲み込まれて沈没してしまう。だから、「柄杓を貸せ」と言われたら、柄杓の底を抜いて貸すものだと伝えています。この話は全国的にあって、今から二百年ほど前に菅江真澄も宮城県の気仙沼で舟幽霊の話を記録しています。ただし、この柄杓というのは水甕から水を汲むのに用いる小さな柄杓ではありません。今年の春、気仙沼のリアス・アーク美術館を見学したとき、舟で使う柄杓が展示してありました。長さは二メートル近くあったと思います。舟底の海水を汲み出したりするのでかなり大きいのです。船幽霊というのは、海で非業の死を遂げた者たちの亡魂だと言われています。柳田国男は、柄杓の底を抜いて渡すことになったのは後の変化ではないかというようなことを言っています。元々は底を抜かない柄杓を投げたのではないか。柳田の考えでは、柄杓というのは魂を落ち着かせるものだという解釈に沿ってそのように理解したと思われます。

ところで、柄杓の底を抜くという民俗は方々にあるんですね。私も今年の三月三日に横須賀市芦名の淡島様の祭礼の調査に行きましたが、底を抜いた柄杓を一本三百円で売っていました。女性がそれを買って淡島様に奉納するのです。安産の祈願なんですね。これはもう各地にあります。底を抜くというのはどういうことでしょうか。柳田のように魂の問題から考えるべきか、あるいはもっと単純に考えて、要するに底に物がたまらないわけですから、当然舟は沈まない、妊娠している女性にとっては難産を逃れて新しい生命がスムーズにこの世に誕生するというような連想が働いてるのかも知れません。その辺はよくわかりませんが、当日は、小さな底抜け柄杓に麻の紐を結び付けたものを売っていて、それを女性、特に若い女性が買って安産祈願として奉納していました。

道具と『百鬼夜行絵巻』

話は変わりますが『百鬼夜行絵巻』という妖怪絵巻があります。多くは江戸時代に描かれました。『百鬼夜行絵巻』

図２　『百鬼夜行図』狩野洞雲（江戸時代前期）

というのは、妖怪が夜間に列をなして徘徊する様を描いたものです。有名なのは土佐光信の作と伝えられる京都の大徳寺真珠庵が所蔵している『百鬼夜行絵巻』で、これは室町時代後期の作だと言われています。江戸時代になると『百鬼夜行絵巻』は、狩野派の絵師などによってつぎつぎと模写されていきますが、面白いのは、その妖怪たちの多くが道具の妖怪だということです。写真の『百鬼夜行図』（図2）は、私が勤めている国立歴史民俗博物館が所蔵をしているものです。真珠庵本系統のものですが登場する妖怪がちょっと違うんです。これを見ますと、左のほうに菅笠を被った妖怪、そのすぐ下にこれは腰蓑の妖怪ですよね。その後ろには頭に経巻を結び付けた妖怪がいて、そばに擂粉木を手にもって頭に擂鉢を被っている妖怪がいる。赤鬼が頭に被っているのは鍋蓋ですね。それから、その後ろには半切り盥を頭に被って右手に柄杓を持った河童のようなものが描かれています。さらに後ろには箒や鼻緒の切れた草履を持った笠の妖怪もみえます。

この絵を描いた狩野洞雲という人は、寛永二年（一六二五）から元禄七年（一六九四）まで生きた人ですが、狩野探幽に学んでその養子となり、後に駿河台狩野派を開いた狩野派の中の重鎮として活躍した絵師です。『百鬼夜行絵巻』には、一般に絵師の名前を書かないものが多いのですが、この『百鬼夜行図』には狩野洞雲の名前が記されていますので、江戸時代の前期に制作されたことがわかり大変貴重なものです。絵巻に関しては素人なので軽々には言えませんが、この絵巻に出てくるような道具類というのは当時使用されていたものがかなり忠実に描かれているのではないでしょうか。

面白いのは、鬼が鍋蓋を被っている姿でして、この鍋蓋には取っ手があります。これが今『百鬼夜行絵巻』の研究で議論になっているところなんです。というのは、日本で最も古いといわれている土佐光信のいわゆる真珠庵本といわれる絵巻には、赤鬼が頭に被っている鍋蓋の取っ手がないのです。国際日本文化研究センターの山田奨治さんが、いろいろな百鬼夜行絵巻を集めて統計的に処理をして検討した結果、どうもこの取っ手の付いている方が『百鬼夜行絵巻』としては古いのではないかという説を出したのです。鍋蓋をめぐって熱い議論が展開されているわけです。なんだかとりとめのない話になりましたが、この辺で終わらせていただきます。

〔引用・参考文献〕

イサベラ・バード『日本奥地紀行』（平凡社ライブラリー、二〇〇〇年）
井之口章次「隠れ蓑笠―昔話の趣向とその背景―」（『民間伝承』一六巻四号、一九五二年）
桂井和雄『俗信の民俗』（岩崎美術社、一九七三年）
斎藤たま『死とものの け』（新宿書房、一九八六年）
田主丸町誌編集委員会『田主丸町誌第一巻　川の記憶』（田主丸町、一九九九年）
土井卓治「除災の民俗と斜十字」（御影史学研究会『民俗の歴史的世界』、岩田書院、一九九四年）
山田奨治「百鬼夜行の世界・情報学の立場から」（『人間文化』一〇、人間文化研究機構、二〇〇九年）

柳田国男「杓子・柄杓及び瓢箪」（『定本 柳田國男集』第四巻、筑摩書房、一九六三年）
柳田国男『郷土生活の研究』（筑摩書房、一九六七年）

動植物をめぐる俗信と俳諧

篠原　徹

はじめに

ご紹介いただいた篠原徹と申します。私が俗信と俳諧の関係に強い関心を持つようになったのは、常光徹さんのお仕事からいろいろ教えていただいたということがあります。私は日本民俗学の中では元々理系出身なので、計量派というんですかね、数字にはもっぱら強いことになっています。従って、情緒にはまったく無関係だと普通、人に思われています。ただし、私の研究は人と自然に関する民俗学的研究というのが一貫したテーマです。従いまして、実は計量的な部分というのか、日本民俗学の中に数字とかあるいは統計とかグラフとか、そういったものを持ち込んできた張本人であるわけです。しかし、それでわかることというのは限界があることを知りつつ研究をしています。別にそれがすべてであると思ってやっているわけではなくて、それでわかることもあるし、それでわからないこともあるんだということは十分承知の上でやっています。そういう意味では自然科学派ではないのですね。数値でわからない部分というのは、実は元々関心があったところでありまして、それが今日の俗信のようなお話になるわけです。

特に俗信の中では、ここに『日本俗信辞典』(鈴木棠三著)があります。鈴木棠三先生というのは偉い先生ですが、この辞典ではお弟子さん三人(吉川永司・常光徹・松本千恵子)を動員して書かれた。これは大変おもしろい本で、序文の中に、柳田国男の言葉として俚諺と俗信との関係の中で、「私は所謂俗信の調査の重要性を認め、是が完全に考察せられるを以て、日本民俗学の成立の目標とさへして居る者である」というふうに引用していますね。

一　俳諧と俗信

この講演で最初に提起するのは以下のことです。俳諧というものは俗事・俗情に重きを置いていて、民衆生活を描写しているので、俳諧が社会史の史料たりうるのではないか。このことが民俗学と俳諧・俳句の親和性・親近性と関係がありそうだということです。俳諧と言いましたけど、子規によって俳句という言葉が作られて、一茶あたりから発句が俳句のようになっていくわけですけれども、俳諧は座の文学としてみんなで作る。この俳諧というのはみんなで作るのであって、歌仙を巻く。それはみんなで作るわけです。戦後すぐに衝撃的に発表されたのが桑原武夫の「第二芸術論」ですね。俳句は第二芸術であると言いました。芭蕉やら、蕪村やらの句の中でも、あまり世に知られていないのがいっぱいあるわけですね。そういうものと一緒に、例えば素人の私が作ったものも並べて、どれが芭蕉で蕪村やとか言ったわけですよ。みんな当たるかといったら当たらなかった。それは蕪村だと思うからいい句だと、芭蕉だと思うからいい句だと思うのであって、そんなものは第二芸術ですよと言い放って衝撃だったわけですね。ただ、子規の兄弟分であった虚子は平然としていたといいます。他の人は衝撃を受けてぐらついてしまった。

柳田国男も「生活の俳諧」(『木綿以前の事』)で書いていますけれども、桑原君があんなことを言ったって俳諧と俳句とは全然違う。俳諧というのはみんなで作るものであって、今、俳句の人口がものすごく多いのですが、俳諧とか俳句というのは、ひょっとすると世界に珍しい文学で、作り手のほうが読み手より多いんじゃないか。こんな文学はないんじゃないかというふうに書いています。

俳諧というのはみんなで作りますから、直し合ったりします。最後の俳諧師というのが信州あたりにいたらしいんですけれども。幕末に生まれて一九四五年くらいに亡くなった、最後の俳諧師というのがいたらしいんです。いずれにしても、俳諧というものはみんなで作り上げていって、脇があって発句があって、付け句があって、第三句が少し離れるといった約束事が結構多い。第三句は、遠からず近からず付けるものだと言われる。規則がいっぱいあって、恋の座とか月の座とかもうわけがわからない。

いろんな人で作りますけれども、その中に、当然俳諧は、芭蕉が言ってますけれども、俗事・俗情だと。それがそれまでの和歌道とは違う。要するに、普通の人の行為や感覚という意味で俗事・俗情なんだということで、和歌に対する反逆として出てきたわけですよね。民衆生活を描写する。それもいろんなものを。俳題というものと、和歌の題というものとはずれるわけです。俳題というのはそこら辺にあるものがいっぱい入ってきますから、当然民俗学とは関係があるわけですね。おもしろいなと思うのは、句はやたら詠まれてますから、いろんな地域に行くといろいろなところを詠んでます。それは膨大な句があって、詠むともう、その地域の人でないとわからないような、そこで生活しないとわからないようなものがいっぱいあるんですよ。当然方言が出てくるわけですね。

宮坂静生さんという人は、「地貌季語」という言い方をしています。その地域の貌を意味するわけです。地貌は地理学の用語だそうです。例えばブナの林に行って、根っこがあって、地熱があって、何でか知らないけれども根元が空くじゃないですか。三月くらいに。ポコン、ポコンと雪の中で。あれは「雪の根明け」という。東京の人は知るわけがない。「今日はすばろうしい日だなあ」と。ぼくは就職して最初岡山県に住んだんですが、雨が降っているのに何ですばろうしいかなあと思ってたら、「すばろうしい」というのは岡山の言葉では湿気た日だなあ、ちょっと小降りの雨のことを「すばろうしい」と言うと。また岡山県北では「今日はマツボリ風が吹いている」と婆さんが言うわけですよ。何だというと、女性のへそくりのことをいうらしい。何で女性のへそくりがマツボリ風だというと、時々吹く風。マツボリというのは女の人の小遣い稼ぎのことを言うんですよね。時々仕事をしてお金が入ってくる。それで、時々吹く風のことをマツボリ風という。そういうふうに、死語化してて、だんだん消えていきますけど、以前には圧倒的にたくさんそのような地域固有の言葉があるわけです。そういうものを地貌季語として拾い上げていこうというふうに考えて辞典もできるそうです。

そういうことから考えると、俳諧というものが俗事・俗情に重きを置いていて、民衆生活を描写しているので、俳諧が社会史の史料たり得るのです。このことが民俗学と俳諧の親和性、親近性と十分関係があると私は思います。一方が文芸に行き、一方が民俗学の行ったというふうに考えるべきであろう。俳諧というものが、まあ、談林派とかいろいろ古い、もうちょっと和歌と繋がりがあった時代から、芭蕉によって確実に離陸をして、民衆のものとなった。蕪村のように、貧乏で絵も描きながら庶民派の代表みたいな人がいます。蕪村は一時関東にもうろうろしていたようですけれども。一方では民俗の方へ行き、ひょっとすると一方では妖怪趣味の方へも行くだろうし、もう一方は文芸の方にも行く。

二　俳諧と自然暦

二番目には、そのことを踏まえまして、民衆生活の中の動植物と俳諧の関係です。特に近世・近代（戦後日本の高度成長期以降の工業化した現代を除く）において、民衆生活は、基本的には農業・漁業・林業などの第一次産業が主たるものであります。人々の生活はまわりの自然と強いつながりのあるものでありました。そして、さまざまな環境の中で動植物に関わる俗信とか自然暦とか、庶民の自然観察を背景にしたものが創られていきます。ここで、俗信というものを俳句創造力の一つの背景にあるものだというふうに考えていただきたいと思います。後で結論のところで言いますけど、動植物に関わる俗信とか自然暦と書きましたけど、この自然暦というものの中に（川口孫治郎『自然暦』八坂書房、一九七二年）、例えば、和歌山県の南の方には「茅花（つばな）が飛び散れば山桃が光る」という言葉があります。どういうことかというと、茅花というのはチガヤのことですね。根本の赤いススキの小さいような、葉が赤い植物です。この穂が風でパッと散る頃になるとちょうどヤマモモが食べ頃だというわけです。

俳句との関係性の中でいうと、蕪村の句の中に、

今ははや独活（うど）も食われぬ若葉哉

というのがあります。若葉が生えて来る頃になると独活が硬くなってきて食えなくなってしまうということを言うわけです。これは俳諧なんですよ。でも、若葉ができる頃には独活は食うなと言えば、こういうのは自然暦と言えるんじゃないのかということですね。先程の、茅花が飛べば山桃が食べられるというのと同じじゃないですか。これは句なのか。自然暦といってもいいんじゃないか。そういうようなことなんですよね。

そういう目で見てみると山ほど資料が出てくるのです。要するに、蕪村の中に出てくる動植物というのはどういうものなのか。その中でぼくがおもしろいなと思った句。これを選んだのはおうふう社から出ている『蕪村全句集』という本なのですが、

飛魚（とびうお）となる子育（そだつ）るつばめ哉

これはまあ、燕が飛魚となる俗信があったんですね。あれは低空で飛ぶ姿が似ているからなんでしょうけれども。

その次は、これは俗信ではないのですが、

燕啼て夜蛇をうつ小家哉

たぶんこの蛇は、家の中にいるので青大将だろうと思います。鼠を狙って来ていた。これは燕が鳴くので、夜、蛇を打って取り除いてやる。小家哉というのですから自作農なのかも知れませんけれども、貧しい農家であろう。結構庶民の動物に対する慈しみとしてはおもしろいのではないか。この次のものもおもしろいんですが、

蜂蜜に根はうるほいて老木哉

これは、本当だとすれば生態学的にも興味深いことですが、蜂の巣から蜜が木の根元にこぼれ、その栄養分を取って老木は繁茂している。蜂と老木の相互依存であると。藤田真一さんという蕪村の研究者ですが、そういうふうに解釈しているのですね。これは、もしそうだとすれば大変な卓見ということになります。例えば、モチツツジなんてツツジの仲間がありますけれども、それに虫がペタペタ引っ付くんですね。何でそういうことをしてるのかといったら、自分でタンパク質つまり肥料を補給しているのだと。ベタッと粘液が昆虫について枯れたら落ちるわけですから、下に落として栄養分にしているというのです。山の上に高層湿原がありますが、そういうところに食虫植物が多いとい

うのはご存知だと思いますけれども、それは明らかに空中からしか栄養分が来ませんから、窒素分を取ろうと思った時には虫を取るという方法で生物は生きている。そういうことから考えると、蜂の巣の蜜が木の根元にできて、それが栄養になって、その関係性で生きている。生物間の関係性を詠っているのですが、すぐれて生物学的な観察でもあります。

その他にずうっと見ていきますと、この中で例えばこんなものがあります。

むき蜆石山のさくら散りにけり

私は今近江にいますから、近江といえば必ず出てくるのがニゴロブナのフナ鮨であり、むき蜆でありますが、これはセタシジミとしても有名ですね。近江の琵琶湖の水の出口のところに瀬田の唐橋がありますが。そこの蜆が一番うまいのは、むき蜆を食べる頃。石山。これは石山寺ですね。

むき蜆というのは要するに蜆を食べることですが、桜の散る頃に蜆が一番うまい。これも何のことはない、俳句なんだけどこれは自然暦でしょう。一番うまい時のことを述べているんじゃないのと、まあ言えばそうなる。これを、季節の推移の一典型というふうに、春季の二景物の取り合わせ、夏へ変わって行く、桜が散ってむき蜆がうまくなる頃という、この季節が変わっていくことをうまく捉えているということなんです。これを取り合わせという。俳句の中の取り合わせということですね。何々が一番うまい時だというのも俗信といえば俗信。要するにこれは民間の知識なんですよね。だから一行知識というのを俗信だというのであれば、俳句もある意味では一行知識の延長線上に出てきたようなもんじゃないかというふうに考えられないこともない。ちょっとこれ、俳人が聞いたら怒りそうだから、そこまでは言えないんだけど。ここに俳句を作っている人がいたら困るんですけど。まあ、そういう俗信と関係があるのではないかと思います。

二物の取り合わせというのは、長谷川櫂という俳人が言っておりますが、結局俳句とは一物仕立てと二物仕立てがあり、二物仕立てとは取り合わせのことであります。一物仕立てというのは、一つのことで非常におもしろいことを発見した時に一つのもので俳句を作る。もう一つはあるものとあるもの、これは生物である場合が多い。つい最近までの、戦後の日本の高度経済成長以前の、工業化する前の生活というのはほとんどの人が農耕と関係がある、あるいは漁業と関係がある。いうならば自然と関係がある生活をしているわけですから当然でしょう。この取り合わせの妙というのは、いうなれば俗信みたいなもので、二つの取り合わせが絶妙なものをいいます。そしてそれが自然暦のようなものとすごく関係があるのではないかというのが、私のある意味では大胆な説なのであります。

「二つの素材を並べることを取り合わせというが、凡兆は物と物との取り合わせの名人であった」（長谷川櫂『国民的俳句百選』講談社、二〇〇八年）と長谷川櫂は述べています。凡兆とは野沢凡兆のことです。芭蕉の最後のほうの弟子で、最後に離れていく人です。例えば、その中に出てくる句ですが、

市中（いちなか）はもののにほひや夏の月

というのがあります。この市中というのは京都の市中で、夏の頃に匂う。東京でも、アメ横でも行くと、夏の頃になるといろんなものがうわあっと匂って来る。うまいのは市中ということと物の匂いと夏の月というのを取り合わせです。これは絶妙だと書いていますね。それから、もっと、絶妙だと思われるのは、

灰汁桶の雫やみけりきりぎりす

これはもう、われわれはその生活をほとんど知りませんので実感がありませんが、灰汁桶というのは、灰汁を取る時

に、まず木を燃して木灰をつくり、灰汁桶という桶の上に灰を入れておいて、そこから水をぽったんぽったん落とすと下のほうから灰の中を通った水が出てくる。これが灰汁として使われる水です。キリギリスというのは江戸時代にはコオロギのことですから、長谷川さんの解釈は、コオロギの声がすると思ったら、夕方仕掛けておいた灰汁桶のしずくの音もやんでいたというものです。

この人は後半をまず解釈し、前半はその後思い出すとわかりやすいと言ってます。例えば、

古池やかはづ飛び込む水の音

何であれが面白いのかと言う人がいるわけですよ。芭蕉庵で作ったとすれば堀がいっぱいあるようなところへポチャンと飛び込んで。こっちだからたぶん、トウキョウダルマガエルという種類ですよね。これはこういうふうに解釈したほうがいい。堀に蛙が飛び込んだ。ポチャンといった。そうすると、昔見たさまざまな古池の光景が浮かび上がってくるんだと、こういうふうに解釈すると非常にいいんだという話を長谷川さんが書いております。

この灰汁桶の句もそうです。キリギリスが鳴き始めたなと思ったら、思わず夕方仕掛けた灰汁桶のしずくも止まっているよと、こういうふうに考えると何かしみじみとすると言っています。これを取り合わせという。灰汁桶のしずくは時計のような感じですよね。キリギリスの鳴き声と取り合わせている。これは民間でいうところの自然暦みたいなもの。本当にぴったしと合った時にこれが大変面白いというふうに感じるというものではないか。私はそういうふうに、野沢凡兆は物と物との取り合わせが非常にうまいというふうに言ってるんだけれども、これは要するに、自然観察をして、さまざまな生活の中に出てくるさまざまな諸現象を組み合わせるということにかけて、この背景は民衆生活の中における自然暦。何々が鳴いたら田植えをしろよとかいっぱいあるじゃないですか。田植桜が咲いたといえ

ば、東北では田植桜というのは辛夷（こぶし）のことですから、辛夷が咲いたら田植えをしろよと、要するに時間を教えるものですよね。

三　俳諧と擬人法

そういうふうに考えると、蕪村の句の中に出てくる俗信とか見立て、取り合わせ、あるいは擬人法など多くのものが今でいう民俗学の対象と関連している。この擬人法についても、これも昨日ちょっとあるところで話をしたんですけれども、蕪村の句について私の新解釈を述べてみたいと思います

河童（かはたろ）の恋する宿や夏の月

これは有名なものです。蕪村には狐狸妖怪趣味があります。俗信として有名な言葉に「狐は目を欺き、狸は耳を欺く」とある。これは、俗信の中にいっぱい出てきます。もうひとつ「タヌキは入道、キツネは女」というのもあります。よろしいですなあ。これを背景にすると句が大変わかりやすい。これは一般に流布していただろうと思います。それと同様に、河童という存在も相当やはり流布していたのだろうと思います。

擬人法というのを皆さんご存知だろうと思います。あるものを人に見立てるということですね。『鳥獣戯画』などを見ればよくわかる。あれは動物を人に見立てて描いている。あるものを動物に見立ててみる。『百鬼夜行絵巻』には、妖怪を人に見立てるから手足があったりする。道具まで人に見立てるから器物の妖怪が生じます。では逆に人を動物に見立てるとどうなるか。一番簡単なのは渾名ですよ。人を動物に見立てる。考えれば渾名というのは擬動物法

なわけですよね。で、私の解釈は、私は確信してるんですが、この河童は人であろう。渾名として河童といわれる少年であろう。河童と渾名されるような泳ぎの名手であるけれども、恋に関しては下手な少年が、宿屋の娘に恋をした。こういうふうに私は解釈した。蕪村は、居籠りの詩人とも言われますけれども、あるいは艶詩人とも言われている。結構いろいろ色っぽい話とか艶っぽい話を書いているんですよね。だとすれば、この河童は、私は人ではないかと思って解釈していています。

日本人には動物と人の境がない。その典型が擬人法なのです。『百鬼夜行絵巻』には古くなった樹木も歩いてたりするのです。擬植物法。植物まで人に見立てる。だから極端なものだったら植物も入るんじゃないか。この感覚というのはさまざまな物語の生成の原動力になっているのではないかなと思うわけです。その一つが俳諧に流れ、民俗知識の方に流れ、芸術の方に流れ、自然暦の方に流れる。いろんな形。そういうふうに考えていくと、俗信・見立て・取り合わせ・擬人法というのがありますが、みんな関係あるものなのです。要するに典型的な擬人法から、擬動物法なんて日本語はありませんけれども、これは私の造語です、擬虫法があってもいいんじゃないか。こんなふうにいうと、猿聟殿は本当に猿なのか。猿でなくてもいいんじゃないか。猿のようなやつというふうに考えれば、あれは人の物語の中にあったものを、そういうふうに読み替えるという可能性があるのではないかというふうに、ふと思いました。

しかし、境がないんじゃないかという感覚は、私はかなり信憑性があるのではないかと思います。そういう目で俳句も読み俗信も見ていきますと、その関係性が結構いろんなところにありそうだなあと思うわけです。民衆生活、特に近世・近代の民衆生活は基本的には農業・漁業・林業など、第一次産業が主たるものであって、人々の生活はまわりの自然と強いつながりをもつものでありました。そして、さまざまな環境の中での動植物に関わる俗信が創造されました。一行知識というのはわれわれの言葉で言うと、民衆の科学というふうに言ってもいいと思います。当たるか当たらないかは別にして、俗信と言うのはそういう側面を持っているわけですね。証明できない経験的知識を経験科学というのであればそれも科学なんですね。外れが多い場合もありますけれども。

有名な話で、カマキリが例年より上に巣を作るとその年は台風が多いとか言うじゃないですか。でも証明できない経験的知識というふうに思えば。蓋然性は低い。それはそれでよろしいんじゃない。目くじらを立てるようなことではない。動植物に関わる民衆の科学と言ってもいいと思います。俗信とか自然暦が庶民の自然観察を背景にして作られる。私は自然暦はかなり蓋然性の高いものだと思います。俗信の蓋然性はそれほど高くないものだろうと思います。

四　俳諧と自然

つぎに自然との関係で恐怖とか畏怖の対象であったものの俳諧の中でのあらわれ方をみてみましょう。恐怖の対象であったオオカミとか、人を欺くとされるタヌキやキツネとの関係性は多くの俗信を生み出すと同時に、それが日本人の自然観に強く関与していると思われます。ただし、この関係性は時代によって変化していると考えられます。恐怖の対象であったオオカミと人の関係性はおそらく三期に画することができる。これは私の新説です。それは「姿の狼」の時代、その次が「声の狼」の時代、その次が「話の狼」の時代の三つである。そして、これが俳諧との関係でいうと、芭蕉の生きた十七世紀の人と狼との関係性というものは「姿の狼」の時代であった。芭蕉の生きた時代は、その最後ではなかったかと思います。蕪村の生きた十八世紀の人と狼との関係というのは「声の狼」の時代であった。子規の生きた十九世紀の後半の人と狼との時代とに三区分できる。このことは柴田宵曲という、子規の研究者で蘊蓄のかたまりのような人の『俳諧博物誌』（岩波文庫、一九九九年）という本の、「狼」の俳句の分析から言えそうであります。この中に、ルナールの有名な『博物誌』のことがでてきます。蝶蝶というところを見ると絵が描いてあって、「二つ折りの恋文が花の番地を探している」と、一行書いてあって、蝶の絵が描いてある。成程なと思う。蟻が描いてあって、「３３３……、ああ数え切れない」と、蟻の絵が描いてある。非常に俳諧的だと言われているんですよね。ルナールの『博物誌』というのはね。フランスのエスプリというのは非常に俳諧に近い。それに習って、俳諧で博物誌は書けるんじゃないかとこの人は書いたわけです。すごくおもしろい。

この中に取り上げたものがいろいろあって、鳶・龍・鯛・河童・狸・雀・熊・狼・兎・鶴・猫・鼠・金魚・虫・菊・蒲公英・コスモス。コスモスのように明治になって入ってきたようなものでも。これがめちゃくちゃおもしろいんですよ。

この中で狼はどういうふうに書いてあるかというと、こういう本があるとは私も知りませんでしたが、全部で五十五句の句で狼が描かれている。内藤丈草という人の句が一番最初に出てくるんですね。

狼の声そろふなり雪のくれ

というのが出てくる。これはたぶん実景だろうと柴田宵曲は推測している。群れの狼がいて声が揃うという情景を詠んだのはこの句だけです。たぶん実景だろうと思います。群れを詠んだ句はこれ一句しかない。これ以降はほとんどが蕪村の句でも狼は群れとか姿はみたとは思えません。一番ひどいのは子規なんですよ。子規は十数句狼の句を詠んでいるんですね。

冬の宿狼聞きて湯のぬるき
　狼に引き被りたるふとんかな

これ全部虚構なんですよ。ばらしているのは柴田宵曲先生です。子規居士の「十年前の夏」という文章に、「今宵は首筋やや寒く覚ゆるに布団引き被きて、涼しき夢を結びしが、次の朝、下女の来て、夕べは狼の吠えしを聞き給はざりしかと語りぬ」。とあります。聞いてないんですよ、要するに。寝てて。涼しき夢を結んでた。明治十九年、「日光から湯本に遊んだ時の回想であるが、居士はついに狼の声を耳にしなかったらしい」。それ以降、それがどうも気になるらしくて、十数句、聞いてもないのに子規は詠むんですよ。だから私は、「話の狼の時代」と言ったんです。蕪村の句を見てみると、これがやはりほとんどが「声の狼」なんですね。声は聞いたと。

萩原や一夜を宿せ山の犬

というのを、芭蕉が霞ヶ浦のほうに行きますよね。仏頂和尚を訪ねて。その時の句です。山犬というのはたぶん狼ですが。千葉県の市川あたりで詠んでいる句です。あの頃はたぶん出没していた可能性はある。ですから、三世紀にわたって「姿の狼」から「声の狼」、「話の狼」へと変わっていったんだろうというふうに思います。

この話も考証するのは大変なんですが、一方では狼の俗信とか狼の話というのはまた山ほど出てくるわけですね。私は俳諧のほうがどうやら正確といいますか、俳句を詠むというのは、実際ものをよく見ないといけないので虚構も詠みますが、子規のように。だけど自然観察が相当鋭いところまで及んでいるんですね。従って、信頼性と言うことで見ると、俳諧のほうがかなり信頼度が高いんではないかなと思うので、狼の俗信というのはいっぱい出てきますけれども、俳句のほうに出てくるほうがまあそういう意味では社会的な史料としてはいいのではないかなと思います。送り狼などという言葉もありますけれども、ああいう俗信もいっぱいありますが、そのことはもう少し丹念に関係を追ってみたいと思っていますので、この程度にしておきます。

柳田国男という人は大変な知の巨人である。あのわかりにくい文体を読むといやになってくるんですが、よくあんなひねこびた文章を作ったものだなあと思うほどひねている。素直じゃないなこの人は。悪文の名文という中では野坂昭如とかとともにあげられている人ですよね。有名になるとああいうのも名文になっちゃう。だけど、柳田国男という人は身辺卑近の中にあるさまざまな諸現象の中で問題を発見することにおいては天才的だったんですよね。ただ、答えを出す時にはしばしば間違いがある。誤っているというふうに私は思います。

例えば狼の話の中で言うと、狼の絶滅に関して『遠野物語』を引用して彼は書いているわけですけれども、私は全く信用できないなと思うのです。伝承そのものを信じている。狼が数百頭北へ去ったと書かれている。二ヶ所か三ヶ所そういうところが出てきます。数百頭の群狼の北上に猟師は樹に登り眼下の狼の群れの恐怖に震えていた。しかし、狼を研究したことのある人類学者・今西錦司という人は、満蒙で狼の調査をしていますし、柳田の見解には否定的です。富山ファミリーパークは、生態園という動物の生態を考慮に入れた動物園です。そこにカナダの狼が入っています。相当広いところです。あんな威厳に満ちた獣が森に出て来たら腰を抜かすだろうなと思うほど怖かった。すごいんですよ、走り回って。それが数百頭群れて北へ去ったなんて現象は動物学的にあり得るか。私はないだろうと思いますね。

狼のことを数多く書いている『シートン動物記』というのがあります。最近シートン生誕百五十年ですから、シートンのことがよく話題になります。『狼王ロボ』ですよね。愛する妻ブランカのためにわざと捕まるという、涙の物語なんですが、そのブランカがドジな雌狼で、捕まってしまう。それをおとりにして捕まえるわけです。シートンの中にもずいぶん狼の話がありますが、そんな数百頭が群れるということはない。その富山ファミリーパークの園長・山本茂行さんに、狼が数百頭群れることがあるだろうかと聞いても、そのことに関しては否定的であった。今西さんは、柳田の『遠野物語』がもし真実だとすればと断り書きをつけて書いてますけれども、群れの滅びる寸前で、動物にも歴史があって、ひょっとするとそんなことがあるかも知れないと、かなり同情的な見方をしています。私はたぶんないんじゃないかと思います。伝承は時間とともに誇大化していくのではないかと思います。

俳諧の中にもしそういう話があるとすれば、たぶん出てきたんじゃないか、句の中に。句の素材としていいじゃないですか。だけどそういう句はないのです。狼が群れて出てくるのはただ一句。「狼の声そろふなり雪のくれ」という内藤丈草の句一句だと博覧強記の柴田宵曲が書いていますので、そちらのほうを信じたいと思います。

柳田国男は問題の発見の天才でありましたけれども、しばしば間違う。「狸とデモノロジー」という名編があります。デモはデーモンですから妖怪学と言う意味ですよね。狸と妖怪学ということになります。『柳田国男集』第二十二巻（一九七〇年）、この中で、日本の狐狸妖怪のデモノロジーは三つの時期に画することができると柳田は言っております。こういう感性の歴史とか、この手のものに歴史学のように何年何月とか、そういう時代を当てはめたり、時期をぴちっと言うというのはおかしいので、私はこういう時期区分のほうがいいだろうと思います。

狸や狐というのは、古い時代というか、一番初めは人に憑く。犬が憑くとか狐が憑くとか外道が憑くとか、いろんなものがあります。いうなれば、そういうものが残存した形でいろんな地域に残っている。大きく見れば「人に憑く」時代があったんだということです。その次は「人を誑かす」時期があったんだと言ってます。そして最後は、「人を驚かす」時期があったのではないかと言ってます。こういうふうに三つの時期に区分しています。これは、人間の生活が進歩すれば、と言うふうに書いているんです。だんだんこうなっていくんだよと柳田は書いている。そういう意味では柳田も進化主義者というか、進歩主義者のところがあるんですね。今時だとちょっとこういう言い方をするといろいろいわれる可能性があります。

これまた柴田宵曲先生をお借りすると、騙す騙されないという話をあんまり目くじら立てて、そんなことできるわけないとか、そう思うのも先程の自然暦と同じように、正しいか正しくないかとか、騙すことが本当かどうかってあんまりそういう議論はあまりしないですよ。人がそういうふうに信じたり、あるいはそうではないかもしれないな、けれどもまあいいんじゃないの、という程度で思っているというようなことなんですが、例えば、

枯野原汽車に化けたる狸あり

というのがあるんですね。これは誰の句だと思いますか。有名な漱石の句です。漱石のような理知的な人が狸に化かされるとか、こんなの信じてるわけがないので、でもおもしろいからこういうふうに句にするわけですよね。この話は有名な話で、民間に流布していました。狸が汽車に化けるという話は明治の初めには、鉄道が敷設される頃にはいっぱい出てきます。狸は最後にぶつかって死ぬんですね。「狐は目を欺き、狸は耳を欺く」という。これがおもしろいんですよ。なぜだろうか。多くの俗信や俳句の中でも出てくるのは、狐は目を欺くような句が多い。狸は耳を欺くような句が多いし、逆に驚かすものが多い。つまり柳田でいうと第三期に入ります。人を驚かすんですよ。どうもひょうきんで。狐は人を化かすんですね。狸は人を驚かすほうが多い。そしてそれも耳で。そういう傾向がある。狐は

目を欺き、狸は耳を欺く。

私は、第一期から第三期の、人に憑く、人を誑かす、人を驚かす、というこの三つの時期と、狼の三つの時期とは大体対応しているんじゃないかなと考えています。狐狸妖怪ではこういうふうな時代変遷を経てくる。人と動物の関係性はこういうふうに、心意というか、感覚というのはこういうふうに変化していったのでありましょう。

兵庫県立歴史博物館に香川雅信さんという、『妖怪革命』と言う本をお書きになった研究者がいます。その人がおもしろいことを言っていました。近世期は狸に人が騙される話が俳諧を始めとしていっぱい出てくる。幽霊の話は逆に、出現するのですが誰も信じてはいない。それが明治期になると逆転する。人は狸や狐なんて騙すわけないと言って、西洋の科学が入ってきて逆に否定する。だけど、完璧にそうなるかというとそうでなくて、幽霊は逆に信じられて、本当にいるかもしれない。ひっくり返るわけですね。要するに、近世期では人は狸や狐に騙される。それだけ人間との関係性が濃密であって、さまざまな諸現象があった。幽霊、あんなばかな、というふうに思っていたけど、近代になってひっくり返るんだというふうなことを彼が言っていて、これは卓見だと思います。そういう文脈の中で、この狸と狐、あるいは狼といったものも考えてみないといけないと思います。人に憑く、人を誑かす、人を驚かす。

それで、蕪村の句をここで開けてみますと、狸の句っておもしろいんですよ。どうも、蕪村先生、狐狸妖怪趣味で、『新花摘』という中に書いているんですが。蕪村の句で有名なのは、

秋のくれ仏に化る狸かな

戸をたゝく狸と秋をおしみけり

いいじゃないですか。この『新花摘』の中の話は、要するにある村へ行って布団に寝てるんですね。誰かが毎夜戸を

叩く。恐ろしくなって老翁に相談したら、それは狸の仕業です。今度来たらすぐに戸を開けて追いかけてくださいと。私は垣の下で隠れて待ちましょうと。蕪村が心得て、狸寝入りをするほどにまたやって来た。そらっと言って戸を開ける。老翁も声を掛けたがついに何も見えなかった。かくすること五日に及んだのだが、蕪村は睡眠不足になって疲れてきた。蕪村も相当好き者です。そこへ人が来て、もう狸は今夜から参りますまい。今日の明け方、籔下というところで年取った狸を撃った者がおります。夜毎のいたずらはそいつの仕業でしょうから今夜は安眠できましょうという話であった。成程、その夜から音はなくなったが、蕪村は善空坊という道心者を語らい、一夜念仏してその菩提を弔ったと書いてあるのです。

その話のついでに、蕪村はこの話に、「狸の戸に訪るゝは、尾をもて扣くと人云めれど、左にはあらず、戸に背を打つくる音なり」と、これを考証しているんですね。狸は尾っぽで戸を叩くのか、背中で叩くのか。蕪村は、私は背中で叩いてるんだと思うと書いているのですけれども。大真面目でこんなことを書いている。

もう一つの話は、与謝蕪村の有名な句ですが、

菜の花や月は東に日は西に

と詠んだ。おそらくこの句は、私の解釈ですけれども、あの頃、十八世紀ですよね。毛馬という淀川のほとりの堤があるところですね。あそこ辺りは要するに、菜の花を栽培していて菜種油を盛んに作っていた。彼のある意味では原風景だったんだろうと思います。雄大な大景といわれる句ですよね。蕪村には結構そういう絵画的な句があって、なかなかいいんですけれども、おそらくそれは、彼の見た風景と関係がある。菜の花の句はたぶんそうだろうと思いますが。で、関東に十数年うろうろして、終の棲家を京都に求めて、最後、籠り居の詩人として京都を出ることなく死

ぬわけです。お母さんは与謝郡だった。だから、

夏河を越すうれしさよ手に草履

と言う有名な句は、お母さんの在所に行った時の句だろうというふうに言われています。これは見性寺に三年余りいた時の句ですが、どうも滞在した時に一夜、厠へ行こうとして何やらむくむくと毛の覆いたるものに踏み当たったと。一向に触るものがないのでにわかに恐ろしくなった。法師や僕やらを呼び起こして云々侃侃と書いてある。雨中うめき声を立てる。竹渓という和尚がそれを聞いて起こしてくれた。それは狸沙弥の所為だというので、妻戸を押し開いてみると、縁から簀の子の下に、梅の花のようなものが打ち散ったるように足跡が付いている。前に蕪村を信じなかった人々も、これを見ては、左なむありけると言わざるを得なかった。

狸が化けるとしたら坊主に化けるのであって女には化けない。この蕪村は狼でいえば「声の時代」の人。デモノロジーでいえば「狐狸妖怪が人を誑かす時代」に生きた人である。蕪村の狐狸妖怪趣味といわれる句がかなりありますけれども、私の仮説がどのくらいの妥当性を持っているのか、句そのもので解釈を考えてみたいと思います。

五　狐狸妖怪と俳諧

蕪村の狐狸妖怪趣味の句が「声の狼」「人を誑かす」時代のものであったとして、そうしたものが実はその時代の庶民の間で流通していた俗信と関連していると主張したいと私は思います。

さて、狸の俗信。最後はここへ行くわけです。この『日本俗信辞典』を見ると、狸のところは、狐と同様に多くの

頁がさかれています。たくさんありますが、その中に、「タヌキは入道、キツネは女」と俗信にいう。キツネは女に化け、タヌキはよく坊主に化ける、というふうに言うのは山口県豊浦郡です。あるいは広島県の沼隈郡では青坊主に化ける。北九州市では白坊主に化ける。千葉では大入道に化ける。大入道に化けても闇の中で着物の縞目がはっきり見えるのが特徴。これは紀伊の北部である。みんな坊主の話なんです。俗信で出てくるのは。それで、ぼくは思うんだけど、民俗学の資料として常光先生たちが集めた頃というのは、蕪村とずいぶん時代は離れてますけれども、しかし、そういうのがずうっと民間に流布していた。おそらくそれを背景に、この蕪村の句も鑑賞したほうがおもしろいだろうと思います。

狐も同じで、狐も若い女性に化けるという話がいっぱい出てきてて、狐の句もないわけじゃありません。

　　公達に狐化けたり宵の春

これは何か艶なるものですよね。これは狐狸妖怪趣味というより私は擬人法ではないかなというふうに思っています。

　　春の夜や狐の誘ふ上童(うわわらは)

これも怪しげな作品ですよね。上童というのは、公家の上級の人に仕える子どものことをいうらしい。要するに狐が誘っているんですけれども、どうですかね。これは何なんだろうか。私は非常に怪しげな句だと思っているんですね。動物と人間の境がないような、どっちがどっち、これは、と言うような感じでとったほうがいいのではないかなと思っています。狐の句は明らかに男女関係であったり、女性に化けたということだろうと思います。狸と狐との違いは明らかに出ている。

その他に、当時の俗信と関係ありそうな句もあります。

骨拾ふ人にしたしき菫かな

菫というのは結構種類が多いので、普通の紫色のスミレというのもありますし、この辺でよく見るのはタチツボスミレとか、ニョイスミレとかいろいろあります。紫色がやはり句の対象としてはいいのかなと思ったりもします。荼毘に附して一晩置いて、花が咲いているわけですから、骨を拾いに来る風習あるいは俗信があったのではないかというふうに書かれています。

もう少し、自然暦よりも先に行って、予兆などまで行きますと、

麦秋や鼬啼なる長がもと

麦の実りの頃、鼬がしきりに啼く。不吉なことの予兆だと。庄屋の家に不幸があるのか、予兆の句だというふうに書かれています。こんな句であるとか、いくつか彼の句の中に俗信、見立て、自然暦など、さまざまなものがあります。

長尻の春を立たせて棕櫚の花

箒を逆さに立てて客の長逗留を追い立てる俗信というのは有名ですが、箒というのは棕櫚で作りますから、それでこの句がよくわかるわけですね。私もよく歩くことを趣味といいますか、仕事柄そういうことですけれども、和歌山県に清水町というところがあります。日本でもっとも山椒の栽培の盛んなところで、かつて日本一の栽培量を誇っていたところですが、紀ノ川の上流になりますかね、そこを越えると高野山です。大変山の中です。この辺の田んぼを見ると畦に、全部棕櫚が植わっているんですね。非常に不思議な光景ですが。最近は房総半島の先へ行っても畦に蘇鉄が植わっているんですね。葬式の時の献花の背後の飾りに使うようです。何で植わってるんですかと聞くと、下り

たところに箒を作る有名な町があるんですね。そこへ昔は川下りする舟で出荷していたわけです。そのために、田んぼの畦に棕櫚を植える習慣があるということなんです。さまざまな自然とのかかわりみたいなものがあります。棕櫚の箒はこうした地域から全国に流通していたと思いますが、この棕櫚は花が咲くころ春が終わるという自然暦があり、この句の背景にそういうものがあると思います。

伝説と昔話に関係した話をというのが講座の要求なのですが、そこまで辿り着かないんですけれども。こういうのが元になって昔話とか伝説というのはできあがってくるのではないかなというところで、話を終えればいいかなと思います。全然伝説や昔話に行かなかったんですけれども。

ただ、農山漁村の人々の自然観察の鋭さはなみなみならないものがあります。

蚊の声す忍冬の花の散るたびに

これは蕪村の句ですが、観察の鋭さを表現しています。忍冬（スイカズラ）って金銀花ともいいますよね。白い色がだんだん金色に変わっていく。蚊の声に感覚が向くこと自身が繊細なんですよ。こういう感覚というのは、ヨーロッパではまず考えられない。花がボチッと落ちるんです。その時にブーンとそこら辺にいた蚊の音がして。これはヤブ蚊でしょうね。私も、スイカズラが咲いた時によく観察してるんですが、この場面に出くわしたことがない。よく観察しているものなんですよね。

ですからまあ、私の今日のお話は、動植物をめぐる俗信と俳諧というのが、大変深い関係があるということで、蕪村とかを中心にお話しましたので俳諧というふうにしておきましたけれども、俳句もかなりそれに近いものがある。発句が独立したものが俳句ですから、そういうことになるのではないかなというところで、これがもとで昔話も伝説もできあがる可能性があるというところでお話を閉めさせていただきます。どうもご拝聴ありがとうございました。

〔参考文献〕
川口孫治郎『自然暦』（八坂書房、一九七二年）
篠原徹『俳句と民俗自然誌』（飯塚書店、二〇一〇年）
柴田宵曲『俳諧博物誌』（岩波文庫、一九九九年）
鈴木棠三『日本俗信辞典』（角川書店、一九八二年）
藤田真一・清登典子編『蕪村全句集』（おうふう、二〇〇〇年）
長谷川櫂『国民的俳句百選』（講談社、二〇〇八年）
中村草田男『蕪村集』（講談社、二〇〇〇年）
柳田国男「狸とデモノロジー」（『定本柳田国男集』第二十二巻、筑摩書房、一九七〇年）

柳田国男・遠野・奄美

柳田国男の読み方……大塚英志
遠野の幽霊・奄美の幽霊……辰巳正明
――その深層と系譜――
奄美の「トゥギ（伽）歌」をめぐって……酒井正子

柳田国男の読み方

大塚英志

一　自然主義と民俗学

柳田国男のわかりにくさ

大塚です。ぼくは漫画のシナリオ原作者が仕事で、若い時から今に至るまでそれを仕事として生活してきました。民俗学に関しては、柳田国男の民俗学を大学の学部時代に勉強した程度でいわばアマチュアのようなものです。でも、そのアマチュアの視点から民俗学の話をするのもいいのではないかと思います。今日は、前半は『遠野物語』、後半は柳田と普通選挙について話題にしてみようと思います。ただ、実はお話するテーマは一つで、柳田国男という人は「公共的な文学」というものを構想していたのではないか、ということです。

そもそも柳田国男はわかりにくい人だと思います。

思想的立場からいっても、例えば右翼的立場の人たちから見れば柳田国男はいわばナショナリストであり、日本という国の伝統を大事にした伝統主義者であるというような印象があるでしょうし、一方、左翼的な立場の人であれば、ある種の社会主義的な匂いを彼の仕事に感じることができる時期があるわけです。ですから柳田国男を肯定する人も批判する人も、左右両方の思想的立場の人がいるわけです。右の人たちが語る柳田国男。あるいは左の人たちが語る柳田国男。それらはなんだか非常に違って見える柳田国男がそこにいる。これは本当は当たり前のことなんですね。一つの思想や一人の人間というものは、何か一つの立場からスパンと割り切れるような単純さはあり得ない。人間というのは複雑で、いくつかの立場があって、しばしば相反し矛盾する自分というものを抱えている。そういう当たり前の人間として柳田国男という人もまたいるわけです。そういうことをきちんと認めて、じゃあ、どういう種類の柳田がそこにいるのか。そのことをみていけば、柳田国男の思想は非常にわかりやすいというふうにいえます。

非常に大雑把な話をまずしましょう。日本という国が近代という時代に差し掛かって、近代という時代を迎える時に、たぶんその時代の若者たちは、「私（わたくし）」という問題に初めて直面するわけです。「私」とは一体何なのか。いわば近代的な個人、近代的な自我という問題です。もちろん中世から近世に至るまで、一部の知識人の中にはこういった内面的な葛藤みたいなものを抱えた者たちは当然いたでしょうし、そこにいわばさまざまな歴史的な文学というものが出来上がっているわけです。しかし、この「私」とは一体何なのかという問題が極端に言ってしまえば、いわば大衆化していく過程。これが近代だと考えてください。

例えば、ぼくも大学で教師をやってますが、若い子たちはいつもこう言います。「私たちはインターネットや携帯電話が発達した時代にいるから、そういう中で私や私と社会との関係が不安定でたまらない」。ぼくは今五十歳を過ぎましたが、二十代の後半に、新人類とかおたく世代とか言われて、いわばコンピュータメディアを代表するような世代として語られたこともありました。しかし、実際にはぼくはコンピュータは全く使いません。携帯電話だけは家内と連絡を取らなきゃいけないので持ち歩いていますが、他の機能は使ったことがありません。そういうアナログな人間です。そういうアナログな時代の若者であったぼくも、やはり二十代の時には、私とは一体何なんだろう、私と社会との繋がりは一体何なんだろうと考えたわけです。

他者と社会

明治時代、高浜虚子の日記の中に「ようやく自分は社会というものがわかるようになった」という意味の一節があります。虚子もまたそんなふうに、私と社会の繋がりがわからなくて悩んでいた青年だった。明治期の若者はたぶん、「私」とは一体何なのかという奇妙な問いに苛まれていた。ですから旧制一高生の藤村操はその悩みの中に華厳の滝から飛び込んで行った。そういうことが起こるわけです。この「私」とは一体何なのか。明治時代の社会はある意味ではきっと楽だったんだと思います。あんまりこれを考えなくてよかった。つまり、人々は民俗学がムラと呼ぶような小さな生活空間に生きていればよかった。ムラで生まれて、そして村の中で死んでいくのです。女の子は、もしかしたら二つぐらいお隣のムラから嫁に来ることもあったのかも知れません。それにしたところで大した距離ではないわけです。

ムラとはどういう空間かというと、個人情報保護といった概念がないですね。近代以前のムラ社会では、田んぼの畦道でAさんとBさんがすれ違ったとします。そしたらば、あれはどこどこの家の三男の何とかだとか、あの三男坊のお姉ちゃんはちょっと美人で、婆ちゃんはこんな人で、田んぼは何町歩あって、先代の爺ちゃんはちょっと偏屈で、とかね。そんなふうに全部わかってしまう。お互いがお互いの個人情報を全部わかった状態で生きている社会の中では、いわば人と人との関わりみたいなことがきちんと、良くも悪くもポジショニングされていますから、私とは一体何なんだろうと考えることもなければ、そういった関係性みたいなものを抑圧だと感じることもないわけです。

民俗学の中では確かこういう言い方をしますね。「私」に類する民俗語彙としては、唯一「ワタクサ」というものがあり、これは主婦のへそくりのことを言う。ムラ的な空間の中では私的なものというのは主婦のささやかなへそくりに過ぎなかった。しかもこのワタクサというのは、ある時に家族や家に何かがあった時に、不測の事態に備えるためのへそくりですから、主婦の方たちが自由にそれを使うというものとは違います。そういうふうに、極端に言ってしまえば「私」というものはまだ必要じゃなかった社会というのが近代以前のムラ社会だった。非常に大雑把な話ですけれども。

しかし、こういう社会が今度は近代がやってきて、つまり、黒船がやって来て日本が開国して、同時に今度はヨーロッパで生まれたさまざまな近代的な思想が入ってくるわけです。十九世紀の百年間ぐらいの思想が、ほとんど十年ぐらいで入ってきたわけですからもうわけがわからない。その中でもこの近代的自我、エゴといったものが西洋思想の中核にあるんだということをうっすらと日本の人々は感じ始めている。何か知らないけれども「私」にならなきゃいけない。それは一つ厄介な問題です。二つ目は、この「私」が社会というものをどうやら作らなくてはいけない。「国家」というもう少し実感しやすいものも用意されていますが、必ずしも社会とイコールではないわけです。ただ、私と社会のこの二つをどうにかしないといけない。それをうっすらとヨーロッパから入って来た思想で明治期の若者たちは何となくわかるわけです。

地方の多少は裕福な中農から上の家庭に生まれ、明治期の開化の気運の中で東京に出て来て近代思想に触れた若者たちが、下宿という特別な空間に暮らします。この下宿というのがまさに象徴的で、いろんなムラからAやBやCなどの違う共同体からやって来た人たちが集まる空間なわけです。お互いに初めて見る。この講座で初回に皆さんが集まった状態、もしくは東京のご出身でなくて地方から東京に出てきて、アパートや下宿に入った初めての日を思い起こせば、たぶんそれが彼らが最初に経験したものです。隣に住んでいる人が誰かわからない。しかし、この誰かと関係を結びながら生きていかなくてはいけない。このリアリティですね。これが明治期の若者たちを根本から支えていた宿題みたいなものだとぼくは思っています。

よく「他者」という難しい言葉を文学や哲学では使います。これをいろいろに定義しますが、簡単です。田舎から出て来て下宿やワンルームマンションに入居して、そして、自分の隣に全く知らない誰かが住んでいる。でも、これから毎日挨拶するしないはわからないけれども、その人とは顔を合わせて大きな一つ屋根の下に生きていかなければいけない。その感覚を「怖い」と思うのか、自由でいいと思うのか。いろんな感じ方があると思いますが、その感覚が「他者」なんです。この他者と折り合ってこの先、生きていかなければならない。他者と共同性を作っていかなければいけない。これが近代の大きな宿題として、明治期の青年たちに押し掛かってきたというふうにまずは思ってください。

柳田国男という人も、そういう時代のいわばありふれた青年の一人です。兵庫県神崎郡の小さな村で生まれて、家は豊かではなかったようですが、利根川沿いのお兄さんの家に今度は預けられて、東京帝大で勉強して官僚になっていく。そういうキャリアをみていくと、当時の知的階級でエリートでしたけれども、ありふれた知的階級の青年だった。彼もまたこういった問題に苛まれていった人であり、この宿題、自分と違う誰か他者たちと社会を作っていかなくてはいけない。そして、その社会を作っていく主体というものが私なんだ。この命題の中で、明治文学というものや明治思想というものは立ち上がっていったというふうに、大雑把にまず理解しておくと、話は理解しやすいわけです。

そういう中で、文学というものがひとつ出来上がっていくわけです。文学というのは日本においてどう発展したのか、どういうふうに養成されたのかといえば、「私」の書き方にほかなりません。同時に、思想というのは「私」のすごく単純な問題なんです。思想や哲学ではこういうことを考えるというのが何となく実感できますが、日本の文学の場合は、この「私」の書き方の部分に非常に特化していったところがあります。それが、これからお話していく、田山花袋に始まる私小説というものです。「私」とは一体何なのかということを巡る問題です。

例えば、私とは一体何なのかという試行錯誤の中で、夏目漱石は『吾輩は猫である』という一種のパロディ的な小説を書きます。明治期の若者たちは英語という言語やドイツ語という言語を学んで少し驚くわけです。日本語では日常的な部分では一人称の主語を極力省略する傾向にあると思います。それが、何かを言う時に「私は、私は」と言うことは明治期の人たちにとってはちょっと違和感がある言語だった。その一方で、私とは一体何だといういわば近代的自我をめぐる問いに西洋から入ってきた書物は満ちあふれている。そうすると、じゃあ猫が「私」と言えば、猫に「私」は出来上がるのか。これが漱石の皮肉ですね。そして、一人称小説で「吾輩は」と書いたら猫に「私」ができちゃった。つまり、「私」というものに対する違和感や困惑というものを漱石は小説にしてみせた。そういうふうに理解していくと、あの小説の位置もわかりやすくなっていくわけです。

柳田国男も結局は「私」の書き方に拘泥した一人の青年でした。彼が最初に文学的に手を染めたのは新体詩というジャンルです。新体詩というのは、いわば短歌的な伝統的な日本の詩歌と、ヨーロッパから入って来た近代詩の折衷案のような過渡期的な文学です。これに柳田国男はまず手を染めます。彼がまだ松岡国男だった時代です。ご存知と思いますが柳田国男は本名は松岡ですね。柳田家に養子に入ることで柳田姓を名乗ることになります。この松岡国男青年が帝大生の時に、盛んに書いたのがこの新体詩でした。

当時の詩というのは、今で言えばJポップみたいなものです。男子学生が女子学生を口説く時に、ようやくデートに誘い出したところで、川縁かなんかを二人でぎこちなく歩くだけなんだけれども、その時に女の子に向かって朗々といわば暗誦してみせる。これが詩の役割でした。そして、そんなふうにしてもっともうまく女の子を口説きやすい詩を書いたのが「松岡国男（柳田国男）」という詩人でした。すごく人気があったんです、柳田が書いた詩というのは。彼は帝大の時に両親を亡くしますから、孤児（みなしご）の青年がいわば恋に悩む歌を詠むわけです。しかも柳田国男はなかなかハンサムです。美貌の帝大生で孤児で、恋に悩む詩を歌ったならば、女学生がクラッとこないはずがないわけです。そういう文学的なヒーローですね。それこそ水嶋ヒロさんが小説を書くみたいなものですけれど。あんなふうにイケメンの格好いい青年が美しい恋愛詩を歌ったら、いつの時代だって女学生たちはキャーッと言うわけです。そういう詩を書いていたのが松岡国男という青年です。

ここでもう一人、登場人物が必要です。柳田と同じ歌の門下の青年で田山花袋という人物がいます。花袋は柳田より年上なんですが、柳田国男から見れば最後までツレというか、年長の舎弟みたいなもので、この辺の位置関係が微妙です。柳田のほうが何となく偉いんです、年下のくせに。花袋は、同じ歌の門下で知り合った松岡国男が美青年で孤児で帝大生でしかも女学生をくらくらさせる詩を書く。それが羨ましくてしょうがなかった。ある文芸評論家は、花袋が柳田に向けた眼差しを同性愛的だと言っていますけれども、そこまでいかなくても花袋にとっては柳田国男は理想だったんですね。あんなふうになりたいと。そうして、花袋が書いた初期の小説は多くが「松岡物」というふうに言われます。美貌の帝大生が旅先で少女と恋に落ちて、その様を親友である自分が彼から聞くみたいな。自分は恋の「圏外」にあるんだと自嘲するような花袋のポジションでした。そうやって柳田国男はいわば恋に悩む。次に「私」に悩む。そして、「私」に悩む歌を新体詩として歌うわけです。その様を花袋は小説に書き、柳田に自分を重ね合わせながら「私」を書こうと試行錯誤していった。こういう不思議な時代が明治三十年代の頭ぐらいにあるのです。

後でも触れますが、花袋の『蒲団』という小説で横山芳子。(岡田美知代、それが結婚して永代美知代という名前になりますけれども。) 女性の弟子の横山芳子に彼氏ができて、作家が自暴自棄になってやさぐれて、酒を飲んだくれて、そして新体詩を怒鳴るシーンがあります。その中で花袋と思しき作家が、芳子に振られて歌う詩が柳田国男の書いた新体詩なんですね。そういうふうに、柳田と花袋とは非常に文学的な盟友関係というのか、腐れ縁というのか、不思議な関係にあります。今日の話は、一方ではこの二人の不思議な関係を軸にしていくとわかりやすいので、少し花袋の話をしているのです。

先程も言ったように、花袋は柳田よりも年上でしたが、柳田のほうが格上です。花袋の小説で柳田が出てくるシーンでは、例えば西という名前で柳田が出てくる時には、「西さん」と「さん」付けで呼んでいるシーンがある。つまり花袋に取って柳田は「さん」付けの対象なんですね。柳田のほうはちょっと横柄な態度です。ここも含めてこの二人は面白い関係だったんだなとぼくはいつも思います。

この二人はこういう関係で、松岡国男のほうが頭がいいし、文学的な知識も豊富です。いわば理論家であるわけです。ですからヨーロッパから入って来た新しい文学理論のようなことはいっぱい頭に入っています。しかし、恋に悩む新体詩人松岡国男は、これ自体は花袋の『縁』という小説の中に出てくるくらいですけれども、「もう僕は詩をやめたよ。詩なんてディレッタンティズムだ。これからは農政学でもやるよ」とか言って、いきなり詩をやめちゃうわけです。つまり、美貌の新体詩人松岡国男は電撃的に文壇を引退する。

自然科学的な文学とは

さて、引退した彼は文学を捨てたのかというと、そうではありません。自分の文学というものを田山花袋にやらせようとするわけです。すでにこの頃から柳田国男の周りには島崎藤村であるとか国木田独歩であるとか、後の近代小説を作っていく若者たちが集まって来ます。その中で、今でも六本木に残っていますが、竜土軒というフランス料理屋があります。このフランス料理屋さんで竜土会というサロンが開かれます。近代小説的には竜土会というのは柳田国男中心のサークルではなくて、むしろオブザーバー的にいたというのが一つの語られ方ですけれども、実際には柳田が花袋を自分のところに呼びつけるわけです。「お前、こんな小説を書けよ、こんなことをやれよ」というふうに花袋相手にやっているると、柳田のところへ行くと何かネタをもらえるんじゃないかみたいな噂が広まって、若い人たちが集まって行く。あんまりいっぱい集まってきて、結婚したての若い奥さんが嫌な顔をするので、それでフランス料理店に場所を移したようです。この中で彼らは、段々と一つの小説の理想の枠組みを探し始めていって、一つの合意点を見出していきます。それが文学史の教科書でもおなじみの言葉である「自然主義」なんです。

今、一般的な印象としていうと自然主義というとイコール私小説ですよね。しかし、高校レベルの文学史でもこの言葉はあくまでも日本の特殊事情だということはちゃんと教えてくれている。つまり、自然主義が私小説であるというのはあくまでも日本の特殊な問題であって、自然主義、つまりナチュラリズムというのは文字通り自然科学的文学技法のことをいうのです。ヨーロッパにおいて、ダーウィンの進化論やメンデルの遺伝学といったものが象徴するかたちで、人間もまた神が作りたもうた特別なものではなくて、多様な生物史の一つに過ぎないのだということをヨーロッパの十九世紀の思想は受け止めなきゃいけないわけです。その中の一つとして、いわば自然科学的な文学観がゾラたちによって作られていきます。それは「自然科学的な文学」ということです。人をモノとして観察していくような視点。そういうふうな視点が自然主義。一方では自然科学的な最新の思想みたいなことも入ってきますから、しばしば自然主義的な小説の場合は、主人公が犯罪を犯したり、主人公の行動の理由を遺伝に求めるケースがあるんですが、これは遺伝学みたいなものが自然科学の最新の理論だったのでそういうふうになっていくわけです。「私がこうなってしまうのは血筋のせいだ」といったような描写が実は自然主義小説に多い。自然科学的文学技法。これが自然主義です。つまり、科学者が植物や生物を観察するように人間を観察していく。柳田国男が猿や野生動物の群れについての文章を書いている（「孤猿随筆」）のはその意味で不思議ではないのです。

そして、大事なのは、彼らの観察対象の中に「第二の自然」という概念があったことです。第一の自然というのは本来のネーチャー、ナチュラルなもの。つまり、木や草や生物としての人や動物や虫などです。第二の自然というのは、そうやって生物学的存在が作り出した社会や習慣です。動物の「群れ」も「社会」なわけです。習慣というのは積み重なっていくわけですから、これが歴史になっていきます。人間というものを規定していく縦軸と横軸ですね。社会という横軸と歴史という縦軸ですね。この二つを第二の自然というふうにみなしていく。これが自然主義の基本的な考え方になるわけです。

花袋、柳田、独歩、藤村。彼らが目指したのはこういう自然主義だったのです。第二の自然に向かっていく自然主義。つまり「私」というものと社会の関わり、あるいは「私」を何か時間的な蓄積の中で規定している。そういうものを記述して行く。そういう意味での自然主義文学を彼らは構想しようとしていた。これはヨーロッパの文学を理念的に受け入れたならば当然そうなるわけです。その前提には先程言った「私」という問題がある。柳田と花袋はお互いにあいつが訳したんだと言っていますけれども、いわゆるエゴイズム、自我主義。自我主義に関するヨーロッパの文献をこの時期に翻訳したりしています。「私」というモノをまず起点とする思想ですね。

柳田国男の思想は、いわば社会とか国家とか、さまざまのかたちの公共性を作っていく思想です。ただしその前提には近代的個人の確立があります。日本で公（おおやけ）というと滅私奉公という言葉が象徴的なように、「私」を殺して「公」を作る。そうではなくて、柳田たちが考えたのは「私」を作ることこそが「公」を作る必然である。柳田は大正時代末期に、普通選挙法の施行に執着して論陣を張っていきます。普通選挙法が昭和に入って実現した立役者の一人が柳田国男なわけです。それはどういうことかというと、投票ということできちんと意思決定ができる「私」を作らなかったならば社会や国家は作れない。これが柳田国男の考え方です。「私」というものと社会や歴史というものの関わりですね。この関係性というものを突き詰めていくのが文学だったわけです。「公共的な文学」というのはぼくの造語ですけれども、つまり柳田がやろうとしていたのはそういう意味のことなんです。

今日の日本の文学というのは良くも悪くも「私は一体何か」というところから一歩も出ていない。「私、生きるのがつらいからリストカットしちゃった」みたいな小説。結局、太宰治ですね。「何か生きていくのがつらいです」と作者が滔滔としゃべっていく。そういうふうに、私がつらいという小説のほうが圧倒的に多いようです。村上春樹さんの小説だって、僕は何となく生きているのが空虚で、といったような気分が書かれている。もちろん、歴史小説のようなものもありますが。

ヨーロッパの文学と日本の文学、単純に比較はできませんが、例えば最近なら、村上春樹さんが今年もノーベル文学賞を逃しましたけれども、ある外国の新聞にこういうことが載っていました。つまり、ノーベル賞作家というのは良くも悪くもその国の社会や社会体制に対して何らかの発言をしてきた。自分の国、あるいはもっと広い国際社会の中で、時には政治的な発言や抵抗をし、あるいはその国や社会の政治に積極的に関与していった。そういう過程の中で彼らは文学を書いていく。南アフリカの人種差別であるとか、ホロコーストであるとか、社会的な問題、歴史的な問題を書いてきた人々がノーベル賞の対象になっていくケースが多い。しかし村上春樹は、いわば私を起点とした小説で、そういった社会や歴史との関係性が希薄ではないのかといった指摘があって、取れないいんじゃないかという憶測がある。実際は取るかもしれませんが。そこに日本と海外の文学との微妙なずれがあるわけです。

もちろん日本でも井伏鱒二の『黒い雨』を始めとして、文学が歴史や社会に関わるものはたくさんあるわけですけれども、しかしどうしても私小説的な部分が強くて、歴史や社会や公共性というものの関わりの中で何かをやっていこうという文学は少ない。例外的に、プロレタリア文学とか特定のイデオロギーの中でそういったものはありましたけれども、もう少し広い文学観として公共的な文学みたいな考え方は相対的に希薄なわけです。

彼らにとってもう一つ、文学という言葉がまた厄介です。ぼくは技法と言いました。書式・書き方です。文学というのは柳田たちの時代にとっては書き方や技術論なんです。いかに書くのかという方法論です。ここがすごく大事ですね。社会をどうやって書くのかという時に、自然科学的な観察をして冷静にそれを書いていく。その書き方が柳田国男たちの自然主義文学観なわけです。そして、彼らはこの自然主義的な文学観に基づく文学技法に基づいて、社会や習慣を書く文学を実現しようとしたわけです。しかも同時に、これは社会的な運動なんです。運動だから自然主義なんです。社会主義と同じように自然主義は一つの主義だった。明治四十年代になって、自然主義は花袋の私小説の登場以降は、小林秀雄が後にいうようなだらしなく自分を投げ出しているような小説に変わっちゃうんですが、柳田にとっては自然主義は最後まで自然主義文学運動でした。田山花袋の死んだ後の追悼文で、「自然主義運動」という言い方を柳田ははっきりと言っております。運動なんです。つまり、私を作り社会を作っていくそういう運動というものを可能にしていく言語技術の構築と普及・啓蒙。これが柳田国男たちの文学なんです。

二 「私」の書式

コミュニケーションツールとしての日本語をつくる

今、言語技術と言いました。そこをもう一つ押さえておきましょう。さっき、A村・B村・C村からみんなが上京してきて一つの下宿に暮らしたという話をしましたね。ここで何が起きているのかというと、ことばが通じないことなんです。ぼくは東京で生まれて、七十年代のおしまいに筑波の学園都市の大学に入学しました。そこでは筑波の地元の人たちが事務とかいろいろな学生対応の日常的な業務をなさっている。ぼくが困惑したのは、その人たちの茨城弁がヒアリングできなかった。何を言っているのかわからなかった。常磐線で一時間で自分の言葉が通じなくなるわけですね。これはショックを受けます。これは東京の標準語で育った人間の非常に傲慢な経験なんですが、地方の人たちはテレビでNHKの標準語を知っているので、地元の人はぼくの言っていることはわかる。でも彼らの言っていることはぼくにはわからない。それが、今は標準語があるからいいけれども、それがない状態だったらAさん・Bさん・Cさん、何を言っているのか全然わからない。

実際に柳田国男は、遠野の物語を佐々木喜善から聞きますが、後になって、実は佐々木喜善のなまりがひどくて、最初は何を言っているのか全然おれはわからなかったんだと、身も蓋もないことを言っています。喜善が何を言っているのか柳田にはわからないのです。それくらいだから擬古文で『遠野物語』をまとめるしかない。よく柳田が喜善のいったことを都合よく改変したっていう人がいますけど、そもそも最初はまともにことばが通じていない。ディスコミュニケーションがあるわけです。だからこそA・B・Cさんが話し合える、いわば共通の日本語を作る必要があったわけです。この日本語というのはきわめて人工的な言語です。ポイントは通じること、使えること。もっぱら実用本位の日本語です。こういうふうに言うと反発なさる人もいるかもしれませんが、柳田国男たちが目指した日本語はこういう人工的な日本語なのです。

柳田国男というと、古典を愛したり、日本の失われ行く伝統文化を愛し、それを後世に残した人というイメージがあるかもしれませんが、そういうふうに見てしまうと、彼がやろうとしたことが何も見えなくなってしまうわけです。例えば、戦後に柳田は国語の教科書を作ろうとしています。ところが、文部省の指導に反して『源氏物語』なんか入れる必要はないと最後まで抵抗します。そういった古典や美辞麗句なんかは今は学ぶ必要はないんだと、まず通じる言葉、使える言葉。これを徹底して学ぶ必要があるという。なぜだと言ったらば、つまりこの問題ですね。Aさん・

Bさん・Cさんが共通の言葉を持ち、話している。このための言葉を作らなきゃいけないということです。

柳田国男の考えというのはこういうことです。まずAさんがいる。このAさんは、私の考えを持つ必要がある。そして、私の考えの観察。観察と言うことは自然科学的な方法ですね。つまり自然主義。まず私の考えというものを絶対に持っていなければいけない。近代的個人の前提として。そして、その考えというものが一体どういうものなのかを冷静な観察、つまり自然主義的な方法によってちゃんとそれを理解しているか。それを踏まえて、それを他人に伝えて、相手と合意形成をしていく。その合意形成の繰り返しが公共性になっていくわけです。今ではひどく評判が悪くなった民主主義というものを、柳田国男は文学によって真面目にやろうとしていた。この生真面目さというものをこの人の思想から見てとらないと、柳田国男を最後まで理解できません。

パーシヴァル・ローウェルという人がいます。明治時代の日本にやって来た外国人の一人です。彼が書いた日本論はまとめちゃえば「日本人は進化論的に劣性なので自我の発達が遅く、結果として集団的な民族である」ってことです。東浩記的にいうと動物じゃん、ってことです。我々は、日本人が集団性が強いということをあたかも日本人の美徳のように言いますけれども、明治期のヨーロッパ人から見れば、近代的自我の未発達なこの東洋の島国の人間は、進化論的な劣性だというふうに言われてしまっていた。だからこそ彼らは一回ちゃんと「私」というものをまず立てなきゃいけなかった。そうして、「私」を本拠として社会というものを作らなければいけなかった。社会を作らなければいけないというのは、急速に短期間で近代国家を作らなければいけなかった明治期の知識人たちや官僚たちの、圧倒的に切羽詰った命題だったわけです。

その具体的な方法論というのを柳田国男はこういうふうに考えていた。つまり、地方に生きる一青年がいる。その一青年が自分の考えというものを持っていく。それがまず近代国家の礎だ。そのためには自分の生きている社会、つまり彼が生きている小さな村やもう少し広いエリアの中で物事を冷静に観察し、そこにある問題や改良点、あるいは場合によっては世の中に広めたい長所等を探し出す。それを冷静に記述する。同じことをまた別の場所でやっている人間がいる。そういう人間たちがたくさん考えを持ち寄って、お互いに協議しあいながら最終的な合意形成をしていく。それが「公」というものになる。これが柳田国男が考える公共観です。ですから、柳田が考える公共観は常に更新されていく。そして、これを可能にしていく唯一の政治システムが、柳田国男にとっては普通選挙制度しか選択肢がなかったわけです。この時、コミニュケーションをしていく時に使うのがツールとしての日本語です。だからロジカルに話せたほうがいい、観察に適していたほうがいい。柳田国男が日本語の中に美辞麗句を嫌ったのは、こういった客観的な記述の中ではレトリックに意味はないんだということなのです。

それから、短歌や和歌というのは型の反復ですね。観察ではない。型の反復の美学を否定したわけではありません。柳田国男は短歌を否定したわけではなくて、それとは違う新しい日本語がなければ近代国家はできないと言っているだけなんです。だから、型というものを踏まえた従来のいわば文学的な日本語ではなくて、新しいかたちの日本語を作らなかったら近代国家や近代社会が出来上がらないんだ。そういう日本語を作っていくのが文学者の仕事なんだ。これが柳田国男の考え方ですね。つまり言葉を作る人たち。これが文学なのです。小説を書く人ではないのです。ここを間違えないでください。

近代の文学者として言葉を作り、それを教育啓蒙していく人たちだった。柳田国男と佐々木喜善を仲介した作家で、ぼくが好きな水野葉舟という忘れられた作家がいます。それこそ今の村上春樹さんのように女子学生に圧倒的な人気があった作家です。彼は生涯小説の書き方や文章の書き方の本をたくさん書いています。彼もまた柳田たちと同様に新しい日本語を作ろうとし、それを教育しようとする結果として文学入門書をたくさん書いた。漱石も文学理論を書いていますし、小説の書き方の本を明治期の作家たちは全員といっていいほど書いているのですね。それが作家の仕事だったからです。その実践として小説を書く。つまり、言葉を作りそれを人々に書き自らも実践する。小説を書くという行為は小説家の振る舞いの一部分に過ぎなかったんだけども、ここの部分だけがイコール小説家になっちゃった。これが今の文学の状態になるわけです。

そういうふうにして、柳田国男は花袋たちと小さなサークルを作り、彼自身は文学を捨てるわけです。しかし、捨てた代わりに自分の周りに集まった同年代の青年たちに新しい近代的な言葉を作っていく文学を託そうとする。花袋にしてみれば押し付けられた部分がありますが。

そしてようやくぼくたちは『遠野物語』の話に入ることができます。『遠野物語』というと、先入観としてあるのは、遠野の民話集であって、古きよき失われていく日本がそこに書かれている。そんなイメージが大半だと思います。しかし、それは私たちから見た時のイメージであって、過去というのは常に古い伝統に、ノスタルジックな何かに接合しているものです。そういう時間の中にこの本も置かれてしまっている。

佐々木喜善はこの本が出た時に、柳田から本を受け取ると、ハイカラな本、まるで西洋の本のようだというふうに狂喜乱舞してお礼の手紙を送っています。これが西洋の本のように彼には見えたのです。そこがとても大事です。佐々木喜善の柳田国男に宛てた書簡があります。「『遠野物語』を拝見しました。第一に何よりも本の体裁がさっぱりしていて、西洋の本のようなのは嬉しい。紙がいかにも都合よく活字と相成っていて、ハイカラなるのに驚いた。

『石神問答』よりずっといい」というような内容が書いてあります。とにかく自分が関わった最初の本とはいえ、狂喜乱舞しているわけです。「かつて私の口よりお話上げし事のある物語ともおぼえず、さながら西洋の物語にても見る心地いたされ候」ともいってる。自分がしゃべった話なのに、まるでヨーロッパの文学を見ているような気がしてとても嬉しいというふうに喜善は喜んでいるのです。

佐々木喜善の位置

ここで少し脱線しますが、佐々木喜善に対しても彼のキャラクターを修正しておく必要があります。柳田国男の一般論的な入門書などに書かれている古いイメージはこうです。東北から来た朴訥な青年がいた。これが文壇のボスで国家官僚であった柳田国男と知り合って、柳田はこの朴訥な青年が語ったことを書き止めて、それをちゃっかり本にして、その名誉を全部彼のものにしてしまったと。こういうイメージが戦後作られたわけです。これは岡正雄というGHQに協力した民族学者が広めていった、いわばちょっとよくない噂みたいなものです。そうじゃなくて、佐々木喜善もまた明治期の若者ですよ。岩手県の裕福な農家に生まれて、文学にかぶれて、佐々木鏡石となります。泉鏡花の一文字を貰ったありふれた文学青年で、親が立身出世させたくて岩手の医学校に放り込んだんですが、さっさとやめて上京します。そして東洋大学の前身の、井上円了が主宰する私塾に潜り込む。井上円了は妖怪学をやっています。誤解のないように言えば、妖怪とか神話・伝承・言い伝えみたいなものを科学的に否定していくのが円了の妖怪学です。つまり、近代化の過程の中で、呪い（まじない）とかお化けとか妖怪なんてものを日本人が信じたならば西洋から馬鹿にされるので、科学的に論破していく。これが円了の妖怪学です。ここを間違えてもらっては困るわけです。

で、何かちょっと違うなあと思ってすぐにやめちゃいます。ニートみたいなもんですよ。はっきり言って。そして、親の仕送りを当てにして下宿に籠ってるんですね。プチ引き籠りみたいな状態だったわけです。ところが、同じ下宿の隣の部屋だか下の部屋にさっきの水野葉舟が住んでいることがわかった。葉舟は竜土会の一員になっていて、柳田国男の周辺にいた一人ですから、うまくここで喜善は葉舟に取り入ろうと思います。それで葉舟の部屋へ押しかけていくんですけれども、ちょっと暗い青年だったので、葉舟とコミニュケーションができない。歯舟も困ったなあと思って向が話の水を向けなくちゃって思って、そう言えば東北のほうにいろいろと不思議な話があるそうでと言ったら、カアッと喜善の目が開いて、炎が燃え上がったようだみたいなことを葉舟が言ってますが、突然、怪談をバアッと語り始めるわけです。それで一晩寝かせてくれなかった。これが葉舟と喜善の出会いです。

喜善は文学を書きたかった。喜善の文学というのは立身出世の手段としての文学です。明治三十年代から四十年代になると、作家になることが社会的な成功というふうな社会体制が出来上がっていますから、作家になりたかったのです。その時に、何とか文壇デビューしたくて葉舟のつてをまず作った。そうすると葉舟は、そういえば柳田国男先生がハイネみたいなことをやりたがっていたなあとふと思い出す。そこで葉舟は柳田に喜善を紹介するわけです。そして、喜善は竜土会の中心で明治国家の官僚で、文学的には鴎外とか漱石ともつながりがある、そんな人と知り合いになれるのだったら何とかご機嫌を取りたいということで、「お化け問屋でございます」とかへりくだってみせて柳田のところへ行って、妖怪の話、つまり遠野の物語を語った。これが喜善の姿です。

喜善を悪く言うわけじゃなくて、そういうありふれた文壇的野心を持った青年の一人だった。明治期のありふれた若者だった。ここが彼の姿をきちんと見ていく上で見誤ってはいけないところです。だから彼は『遠野物語』ができて嬉しかった。自分の本が初めてできた。自分の本がヨーロッパのような文学の話になったから嬉しいのです。自分の故郷の伝統を日本人全体に知らしめることができたから嬉しいんじゃありません。そこを間違えないでください。でも喜善はこんなものはどうでもよかった。普通の小説を書きたかった。フィクションを書きたかった。だから『遠野物語』の内容なんかは、柳田先生が喜ぶのだったらどうぞどうぞ先生お使いくださいといった感じなんですよ。

柳田国男以外にも、水野葉舟も実は同じ時期に喜善が語った話を活字にしています。喜善にしてみれば、よくわからないけど、葉舟さんや柳田先生は怪談が好きみたいで、だったらいくらでも話をしますと。実際、当時の文壇には一種の怪談ブームがあって、怪談を語るとちょっとちやほやされる空気もあって、そういった空気を喜善は巧みに読んでいたところがあります。意外にそういうところではしっかりさんだった人です。そうやって、初めて彼は文学的足場を柳田によって築けたわけです。重要なのは、これが西洋的な文学だと見えたことです。喜善はそういう意味ではある意味での本質は見ているわけですね。つまり、ヨーロッパ式の文学というものをここでやろうとしている。そのことはうっすらわかったわけです。

喜善は最後まで柳田国男がやろうとしていることを理解できませんでした。そこが喜善と花袋との差だと思います。花袋はわかっていた上でいつも打っちゃりや肩透かしを食らわしてきた。柳田がこうしようとすればああする、ああしようと言えばこうすかすといった関係が、『蒲団』を境に出来上がっていきます。柳田の方が逆に翻弄されるようになる。

この頃の佐々木喜善のエッセーの中に、東北弁とギリシャ語が似ているということが書いてあります。近代化の過程の中で、何とか日本は野蛮から文明の側に移行したかった。ですから、ヨーロッパと日本、西洋と日本というものを強引に結び付けていくようなさまざまな言説や考え方が出来上がります。現在のオカルト小説やまんがのネタとなるインチキ古代史の類―ぼくもよく使いますが―は大体この時期に出来上がっています。日本人とユダヤ人の先祖が同じだみたいなこともこの辺りから始まっていく。東北弁とラテン語やギリシャ語が同じ発音をしている。だから、もしかしたら東北弁、日本語はギリシャ起源かもしれないというふうに語ることによって、当時の日本人たちは、特に東京という新しい中心に対して地方という場所にいた人たちは、こうやって地方をダイレクトに西洋に結びつけることで自分たちの西欧性、ヨーロッパ性みたいなことを何とか立証しようとしていた。喜善にとってはハイカラで自分が語った話がまるで西洋の物語のように聞こえるこの柳田国男の本は、まさに彼のコンプレックスや感情というものに合致していたといえます。

私小説ではない自然主義

さて、ようやく『遠野物語』に入ります。その冒頭にこういう一節があります。

鏡石君は話上手には非ざれども誠実なる人なり。自分も亦一字一句をも加減せず感じたるままを書きたり。

ここがとても重要です。一つ目は「一字一句加減せず」のところ。「私たちがここに集めた方法に関しては、まず忠実さと真実さが私たちにとって重大であった。すなわち私たちは自分の手段からは何ものも附加しなかった」。これはグリム童話の序文です。柳田国男はグリム童話集を確実に読んでいます。状況証拠から。二つ目はラフカディオ・ハーンの『怪談』の一節です。「これはわたくしが実際に聞いた話である。私は語ってくれた人の言った人物の名前を変えただけで、あとはほとんどそのままに書いた」。明らかにこの二つの文章とこれは一致するわけです。この当時、民俗学という学問が文学からゆっくりと分岐しようとしていく過程の中で出てきたのが、グリム童話でありハーンの仕事です。ハーンは日本の民俗学的レポートを新聞社に送るという契約で日本に来ております。ですから、彼の特に初期の日本論というものは、当時の民俗学的な論理性やロジックみたいなことが内在化されています。そういう意味で柳田の中にはいわゆるフォークロア、民俗学というものがすでに意識されているわけです。

一方で重要なのは、「感じたるままに書きたり」のほうです。国木田独歩がある雑誌に寄せた談話原稿に、「自然を見て自然を写すには、見たまま見て感じたままを書かねばならぬ」とある。これは、柳田や独歩や花袋や藤村たちが交友した先程の自然主義、つまり、社会や習慣や、あるいは自然的な対象そのものを書いていくような、自然科学的自然主義ですね。私小説という意味での自然主義ではなくて、自然科学的自然主義を意味するフレーズがこれです。「感じたるままに」というのは、花袋たち、柳田たちのいわば内輪のサークルで通じた言葉です。彼らの中でしか通じなかった、いわば符牒というか、そういう言葉なんです。当然、同時代の若者や文学仲間にも通じると思いますけれども、当時の文学をやっていたごく限られたサークルの中で通じていった言葉なのです。だから、「感じたるままに書きたり」というのは、つまり自然主義をやったんだと。この本は自然主義なんだというふうに宣言しているわけです。これが『遠野物語』の一番大事なところです。何でこんなことをしたのかというと、そこが柳田国男と花袋のまたややこしい関係になっていくということになるわけです。

「日本の文壇なども、もう少し変わって行かねばならんと思ふ。島崎君、田山君、正宗白鳥、夏目漱石とか、それくのものを有ってゐるには相違ないが、どうも一つの野原の畑を耕しているやうに見える。」「自然主義もいゝだろうけれども、素人写真の習いたてに友人や兄弟ばかりを写してゐては仕方がない」。ここでは自然主義を批判していますよね。ここで批判されている自然主義が花袋の自然主義です。つまり、素人写真の習いたてに友人や兄弟ばかり写している。写真機で柳田国男は社会や習慣を写すべきだと考えていたのに、花袋は「私」を写してしまった。そこで怒るわけです。

もう少しこの辺りを説明しますと、柳田にとっては花袋は自分の文学を体現する最大のパートナーだったわけですが、その裏切りにあう。社会や習慣を描き、その先に新しい文学を作ろうと言ったのに、お前は自分の弟子といちゃいちゃしているような文学を書きやがって、何でおれを裏切ったんだと。だったらおれは文学をやめたけれども、一回だけ本当に自然主義をみせてやるからお前見ろ、という啖呵ですね。だから、『遠野物語』は三百部ぐらいしか刷らないプライベート版であり、つまり身近な人間たちに届けられるものでした。おれは自然主義をやったぞというふうに、そのことがわかる人間たちだけに実はこの本は届けられた。日本の伝統を残すとか、民俗学という新しい学問を作るとか、そういったことではなくて、自然主義というものが違う方向に行くことが彼には許せなかったんですね。だから彼らにわかるようにこのことを書いたんです。

これも一般論的にあるような柳田国男の入門書では、柳田は性的なこととか倫理的なことに潔白な人だったから、花袋が『蒲団』の中で女弟子が去って行った後に蒲団に顔を埋めるような、そういった隠微な描写をしたことを許せなかったから否定したんだというふうに説明されますが、そうではないのです。「私」を書くような文学を作ろうとしたのではない。それが自然主義ではないだろうという怒りですね。しかし、花袋に代表されるようなかたちで漱石も含めて、柳田から見れば文学は「私」というミニマムな世界を書くような方向に明治四十年代急速に向かいつつあった。そのことが柳田にはどうしても許せなかったわけです。だから、これがおれの文学なんだと。『遠野物語』はそういう意味での文学なんです。柳田国男は晩年になって、『遠野物語』を、あれは文学だからねとよく言います。そうすると、このことがもうわからなくなった弟子たちは、柳田先生は謙遜でそうおっしゃっている。もしくは、文学的な奥行きがある作品として読んで欲しいのでそのようにおっしゃっているというふうに、全く誤解したわけです。

ぼくの知る限り、こういう意味で柳田国男が『遠野物語』で文学をやろうとしていたことを正確に見抜いているのは三島由紀夫だけだと思います。三島はそのことを正確に、柳田国男に関する短い文章の中できちんと論じています。そこが三島という人の非常に頭のいいところですね。ちなみに皆さんが伝統的だと思っている書き手の多くは、その時点の文脈ではむしろアヴァンギャルド的な作家です。川端康成だって日本で最初のモンタージュ論なんかを使った前衛映画のシナリオでヨーロッパで評価されたわけです。これが川端の世界的な位置です。三島が戦前の学習院時代に書いている文章の中では、ドイツの表現主義映画などの理論を援用したような映画評論を書いている。それが三島由紀夫です。大正アヴァンギャルドの文学理論で最も忠実な後継者が川端とその忠実な弟子の三島です。実は伝統的であるように見える人たちは、同時代の文脈の中では最も先鋭的なモダニストだったケースが文学史には多いんです。だから三島だったら柳田の近代性がわかったのかなという話です。「遠野物語」はそういう意味で近代文学なんです。

さて、花袋と柳田国男の不思議な関係を少し見ていきましょう。この二人の関係はすごく面白い。まず『蒲団』についての位置付けをしておきます。『蒲団』というと、先程も言ったように、最後に花袋が女弟子の蒲団に顔を埋めるシーンが非常に性的で隠微で気持ち悪いというふうに若い女性などは思うかもしれません。ただ、これは『蒲団』をちゃんと読んでいないからであって、最後に彼女が残していった夜具に顔を埋めるシーンというのは、そこで嗅いでいる残り香というのは女性の体臭ではないわけです。そうではなくて、田山花袋は、近代的な女性というものになり損ねて去っていった芳子をそこで追悼し哀れんでいる。いわばその彼女の残り香を嗅いでいるのであって、そこに性的な比喩しか見られなくなったことが『蒲団』という小説の読まれ方の限界であるわけです。

『蒲団』というのはまさに「私」を巡る小説なわけです。『蒲団』のモデルになった芳子が花袋の前に現れた時に、彼は博文館で雑誌の編集者をしていた。明治期の雑誌というのは基本的には投稿雑誌です。文章と文学がここでは同義ですからね、書き方を教育するメディアなんです。言文一致体という新しい文体が出来上がりました。下宿に集まって隣の人と違う地方語を使う。コミニュケーションができない。だから共通の新しい日本語を作っていく。それが言文一致体です。東京弁をベースにしながら語彙を合理化していく。そういう人工的な言語としての日本語というものを文学者たちが作り、それを普及・啓蒙していくのが文芸雑誌です。

花袋たち作家はそこで自ら小説や詩や、小品というエッセイとも短編小説ともいえないようなスタイルのものとか、あるいは日記を書いたりします。日記や手紙も文学の一形式だったわけです。こういう中に小説が一つあったに過ぎないわけですけれども、最終的に支配的な地位を得ていった。当時の雑誌にはこういった領域の全部の投稿を含めて文学なのですね。書き方ですから。

横山芳子と言文一致体

さて、花袋は雑誌の編集長をしていました。自らもそこで小説などを書いたりします。この小説がさっき言ったように、柳田国男を観察しながら書いた、美青年が行く先々で恋をする小説です。技法的には自然主義の表面的な言文一致体ですね。言文一致体といっても柳田が考えるほどの深い自然主義ではなくて、表面的な言文一致体みたいなことを巧みに操りながら、「私」に悩む青年を花袋は書くわけです。そうすると、地方の女学生たちはキャーッというふうに、花袋が書いた主人公に魅惑され、中には花袋の方の追っ掛けになっちゃう子も出てくるわけです。これが兵庫県出身の横山芳子こと、岡田美知代という女の子だったのです。

ここで重要なのは言文一致体で「私」を書くこと。花袋が地方の読者たちに啓蒙したのはこのスタイルです。「私」の書き方。言文一致体という文章で書くわけです。誰でも使える、しゃべっているこの日本語を一人称の「私」とセットすると、たちまちそこに「私」があるような気がしてしまう。魔法の日本語がそこに出来上がっちゃたわけです。つまり、客観的に観察するための言語を作らなくてはいけないのに、花袋は「私」を主語として言文一致体とセットすると、たちまち自動的に「私」が出来上がるという魔法の言葉を作ってしまった。

『蒲団』を読むと、芳子の手紙が大量に入っていることに気がつきます。文学史で、芳子の手紙というのは岡田美知代が書いた本物の手紙がベースになっているということはほぼ証明されております。手紙は「私は」「私は」というふうに「私」という一人称がとても多用される。『蒲団』を読むとわかるんですが、芳子は花袋の前では可憐な美少女で、当時としては最新のファッションか何かで身を固めている。着物を着てますが、着物の柄とか、日本髪を結っていますが、当時の中では一番新しい髪形です。ファッションの先端にいるような髪型です。そういう意味では神戸出身の女の子なんですね。そういう華麗なファッションに身をまとった美少女が、花袋の前にちょこんと座って、花袋が文学とは何かと説いて、「はい先生、はい先生」と言ったら、大抵の作家はグラッときてもしょうがないのかもしれません。そういうふうに、芳子は花袋の前では本当に「はい、はい」と頷くような、けなげで可憐な少女なわけです。しかし、この子はいざ事があると、手紙を書いちゃあ花袋を困らせる。「先生、私好きな人ができてしまいました。先生、私好きな人とお泊りしちゃいました」みたいな内容の、口で言えないようなことを突然手紙で。最初は二階に住んでいるんですよ。さすがに周りがそんな若い女性を置いていたらまずいということで近くに越させるんですが。歩いてちょっとのところにいる子が、何か大変なことを言う時に、すっと手紙を置いて逃げちゃう。その手紙が作中の手紙ですね。手紙の中にはいわば饒舌で奔放な「私」がいるわけです。

つまり、近代における「私」という日本語の言い方。特に女性一人称という問題がここに実は横たわっている気がします。近代において女性が「私」という主語で書く日本語は、男たちが作った日本語なのです。花袋たちが与えた日本語です。それを芳子たちが模倣していくわけです。ですから、どこまで行っても男たちに都合のいい「私」がそこにある。一方ではしかし、彼女たちは「私」という日本語を使うことによって初めてささやかな近代的な自我というものを言語化することができた。この矛盾ですね。男たちが作った文体によって、もしくは男たちから与えられた文体によって、彼女たちは近代的な私になれるわけです。その状況というものを『蒲団』は書いているのです。

ゾラやツルゲーネフの話をして、そこに生きるような新しい女性になりなさいと説く。芳子はそれを真面目に受け止めました。師である作家はそんなふうに新しい自我を芳子に与える。もちろん生き方も不器用であって、今から見れば大抵の若い子がそうであるように、ただのやんちゃやわがままに過ぎなかったのかもしれませんが、しかしその「私」を彼女は生きるわけです。結果として、同志社の神学科の田中という男と出会って、恋人同士になり、作家はキレるわけですよね。

芳子にしてみれば、花袋の言っているように書き、花袋の言っているようにしてきたのに、花袋は、今さら処女性とか言い出すわけですよ。最初は文学をやるんだったら処女じゃだめだよみたいなことを言っておいて、一旦彼氏ができちゃうと、そんなことでどうするんだみたいにいきなり態度を豹変させる。最終的にはご存知のように、田中との関係が進む中で、花袋は怒って実家からお父さんを呼びつけて、彼女を田舎に帰すわけですね。

芳子からの最後の手紙が来ます。「いつもの人懐かしい言文一致でなく、礼儀正しい候文で」きたって作中に書いてあります。つまり文体の変化というものに花袋が自覚的であったことはこの一節からわかるわけです。文章は完全な候文です。そして、「私」という主語がどこに出てくるのかというと、お父さんからいずれお礼のお手紙を上げなくてはいけないのですが、父は忙しいので失礼を省みないで私が出しましたというくだりです。つまり、家の中の私、家制度の中の私、家長制の中の私しかもうここにはいないわけです。こういったものから開放されて自由に奔放に動き回っている芳子はいない。そして、芳子はもう、ここでは候文でしか私を書けなくなっている。言文一致体では私をかけなくなっている。

つまり、『蒲団』というのは、花袋がうっかりと若い女性に与えた言文一致体で、その芳子が奔放に「私」を語り出し、「私」を生き、しかし、そのことにキレた作家自身が彼女から「私」を巡る言文一致体の文章を奪い、田舎に帰し、再び彼女は候文の世界に生きることになった。この近代の言文一致体と「私」を巡る悲喜劇というものを花袋は小説に書いたわけです。文体の小説です。ここを見なかったら、最後のところだけ見てどうのこうのとあの小説を論じることとは、いかに歴史的文脈、時代の文脈の中で文章を読むことを怠っていたのか。そういうことになっちゃうわけです。こうやって、柳田国男もそうだし、花袋もそうですけれども、文学や小説を読んでいく時に、確かに現代的な視点からまっさらな状態で読んでいく。それも一つの読み方です。しかし一方では、当時どういう文脈の中でどういう前提の中でそれが読まれていくのか、そのことを読み取っていかない限り、彼らが何をしようとしたのか、どういう中でそれが出てきたのか、そのことを私たちは理解することができなくなってしまうわけです。

花袋の小説はそういう小説です。そうして作家花袋は芳子から「私」を奪い、いわば「私」を巡る文章で芳子を弄び、その小説によって作家自身の私が特権的であるという近代小説、私小説を作り上げるわけです。これが『蒲団』の意味です。これ以降の小説がいわゆる私小説になるわけです。作家の私が特別であるという小説ですね。おそらくは、もうそういう空気を感じ取っていたからこそ、芳子もまた特別の私になりたくて文学に手を染めるわけです。でも、ここで花袋は、作家の私の特権性というものを強調し、いわばそれをスケープゴードに芳子は言文一致体の世界から逐放されるわけです。

ただ、現実的には芳子もなかなかしたたかで、『蒲団』が出たら帰って来て、あの子って『蒲団』のモデルなんだってというふうに、ちょっとしたアイドルになったりして、挙句の果てに彼氏とくっ付いて妊娠して、先生どうしましょうとまた花袋のところにやって来て、しょうがないなあとか言ってですね、じゃああそこのお寺でちょっとお世話になりなさいと言ったら、赤ちゃんを産んで逃げちゃうとか、やりたい放題の人生を送っていきながら、けっこう晩年に至るまで非常に面白い人生を歩んでいくんです。相当この後も、花袋や男たちを翻弄しますので、近代的自我というものは現実の方の芳子―永代美知代の中にそれなりに根付いていっている。ここはちょっとフォローしておきたいと思います。

花袋がつくったのはそういう「私」です。でも柳田は公共性に至る拠点たりうる「私」を可能にしたかった。それが二人の「文学」あるいは「私小説」と「民俗学」を分けたものです。その二つは、ルーツは同じで、花袋と柳田のそれぞれに担われることで別のジャンルになっていった。でも民俗学の本質は「文学」なんです。しかしそれは「公共をつくる文学」で、それが成立しなかったことがこの国の近代の不幸です。

三　ロマン主義という隘路

柳田の私小説

さて先程言った花袋の松岡物ですが、それ以降も柳田国男のことを花袋はずうっと書くんですけれども、両者の関係というのはどうだったのか。柳田は日記を書いています。その日記を花袋に渡すんですね。これが小説になるという関係です。日記というのも文学の一形式ですが、自分の日記を素材にして小説を書かせる。これが両者の関係です。これ以外にも、柳田国男は内閣法制局にいましたから、裁判の恩赦・特赦資料、つまり死刑囚などに恩赦を出すことがあったわけですね、明治政府は。恩赦用の資料を読んで恩赦に値するかどうかを判断する係りをやっていたので、殺人事件とかの記録をたくさん読むわけです。そうすると、面白い犯罪の記録がある。これを花袋に、小説にしろよというふうに渡しています。今だったら個人情報漏洩とかで大変な騒ぎになるところですが、この間も面白い殺人事件の記録が出たのでとか言ってぺらぺらしゃべって、花袋に小説にしないかと言うと、大体はいやと言われちゃいますが、二、三本はやってますね、花袋は。そういう関係です。こういう側面は文学史の中でクローズアップされていますよね。

柳田は新体詩人の頃も日記を書いて花袋に渡しています。最初、美貌の帝大生が恋に悩む話を書いていくうちはよかったんですよ。だんだん花袋も自我というものが芽生えてきて、柳田国男に対する挑発的態度をとるようになるんですね。例えば柳田の家の地下か床下か何かに、柳田が養子に来ることが決まる前に住んでいた書生の男が、床下にもぐりこんでいる事件があって、その事件をうっかり花袋に言ったら小説に書かれちゃうとか。そういうふうに、だんだんと花袋は柳田に対して反抗的態度を取るようになる。でも、よせばいいのに日記を見せるわけですよ。

その一つが『アリウシア』という小説になりました。日本が日露戦争の結果として樺太の南の方を日本の領土として割譲を受けた時に、たまたま柳田は北海道の視察旅行に行ってたんですけれども、そこからひょいと脚を延ばして樺太に行きます。けっこうこういうところはフットワークが軽くて、台湾にも行ってますし、いろいろ移動する人なんです。樺太に渡った時の日記は「樺太紀行」というかたちで、戦後になって突然公表されております。この二つの短い文章を比べると、柳田の日記と花袋の文章の記述内容は極めて近いことから、状況証拠的に柳田の「樺太紀行」と題されて戦後に発表された日記が、明治四十年か少し前ぐらいだと思うのですが、『アリウシア』という小説の中にストレートに反映していることがここからわかるわけです。問題なのは、柳田の日記には「私」とか「我」という人称がほとんどないことです。たまにあったとしても、それは明治国家の官僚としての公共的社会的国家的立場から視察に来た私であって、プライベートな私というものは柳田の「樺太日記」の中に、おそらくは一箇所を除いては出てこない。

柳田の日記に、アリウシアという十八、九歳なる娘がいると書いてある。樺太は流刑地ですから皆犯罪者たちの子孫です。その犯罪者である殺人者の孫に生まれたアリウシアという少女がいて、この子がなかなか美しかったんでしょう。視察の最中このアリウシアのことを聞いてふと外を見ると、彼女が雨の中をショールをかぶって素足で歩いている。その彼女がふと私を見た。そんな感じのなかなかきれいな一節があります。ここだけがちょっと文学なんです。

日記の中で。でも、柳田国男が花袋に書かせたかったのはそこじゃないんです。国境が変わることで、殺人犯の子孫たちが生きる土地を奪われ、彼らは、かといってもうロシアには帰れない。だからアメリカに移民せざるを得ない。国境が変わっていく。つまり言えば、習慣や社会が変わっていくことが人々の生き方を根本的に変えていかなくてはいけない。その社会や歴史という第二の自然と個人の関係を柳田は花袋に書いて欲しかったんです。

あるいはまた、そういった流刑地の人々を規定している流刑地の社会。これも第二の自然ですね。更にそれを規定しているより厳しい北の大地の自然。第一の自然です。そういったものを含めた自然主義文学ですね。歴史と習慣に基づく人々を書く自然主義文学を、この日記から君は書き給えというふうに花袋に暗に求めたのでしょう。国家の国境の変化という、極めて歴史的な出来事の中で人々がどう変わっていかざるを得ないのか。そんなことを書いて欲しかったはずなんです。ところが花袋ときたら、柳田の日記の「雨ふればショオルをかぶり、更紗の袴をはき」「窓の中より我を見る」うんぬんの二、三行だけを小説にしちゃうんです。やや壮年に差し掛かった明治国家の官僚で気難しい男が、しかしロシア人の少女と目と目で恋をするような、そんな美しい文章になっていて、雨の中を、野の鹿の如く走って行く美しいアリウシアという少女が非常に生き生きと書かれているわけです。

これを見て柳田国男は怒るんですね。つまり、柳田はうっかり書いちゃったんです。彼は帝大を出て農政官僚として明治国家に奉職します。その時に彼は文学を捨てる。新体詩を捨てます。もう「私」についてくだくだ書かない、おれは。思うにそれが彼の決意でした。だから日記にも、国家官僚として国境が変わって社会も変わり、新しい領土ができ、そこの人々の民生をどうして行くのか。ロシア人たちがこの地に残るのであれば、これをまた日本人としてどう遇していくのか。あるいはアイヌ民族など北方民族がいる。こういった人々とどう関わっていくのか。そういった民生的な問題が柳田国男の視察の目的であるわけですね。あるいは軍事的な境界線としての問題も含めた、いわば国家官僚としての彼の目線というもので日記が書かれているわけです。その日記の中についうっかりとかつての新体詩人の気分で、ロシア人の美少女と目と目が合っちゃったと書いてしまった。そこを花袋が見逃すはずがないとわかっているのに渡しているのです。そうして、書かれてしまってから、何て事をするんだと怒るわけです。そういうことを、この後、花袋が死ぬまで二人は繰り返します。そういうふうにして、花袋は柳田国男が封じた「私」というものこそを自分が書いていく新しい文学の何かなんだということを、いわばこうやって柳田を介しながら見つけていくわけです。

「私」を書く花袋と、習慣を書きたい柳田というのは、実は、おそらく彼らが自然主義という文学の概念に出会う前から、二人は運命付けられていたのではないのかというふうに、ぼくなどは思います。

例えば、花袋の「伊良湖半島」という日記と柳田の「伊勢の海」という、やはり日記的な二つの文章があります。明治三十年代の初頭、彼らは新しい文学理論に触れ始めた頃で、おそらく自然主義文学に対してもさほど深い教養や知識はなかった時代のことだと思います。柳田はもしかするとそういった知識があったかもしれませんが。二人は連れ立って旅行をします。伊良湖半島に行ったら、海女が裸で公然と路上を歩いている。ここで花袋は、我は南洋の孤島に漂着したものの気がするみたいなことを書いちゃう。これが花袋の地方に対する基本的な視点です。地方は「野蛮」なんです、花袋にとっては。というか、明治期の知識人にとって、地方は野蛮です。

これは厄介な問題です。つまり西欧では西欧が文明であり、植民地が野蛮であったわけです。いわば大英帝国にとってインドという植民地はそういう意味で、自らの文明性の立証に必要だった。キリスト教的な世界観というものがダーウィンの進化論で崩壊した時に、進化論的に文化が劣性である野蛮というものの発見、確認ということが、いわば社会進化論的に先にいる自分たちの優位性の証明になるわけです。こういった西欧対植民地の関係性というものを日本はヨーロッパから学ぶわけです。しかし、明治三十年代初頭においてはまだ日本は植民地を持ちえていない。持つことが正しいとは思いませんけどね。その段階においては、いわば東京が西洋であり、地方が野蛮なんです。

水野葉舟が佐々木喜善の実家に遊びに行った時に、遠野の女たちがまるで野蛮人の女のようで、西洋人が野蛮人の女たちを愛でるように愛でてみたいものであると、ほとんど差別的な暴言を書いていますけれども、当時は普通の感覚なんですよ。そういうことをさらっと言っています。悪気は全然ないんですよ、花袋にしたって。でも、東京から見た時に地方は、西欧文学にある野蛮の地のように見える。こういうふうな関係で、花袋は最後まで地方を野蛮と見る視点がなかなか捨てられないわけです。それに対して柳田国男はというと、そこは彼らとの違いになっていきます。

別の箇所の田山花袋と柳田国男の文章を比べてみましょう。花袋の文章はこういうことを書いている。同じ船に乗った時の光景ですが、遠くを見ると向こう側に反対側の岬の灯台が見える。そういえばこの間、向こう側の灯台のほうに旅をしたことがあって、あの灯台からこの半島を見たことがあった。でも今は、この間見た風景の中にあった場所から反対側を見ている。この感じって何か変で面白いなあと言っている。つまり、風景ではなくて、向こうの風景の中にいたおれが今度はこっち側におれとしている。これが、花袋が書いていることです。一方柳田国男は、淡々と風景を客観的に記述しています。それだけではなくて、具体的な風景とか、その風景の上に成り立つ人々のちょっとした習慣みたいなことを記述しようとしている。ここが決定的に違います。

「習慣」を記録する文学

それが象徴的に現れてくるのはこういうくだりです。伊良湖半島には浜寝という習慣があったようです。夏の暑い時に家の中で寝ないで、海岸に筵を敷いて夜、睡眠を取るというふうな社会的習慣があった。それの記述です。つまり「習わし」を書いている。月明りが照る夜に外に出ると、ここにもあなたにも黒きものが横たわっている。具体的に風景の中に人々が黒きものとして横たわっている光景を客観的に記述しながら、同時にこれが一つの社会的な習慣であるということですね。そしてさらに、夜露は筵を通って着物を濡らすこともあるんだというふうに、その人から直接聞いた、民俗学で言う聞き書きに近い作業を柳田がやっていることもわかります。

さらに、村の若者の多くは家で寝ない。二十歳前後の頃は村の主だった人の家に託されて、そこで寝る云々と書いてあります。これはいわゆるネヤドの制度ですね。主として漁村的な社会環境の中に目立つ習慣ですけれども、男女とも成人に近付いた段階で子どもたちは親元を出て、夜間を若者宿や娘宿で集団生活をするという習慣です。その若者宿や屋娘宿には、子育てを終えた村の顔役的な人がいて、男の子が泊まる家ではそこで漁の仕方、あるいは潮目の見方から始まって、性的な行為に関する知識であるとか、あるいは村の宗教的な手続きやお祭の仕方みたいなことを習い、女の子も、性的な知識を含めて、網の繕い方であるとかご飯の作り方であるとか、同じように女性に託された宗教的なさまざまな手続きのようなことを学ぶ。そういった総合的な教育観念があるわけです。それが若者宿や娘宿ですけれども、柳田国男は、浜辺で寝るという一つの習慣から、人が自分の家に寝ることとは限らないという部分から、次に若者宿やネヤドという新しい習慣の記述をしているわけです。実質的に、明治三十年代初頭の旅において、柳田国男はすでに民俗調査的なことをやっているんですけれども、彼は民俗学をやろうとしているわけではない。習慣を書く。それが彼の目線だったわけです。

花袋も同じ風景を見ているんですよ。でも、「珍しき習慣もあるものかなと再び思ひしが、かくて一生を送る人もあるのかなという感、ゆくりなくわが沈み勝なる胸に上り来ぬ」、そしてぼくと柳田君は思いに耽ったと書いているだけであって、この男は、柳田が何を見てても最後は全部おれの話に持っていくんです。おれの気持ちはこうだ。それが花袋です。大体が文学ってそうですよね。何があったって自分の気持ちに持っていくという点では花袋の文学のほうが今的な文学です。だから私小説なんですよ。一方、柳田国男は何を見ても社会とか習慣とか、その向こうに彼の目線は向かっていくのです。

同じ文章の中でも、鳥の糞が小さな小島にたまっていって白く見える島がある。その村の人たちは、その鳥の糞を削って肥料として売っているんだが、最近ある大きなセメント会社が島を買収し、一気に採掘を始めてしまったので、あと数年後には島そのものが消えてしまうだろう。つまり、人々の営みが作り上げてきた島が、今度新しい歴史の中に置かれることによって風景そのものが変わっていってしまう。そのように、風景から彼は歴史を読み取るわけですよ。

二人とも風景を書きます。明治期の作家たちは旅をして紀行文を書く。紀行文を書きながら、しかし柳田国男は、風景の中から歴史や習慣をいつも読み取ろうとする青年であるわけです。花袋はどこまでいっても「私」をそこに投影していく。花袋の文章で特徴的なのは、まるで絵葉書のようだという比喩ですね。逆だろうと思うのですが、風景を見て最後は絵葉書のようだと賛美するんですね。それくらい花袋は風景を観察する気がさらさらない人なんです。風景描写だけはどこかの漢文とか古典から引いて来ているだけで、それを使って書くんですが、一番最後は、その風景を見て、おれ、こんな気持ちになっちゃったというところが花袋の一番書きたいところなんです。つまり、ここの違いが私小説と柳田国男のフォークロアを分けていく一番の違いなわけですね。そんなふうにしてこの二人はずうっとやり合っていくことになります。

ここで一回話を整理しておきましょう。「私」というもの――「私」になろうとしなくてはいけない無数の私たち――がまず明治期にいた。そして、柳田と花袋はこの「私」というものを介しながら、何か自分たちを取り巻く社会とか習慣というものを記述していく文学を作ろうと思っていた。思っていたのは柳田だけで、おそらくは花袋は同じ夢を見てくれなかったのかも知れません。ただ、柳田国男は、田山花袋の『重右衛門の最後』という小説を高く評価しています。これは柳田国男にとっては、柳田と花袋が夢を見たと柳田が信じているいわば第二の自然主義。方法論的なものに向かう文学の何か糸口があったような小説なのでしょう。しかし、花袋はこれを共有してくれなかった。そして、ここから私小説が出来上がっていくわけです。柳田国男自身も、初期の新体詩なんかはこの「私」を小さな世界で書いていく。しかし、最終的には「私」というものを出発点としながら、他者と係わり合い、一つの社会を構築していく、その過程を実現していくための言葉として、もしくはかつてその過程がどういうふうにあり、今どのようにあるのかを客観的に書いていくような文学。そういうふうな文学を柳田国男は夢見ているわけです。

しかし、一方では柳田のもう一つの要素として残るのは、「ロマン主義」というやっかいな問題であります。

空想の古代

『山の人生』や『海上の道』。柳田国男を読んでいくと、大体この二つの美しい文章にはまります。ぼくは個人的には『山の人生』が一番好きです。日本には先住民族がかつていて、彼らは天皇家に追われて秘かに山に逃げ込んだ。そこで今だに密やかに暮らしている。村の人たちが山に入って天狗だ山姥だというのは、それは実は古えの先住民族たちが今も生きていて、彼らを見誤っただけの話なんだという。これが『山の人生』もしくは柳田国男の山人論ですよね。ですから、左翼的立場の柳田国男論では、柳田国男は天皇家にまつろわなかった山人の民俗学を作ろうとしたんだけれども、彼は政治的に転向して、いわば天皇にまつろう常民としての民俗学を作ったという批判がありますけれども、これは若干違います。そうではなくて、柳田の中にはロマン主義的な側面がもう一個あったのです。つまり、ハイネであるとかイエーツであるとか、あるいはグリムもそうです。こういうロマン主義文学というものが自然主義だけではなくて、柳田の中にもう一つある。この二つの「文学」の共存が柳田の最大のわかりにくさの理由です。ロマン主義というのもここでまた乱暴にわかりやすく言うと、「私」というものを空想の古代や歴史に位置付ける、そういう文学的手続きをいいます。

昔、古の民がいた。その民の末裔は私たちである。日本人は小さな貝殻を見て、海上の道を北上して、この列島にまるで椰子の実のように流れ着いた。こういうふうに、いわば文学的に語り得てしまうような古代史や歴史というものを作り上げていく。これがロマン主義的な文学であるわけです。柳田民俗学にはどうしてもこういう側面がありま す。ロマン主義的文学というのは切なくて美しいわけですよね。椰子の実のように我々は流れ着いたんだとくると、もうぐっと来ちゃうし、古の民が失われてそっと山奥に秘かに暮らしているのだと考えたら、そこでまた切なくなるわけです。柳田国男の山人論というのはハイネの『諸神流竄記』がベースになっていますから、ギリシャ神話の神様たちがキリスト教に追われて山奥にひっそり棲んでいる。それがハイネの『諸神流竄記』の構図です。それと同じようなことを山人論で考えるわけです。天皇家にまつろわなかった、『古事記』に出てくるような土蜘蛛とかそういった先住民族たちが、密やかに山の中に暮らしていて、かつてこの列島の主役だった彼らは、今は山姥や山人というふうに呼ばれている。そういうふうな歴史像ですね。そういうロマン主義的な歴史像みたいなことが柳田国男の民俗学のもう一つの側面であるわけです。

こっちのほうが非常にセンチメンタルで美しくて、面白いんです。本当に『山の人生』などはわくわくするし、切ないし、いい文章です。ロマン主義文学としての完成度は非常に高い。このように「私」をフィクショナルな古代、物語としての歴史の中に置く文学がロマン主義だとすると「私」を表現するにあたって私小説手続きのみならず柳田国男はこのロマン主義手続きも禁じたわけです、自分の中で。禁じたけれども、しばしばそっちにロマン主義に崩れる。理念的には公共的な文学、でも感情的にはロマン主義にぶれるんです。この引き裂かれ方がおそらく柳田だけではなくて、近代の知識人たちの基本の構図だと思います。だから、柳田という人は見る人にとって都合よくこれは左翼的であってこれは右翼的だというふうに見えるわけです。つまり、柳田国男のある部分だけを取り上げてみれば、きわめて社会民主主義的な思想家なんです。でも一方ではロマン主義的なんで、ナショナリズム的なものにも繋がっていく。この二つの思想が柳田の中に共存している。ロマン主義の柳田はこれまで結構語られてきたんです。でも公共的な文学というほうの道筋が語られてこなかった。だから柳田国男はわかりにくく思えたり、転向したり矛盾したりするように見えるけど、単に一つの人間の中に相反するベクトルがあって、その中で柳田国男が「私」というものに対して、もう一つ私小説との関係もあってストイックであった。「私」というものに対して徹底的にストイックであろうとする彼がいて、そして、こう向かいながら、しかしこっちにぶれる。そしてまた戻ろうとする。この繰り返しを彼の思想がずうっとしていくことになります。「私」を基点とした初期の新体詩、もしくは花袋に書かせた「私」。柳田は、最終的には田山花袋式な自然主義になっていく「私」をまず封印するわけです。一方では個人を出発点にして、その個人を育成していくような実学。それを作っていく。これが柳田国男のいわば一つの民俗学の方向性です。それに対して、例えばグリムとかハイネにもあったような、民族集団の伝承文化というものに対して非常にロマンチックな思いを馳せていって、いわば空想の古代、ファンタジィ的な古代というものをイマジネーションしていって、時には捏造創造していって、その中に「私」というものを続けていくような、そういうふうな文学がロマン主義ですけれども、それが『山の人生』や『海上の道』になるわけです。そういうふうに、公共的な文学としては『遠野物語』や『明治大正史思想篇』や『農業政策論』という著作があります。民俗学の公共性というテーマは、ぼくも専門家ではなくて、むしろ、最近では若い民俗学の方たちがもう一度関心を持ち始めています。

四　柳田国男と公共政策論

明治思想と社会進化論

柳田国男は明治期に花袋に対して、新体詩を捨てて農政学をやろうというふうに言っているのは話しました。ここで農政学という問題にちょっと触れておきます。農政学に関して少し理解しておかないと柳田国男はわからない。専門家じゃないので受け売りで話しますが、まずここではダーウィンの進化論が問題になります。

進化論というのは十九世紀から二十世紀初頭のあらゆる思想というものを根本から規定する。生物が進化するだけではなくて社会も進化するわけです。社会の進化というものをいわば意識的に行っていこうというのが社会主義的な思想になっていくわけですね。その一方では、社会進化というものが、ダーウィンの進化論であれば、自然淘汰という概念の中で行われていくわけだから、強い者が勝って当然である。優勝劣敗の法則と言われますけれども。これに当てはめて言ってしまえば、アイヌ民族が亡びることも是である。そして一方では、経済的な関係の中で強国が勝ち、富のあるものが勝ち、そういうものが勝つということが正しい。つまり今の新自由主義といわれるもの、もしくはグローバリズム的な思想ですね。これがダーウィンの社会進化論として十九世紀の世界を支配していくと思ってください。

ハーバート・スペンサーという人がいて、この人の思想はスペンサー主義といわれ、要するに進化論をすべての領域に当てはめてしまった人です。今は全く忘れられていますが、明治期の東大の教科書の半分くらいがスペンサーの本であったと言われているくらいに当時影響を与えました。このスペンサー主義的なというか、社会進化論的な考え方の中心地がイギリスでした。イギリスはこの思想を掲げて植民地を増やしていく。ちょうど今のアメリカの立場がイギリスであったわけです。それに対して、そうやって強者が勝っていく、弱者が負けていく。それはやはりおかしいだろうという立場が生まれてくる。それがドイツで起こります。社会というものが進化論的に運用されていくのが一つの法則だとした時、しかしそこに社会問題というものが発生する。この社会問題というものを国家が政策的に是正していく社会政策論というのがドイツに誕生するわけです。そして柳田国男が学んだ農政学というのはドイツ型の社会政策論なのです。これは、いわゆるマルクス主義的な社会主義と一線を画している。マルクス主義的な社会主義が下から起こって来ることを国家の側が回避するために必要とされた部分もこの社会政策論にはあります。

柳田国男の立場というのは、そういった意味では社会政策論なんです。マルクス主義ではないんだけれども、同時にマルクス主義者が問題にしてきた問題を、今度は社会システムの修正というかたちで何らかのかたちで修正していく。こういう立場が柳田国男のドイツ型社会主義政策論で、その実践の場所が農政官僚としてのやり方だったようです。彼は農政学をやりたかったのです。農政官僚としていきたかったのです。でも、結構優秀であったし人脈もあったので、そんな農政なんてところで燻っててもだめだから、柳田君、法制のほうに来なさい」と、強引に移されちゃった。法制局に移っても、田舎に行っては農政学の講演をしたり、早稲田大学で農政学を説いています。

ちなみに今、若い研究者たちが柳田国男の農政学について興味を持ち出しているのは、現在の日本の農業政策のあり方に根本的に通じることなんです。柳田国男は、中クラスの農家の経済的自助、自立ですね。これを軸とした農業政策を推進するわけです。当時の農業政策といったら、とにかく交付金をがんがんがんがん下ろしていって、それでもって農家を身動きのできなくするような、今の農政の原型です。それに対して農家自身が意識改革をし、技術を学び、経済的に自立していって、グローバル化する経済に対抗していくような基礎を作っておかないといけないと。そうすると中クラスの農家というものがまず確立する。それが農業組合というかたちで集団化していって、経営基盤を強化していく。これが柳田国男の農業政策論です。なかなか、現在の民主党も自民党もとれないような面白い政策の提言を柳田はしています。もちろん当時と今とでは経済状況も農業技術も違いますから、百パーセントは当てはめられませんけれども。国家が百パーセント交付金で農業を保護していくのではなくて、農家自身が自ら自立していく、その実験をやっていくことによって農業経営というものを近代化していく。こういう考え方です。

その中で、農家の人たちが自分自身の問題を具体的に理解し考え、それを政治的な意思として反映していくための手段として、言葉という問題が必要だった。つまり、農家の人一人ひとりが、自分たちが抱えている問題を言語化し、自分たちの社会のあり方というものを把握し、そしてどうするべきかを考え、議論をし合っていく。そして農業組合的な集団を作っていく。ある意味ではやや社会主義的な政策になるわけです。

柳田国男は社会主義者か

柳田自身は、自分も社会主義者の一人だといった意味のことを地方の新聞にポロッと言ったりしています。ここが柳田のちょっと面白いところでもあります。『河北新報』という、東北のほうの新聞社の談話稿で、社会主義自体に対しては確かに疑問はあるけれども、しかし、社会主義にもまた社会問題を検討するという点では自分と立場の重なってくる部分だってある。社会問題の研究という点においては自分はそっちサイドの人間なんだというふうに言っています。この社会問題というキーワードですね。これはなかなか今は見失われてしまった言葉ですよね。社会システムが出来上がった問題というものを、社会自身がどうやって是正していけるのか。この十年ぐらい「自己責任」という言葉が出て来て、自己責任という言葉と新自由主義経済的な思想は同じ時期に立ち上がってくる。つまり、強者が勝ち弱者が負けていく。全ては負けた方の自己責任だ。これはイギリスの当時の明治期の基本の思想なわけです。柳田はそれに対して、社会システムを乱したものは社会問題であり、これは社会という主体である。具体的に社会という主体は、一義的には国家ですから、それが修正していく。国家に対しては個人が参画して国家を作っていくわけだから、いわば私たちの問題なんだ。こういうふうな論理フレームで柳田国男は明治国家の官僚として振舞おうとするわけです。そういうふうにして、柳田国男の農業政策論的な問題があって、この農業政策論的な問題というものと柳田の考える公共的な文学、第二の自然に向かう文学。そういったものが一体となっていくのが柳田国男のフォークロア、民俗学なわけです。

ですから、確かに柳田国男は自然主義を主張した「一字一句加減せず」の部分で、同時にグリムやハイネやハーンを参照しています。しかし、そういった彼の民俗学というのはどちらかというとロマン主義に向かうものです。そうではなくて柳田国男は、自然科学的な自然主義とドイツ型社会政策論を統合するような何かを構築しようとしたのです。それが結果的に民俗学になっただけの話であって、柳田国男の評伝や仕事を読んでいくと、彼が民俗学という言葉を渋々と受容するのが昭和の十年前後ぐらいですね。そこまでは自分の学問を「郷土研究」と呼んでみたりさまざまな呼び方をして、民俗学という言葉を嫌い、アカデミズム化する民俗学をすごく嫌うわけです。それはこういう背景があるからですね。

例えば、それは柳田の雑誌作りに対しても言えます。前の章で、岡正雄という人の話をちょっとしましたけれども、ぼくはこの岡正雄さんに対してはかなり批判的な立場を取ります。岡正雄というのはある意味で柳田国男のたぶん一番弟子みたいなところがあります。自分の娘と結婚させようと思っていたふしがあったというくらいに近くに置いた弟子です。ただ、最終的に離反します。

岡と柳田国男が対立していく一つのプロセスの中で興味深いのは学会誌ですね。雑誌を巡る対立だとぼくは思っています。これは岡以外にも、アカデミズム系の研究者たちと柳田国男が対立する最大の理由です。どういうことかというと、柳田国男が考える雑誌は、地方に住んでいる一人ひとりの人間たちが、自分が見つけた習慣や出来事というものをはがき一枚に書いて報告してくる。その報告を全部データベースのように載せて行くのが彼の雑誌です。当時データベースという言葉はなかったのですが、データベースなんです。だから一行でも二行でも載せたい。岡たちアカデミシャン系は、いわゆるヨーロッパ型の学会報を作りたかった。学術論文を載せたかった。素人たちが投稿してくる雑誌は嫌だと岡たちは思っていた。しかし、柳田には素人という考え方がなくて、いわば一つの場としてデータベースとして報告が集まってくる。そういう共有される情報空間を作りたかったのです。

データベースとか情報空間という、ちょっと新しい言葉を使うと、柳田のやろうとしていたことがようやくわかるわけです。だから民俗語彙の事典であるとか、民俗語彙集であるとか、全部項目をカードにまとめるとか、柳田がやろうとしたことは日本の文化そのものや民俗資料をすべてデータベース化して共有していって、共有財産にしていく。その記述です。つまり、日本というものの社会や習慣や歴史というものをすべてデータベース化して共有していく。民俗というコモンズさデータベースとして可視化したコモンズにしていく。それが彼の目的だったんです。そのために雑誌媒体があった。でも、アカデミシャンのキャリアとしての論文を載せたい岡たちと対立するわけです。だから、日本で最初の民俗学会は柳田国男抜きで発足するわけですね。こちらの國學院大學の折口信夫先生が間に入ってようやく柳田国男に来てもらうみたいなことさえ起きるわけです。

民俗学の歴史を読んでいくと、柳田国男と折口先生の間にいろいろあったという見方もありますけれども、そうではなくて、問題はこの岡正雄ではなかったのかというのがぼくの見立てです。いわば、アカデミシャン的な民俗学と柳田国男の民俗学の両方の立場がわかっていて板ばさみになっちゃったかわいそうな人が折口先生だったんじゃないのかなというのが、ぼくの柳田の側から見た印象です。

岡正雄とナチスドイツ型民俗学

岡という人は、柳田国男のもとを離れてウィーンに渡ってナチスドイツ型の民俗学を日本に持ち帰ります。これは、現在の日本民俗学のベースになっている一国民俗学、それから結局学問としては成立しなかった都市民俗学。これが岡の民俗学です。岡の民俗学は政策科学的です。だからちょっと被るんです、柳田の理念と。一回、柳田を批判した岡は昭和十年ぐらいに舞い戻ってきます。このナチス型民俗学を携えて。社会政策的な民俗学です。柳田国男はそこで岡を許してしまって、民俗学はナチスドイツ型の民俗学に書き換えられます。ここが民俗学者の中で不問にされている部分です。すなわち、ここで民俗学は一挙に政策科学化、国策科学化されてしまうわけです。

ある時期、柳田はしまったと思ったはずですけれども、岡は柳田の弟子たちを集めて民族研究所というものを創り、柳田の弟子たちを満州に送ります。いわば満州国の支配のために現地の民俗学的調査を行っていく。つまりヨーロッパのエスノロジーと同じことを岡は行います。このことから、戦争に協力したのはフォークロアではなくてエスノロジーなんだと称する人たちがいますが、岡を許したのは柳田であり、岡が派遣したのは柳田の門下生ですから、そういう意味では、フォークロアはこういうかたちで戦時下の政策に関わっていった。これは否定できない。ですから、折口信夫先生は戦後になって、これはどなたか折口先生の門下の方のメモにあったものですが、「先生、フォークロアはどうなるんでしょう」、「ドイツの例もあるからアメリカ次第だな」みたいな会話があったというふうに記録されています。つまり、折口先生もまた、国策科学としてフォークロアがドイツ型のものとしてあったことを自覚していて、それに対して占領軍がどう出るかということを、非常に複雑な思いでおられたことがその短い記述からわかるわけです。

戦争に負けると岡さんたちのグループはＧＨＱに雇用されるんです。岡正雄の言い分では、ＧＨＱが、自分がドイツに置いて来た論文を取り寄せてくれたので、それを渡したいというのでＧＨＱに行ったと書いてありますけれども、実際にはエスノロジーを名乗る岡さんたちのグループの『民族学研究』、つまりこれが今の『文化人類学研究』ですね。その民族学の公式の学会報を作る。それは占領下においてはＧＨＱの下部組織であったＣＩＥの奥付を持って刊行されています。そして、そこで岡たちが唱えたのが騎馬民族説です。

ご存知のように、ＧＨＱは天皇というものを、最終的には戦後政策の中に位置付けていく。それを選択する。天皇に対して戦犯的なかたちで断罪していくのか、あるいは天皇というものを社会システムとして肯定して、日本の占領統治もしくは戦後政策に活用していくのかの選択の中で、天皇を使っていくというトラスティックな選択を彼らはするわけです。その時に、しかし新しい天皇神話が必要だったわけですよね。つまり、戦前のナショナリズムやファシズムを支えたというふうに彼らが見ていたところの天皇神話を否定する必要があった。その新しい天皇神話としての騎馬民族説が語られた。そういうふうに騎馬民族説を理解しなければだめなんです。ＧＨＱの発行する雑誌で騎馬民族説が提言されていった。提言した人たちが岡正雄たちのグループで、岡たちは戦前は民族研究所に拠って満州国の支配に関与していった。もしくは大政翼賛会に岡はいましたから、そういうふうな戦前の思想統制の中心にいた。その人たちが戦後にＧＨＱに駆け込んで作ったのが騎馬民族説だったということを理解しないと、騎馬民族説の学説に対する正当な位置づけを見誤るわけです。

岡という人は確かに異人論とか、日本の基層文化研究においては学問的に多くの業績を残しました。そのことはぼくも否定し難いと思います。一方では、国策科学としてフォークロアを、確かに国のための民俗学を柳田も考えた。

しかし、柳田が考える国は個人がつくり変えていけるような国です。しかし、岡の場合は個人を超越した「国」だったわけです。この違いの中で、しかも岡たちのグループは、最終的には保身のためにＧＨＱに自分たちの研究を売るわけです。ドイツにおいては民俗学者たちはすべて、ナチスドイツに協力したということで責任を追及されます。ドイツの民俗学というのはその段階で戦後一回消滅するぐらいの学問的なダメージを負います。しかし、日本のフォークロアやエスノロジーが生き延びていった理由の一つが、この岡グループの行動があって、おそらくこのことに関して日本のフォークロアやエスノロジーは追及したくないので、岡たちの問題も曖昧にした。結果として岡と柳田の感情的な対立がずうっと残っていて、岡正雄が、柳田国男は地方の人から資料を集めにいって、奪って自分独自の民俗学を作って、全部自分のものにしてしまった収奪者なんだというイメージを、岡がある座談会で話したあたりがきっかけになって、柳田国男が人の良い喜善から資料を奪い、無名の地方の研究者から資料を奪った中央集権的な民俗学者なんだというイメージを流布してしまった。ここは、ちゃんとこれらのプロセスを見ておかないといけない。そういう一般論化したイメージだけで柳田を見てはいけないわけです。学問的に岡の業績は否定しません。ただ、岡という人が歴史的に果たした役割というものに関しては、こういうふうにきちんと見ておく必要があります。

ぼくの先生の千葉徳爾は、戦時下の民族学に関与していったことで、自分の満州時代の論文に関しては触れてくれるなと、非常に複雑な表情で語っておられたことを覚えております。そのことを総括するための本を最後に構想されて亡くなった。それくらい、戦時下の民俗学について学問的な自分の傷として持っていた民俗学者がいたことも事実なんです。

多元的なロマン主義

話を戻します。先程も言ったように、ロマン主義的なものに柳田国男はしばしば翻弄されます。明治期の官僚としての彼は、公共政策、農業政策的なものをやろうとするんですけれども、明治官僚のさまざまな派閥的な問題があって、彼は貴族院に移動させられます。貴族院のトップだった徳川家達と対立して官僚的なモチベーションを失っていきます。そうやって現実が嫌になってくると彼のロマン主義が沸々と炎を上げるわけです。ロマン主義は現実逃避にうってつけですから、柳田国男は徳川家達の部下だったんだけれども、届けを出さないで台湾にフラッと行ってしまいます。彼が台湾の山岳民族、今では台湾原住民というのが学術用語ですが、台湾原住民たちの村に行こうとして大騒ぎをします。彼にとって台湾の山岳民族というのは、日本の山奥に生きているはずの先住民族のモデルです。台湾には先住民族が今も生きている。だから日本にも生きている。こういうふうなイマジネーションがロマン主義的に働くわけです。もちろん、台湾山岳民族の人たちに対する関心というのは、一方では植民地政策的な意味での公共政策ですね。つまり、植民地に対して高圧的な政策を取っていくのではなくて融和的な政策を取ろうというのが柳田たちの考え方でしたから、そういう意味では社会政策論的な関心だったんです。しかし、大正初頭に徳川家達と喧嘩して行く旅は完全なロマン主義的な関心でした。自分たちの古代というものに遡っていく彼の関心です。

結局、家達と喧嘩してやめちゃった彼は、朝日新聞社に誘われて客員で入社します。その時の条件が、太平洋諸島を隈なく見ていいということでした。日本列島を南下していって、沖縄、台湾、そしてフィリピンやインドネシアのほうまでずうっと南下していく環太平洋の旅というものを柳田はやりたかったのです。これは海上の道ですね。かつて、二人とも文学青年だった頃伊良湖半島で花袋と柳田は椰子の実を一つ見つけた。これがご存知のように藤村の有名な歌になった。そこに彼は帰っちゃうわけですね。日本人の魂の源郷を求めようと、いわばロマン主義的な歴史の中に「私」を位置付けようと柳田は志して、彼はこの太平洋諸島の島々を南下しようとします。

彼のロマン主義の面白いところは、日本民族の起源としての神武天皇であるとか、そういうところに向かわないで、日本の先住民としての、天皇家にまつろわぬ神であるとか、あるいは日本列島から飛び出して、さらに歴史を遡行しようとしていく。ここのあたりがいわゆる狭い意味でのナショナリズム的なロマン主義とは違うのは、そういうものを飛び出した広さが彼の仕事の中にあるからです。ここがちょっと面白いしぼくなんかも好きなところですね。柳田はだから多民族国家説ですよね。

ちなみに明治期の国家観というのは多民族国家説です。小熊英二さんが言われるように日本人が単一民族だと言い出したのは戦後のことで、占領政策の一環なんだというふうに思ってください。大抵の人たちがね、自分たちが伝統的な日本人論だと思っていたことは、大体はヨーロッパが日本に与えた何らかの政治的思惑があったと思っていかないと、まずいことがたくさんあります。戦前の日本、明治期の日本というのは、神話をベースにしているわけです。ということは、神武天皇が東征しながら豪族たちを倒して統合したわけですから、多民族国家が日本なんです。ですから、いわば山人論というものを柳田国男が官僚として語ることには整合性があったし、そして新しい山人である新しい天皇家に志願した民であるところの台湾山岳民族をどういうふうに統合していくのか。特にアイヌ民族を亡ぼしたということがあったので、今度はどのようにして台湾に対処していくのかというのが結構リアルな問題として出てくるわけです。

そういうふうな多民族国家論みたいなものが実はあったわけだから、柳田国男のそういった側面というのは明治期においては普通だったのです。だから、日本人はユダヤ人と同祖だとか、日本語の起源はラテン語だとかね、めちゃくちゃなことを言っても、それは列島の中に収まらない、単一民族に収まらない、いわば多元的なロマン主義みたいなものが明治期の日本にはあったんです。でも、今のナショナリズム的なロマン主義はきわめて一国主義的な、閉鎖的なものです。アジアや太平洋諸島の中に、ダイナミックな何か歴史の流れがあったということを明治期の知識人たちはうっすら感じ取っていて、そのダイナミックな動きというものがどこかでヨーロッパと繋がっているといいなあという夢を抱いていたわけです。

官僚をやめた柳田国男は南下を始めます。北の方からずうっと旅をして行って九州に行って、沖縄にたどり着きます。柳田国男論で、柳田は沖縄に行って日本のルーツみたいなものを発見して、それが柳田国男の民俗学なんだという人がいますけれども、それは本当は違うんです。沖縄に行ったら、官僚時代、義理がある新渡戸稲造が、ちょっと柳田、国連に行ってくれよと言い出したので、ここで泣く泣く断念して旅を終わります。そうでなければ、彼は台湾に行き、オランダ領インドネシアに行って、シージプシーという海洋漂泊民族のいるところまで行くはずだったのです。でも沖縄で終わっちゃった。だから、柳田にとって沖縄は特別な場所だというのは後の評論家たちが考えた神話に過ぎないのです。柳田国男のロマン主義の旅はここで止まります。そして泣く泣く彼はジュネーブへ行きます。

ジュネーブに行ったら、ここで彼は二つのことをします。エスペラント語の公用語化。国連はエスペラント語を使えという運動に加担します。つまり、共通の日本語を作ろうとした彼が、共通の外国語を作ろうとしたきわめて自然な動きですね。明治期の文学者たちにエスペラント語運動に加担していた人間たちが多いというのは、彼らが共通の言葉に対するある理念や理想を持っていたことの一つの証拠です。

二つ目がパレスチナ問題への接近です。これは戦後の右翼というか、保守思想家の非常に得意な場所にいた藤沢親雄という不思議な人がいます。この人とジュネーブで出会います。新渡戸稲造系の元左翼青年で東大新人会の出身で、この時にはマルクス主義は捨てて、新渡戸の人脈にくっ付いて国連のジュネーブにやって来て柳田国男と知り合います。彼がどうも諸々の文献から考えるといわゆる親ユダヤ主義のような人のようです。近代の日本の中にはユダヤ民族に対して非常に融和的な立場というか、近い立場を取る人がいます。たとえば、太平洋戦争の最中においても、日本はドイツと同盟国でありながら、ユダヤ人たちに対しては相対的に融和的な態度を取っていますね。パスポートを与えたりとか。それはなぜかというと、一つには日猶同祖論がかなり大衆化していた。竹久夢二はナチスドイツ政権下のドイツに行って、ユダヤ人たちの弾圧が起きていることに対して、嘆き悲しむ日記を残しています。夢二は、「自分にはユダヤ人の血が流れている」というのが口癖でしたから、許し難かったわけですよね。日猶同祖論というものの大衆化という問題。それからもう一つは、ユダヤ資本というものをもって満州国を経営したいという、陸軍の一部の思惑ですね。この二つなどがあって、親ユダヤ的な政策をこの後日本は取るんですけれども、そういうふうな文脈の中にいる親ユダヤ主義者の一人がこの藤沢という人物です。

柳田国男のスイス滞在時代の「ジュネーブ日記」を読んでみると、藤沢親雄が一週間に一回ぐらい柳田のところに来ていることが確認できます。そして、ユダヤ系の文献をずうっと渡しているのです。最終的に柳田国男はパレスチナを視察したいと騒ぎ出すんですね。パレスチナ問題に当時日本が首を突っ込むことは、ヨーロッパの利害がめちゃくちゃ対立している場所ですから、何で火中の栗を拾うのかと、国策上、国益にならないからやめてくれと言う。結局本国と大喧嘩になって帰っちゃうんですけれども。日本に。

何でパレスチナ問題に首を突っ込もうとしたのか、ぼくはずっとどうしてもわからなかったんですが、簡単なんですよね。つまり起源論の旅がしたかった。だからオランダ領インドネシアまで行くはずだったのに、沖縄で止まってしまった。泣く泣くジュネーブに行った。藤沢がやってきて、彼は日猶同祖論を説く人ですから、日本人の起源とユダヤ人は同じですよと言われちゃったら、じゃあちょっくらパレスチナも見てみるかということに柳田はなってしまった可能性が高いのです。そのことは一言も書いてないですけれども、この理由以外に柳田国男がパレスチナ問題に首を突っ込もうとした合理的な理由が見つからないわけです。というぐらいに柳田国男は大正十年前後、関東大震災の直前、国連にいる時代までは、ロマン主義のほうにものすごくぶれています。日本人の起源探しの旅のほうに行っているわけです。

五　柳田国男と近代の「宿題」

「選挙群」へのいらだち

ところが、帰って来る途中の船の中で関東大震災の報を聞きます。結局、帝都東京の瓦解というものに直面した時に、彼は突然もう一回一挙にここにガーンと戻るわけです。そして、朝日新聞社に入った彼は、論説委員に就任し、普通選挙法施行の論陣を張ります。社説を書きまくります。当時は今と違って社説が世論を作る力がまだあった時代です。今は誰も読みませんけれども、朝日新聞の社説に書いてあることは、政治家にも国民にも社会運動家にも一定の意味を与えていた。家永三郎などは大正デモクラシーの中心的な論客の一人として柳田国男を非常に高く評価しております。実際に柳田国男の新しい全集にはこの時代の社説が全部入っているのですが、いかに力強く彼が普通選挙を求めていたかがわかります。何で普通選挙を求めているのかはもうお分かりですよね。個人というものが立脚点になって社会を作っていける。これは普通選挙しかありえないのだというのが柳田国男の一つの実感だったわけです。

さて、昭和の初頭に、柳田国男だけじゃありませんが、大正デモクラシーの成果として男性のみですけれども普通選挙法が施行されます。そこで書かれたのが『明治大正史世相篇』です。これは民俗学的な歴史から言うと、いわゆる現代民俗学、もしくは都市民俗学というものの一つの成果のように言われています。現代社会、つまり明治期から大正期に至る過程の中で、人々の世界的な習慣がどういうふうに移り変わって行ったのか。ある日突然目が見えなくなってしまって、何十年か後に突然目が見えるようになった老人の話から説き起こされるわけです。そうすると、何が変わったかといったら、色が変わった。紺色とか茶色ぐらいしかなかった世界が、きらびやかな極彩色の世界に変わっていた。民俗学で言うと、通常はハレとケという古典的な民俗学用語でありますけれども、ハレの状態の時は晴着、色がきらびやかな洋服や着物を着るわけです。でも、ケの時は日常ですね。日常では紺袴であるとか、茶色とかの地味な服を着るわけです。だから、目が見えなくなったこの老人が若い時に生きていた時代は、日常はずうっと茶色や紺色しかなかったのに、目が見えるようになって、何十年か経ったならば極彩色の日常があった。そういうふうに風景が変わっていく。人々が見る光景が変わっていく。そういうことを丹念に追っていったのが『明治大正史世相篇』の前半の部分なんです。ところが、後半になっていくと様子がおかしくなっていく。だんだんとキレてくるんですね。もう逆ギレに等しいです。そして選挙批判に一気に入っていきます。

前半はそうやって、匂いとか風景とか恋愛の仕方とか、そういったものが緩やかに明治期に変わっていくという、いわば世相の変化の非常に丁寧な美しい民俗学的な成果です。その美しい文章が段々と荒ぶっていくのが後半です。

彼は普通選挙にも怒るわけです。有権者は「選挙民」じゃなくて魚の群れ、「選挙群」じゃないかって。せっかく普通選挙が行われたのに有権者たちがやったことは、「やっぱ今はあの人だよね。あの人有力者だし、あの人に投票するしかないよね」「そうだよね。そうだ、そうだ、そうだ」というふうに投票してしまう。今と全く同じです。今で言う「空気を読む」ということですね。郵政民営化の選挙の時なら何も考えずに小泉さんに入れて、結果として小泉さんの行った政策に同意したはずなのに、小泉さんは言ったとおりのことをしたわけですよね。自由主義経済を徹底していく中で強者の勝っていく社会を作りますよ、自己責任ですよ、そう小泉さんは言ったのだから当然、弱者は切り捨てられていく。老人も派遣労働者も切り捨てられていく。ちゃんと言っているわけですから。選ぶ時には何も考えないで、今は小泉さんだという空気に乗っかっているわけですよね。それで、結果として話が違うと怒ったんだけれども、話が違うのは小泉さんのほうですよね。で、今度は民主党だというふうに言ってみる。実際のところ公約なんかどうでもよくて、何となくチェンジとアメリカでも言っているし、何か民主党だということになって、なった瞬間にこうなっている。でも、こんなるというのはわかっていたわけです。小沢さんがああいう人で、菅さんがああいう人とわかってたはずなのに、ああなってみるとみんな怒っているみたいな。じゃあ、また今度は自民党かということになる。それは普通選挙が始まってから今に至るまでずっとつづいている。

だから柳田は「我々は一回、個にならなきゃいけない」といいました。「個」という言葉を明瞭に彼は使います。個という言葉は今すごく評判が悪いですね。個人主義イコールエゴイズム。あるいは個人主義が行き過ぎて、公共的な精神を失った。個と公はあたかも対立するような言い方ですよね。なんだか「滅私奉公」の方が正しかったと言い出している。今の私たちの社会は、どこかでそういう傾向をもう一回復活させようとしているわけですよ。個人というものが行き過ぎたから公に帰れと。でも柳田が言っているのは全く違う主張ですね。公は必要である。しかし、個と公は対立するわけではない。公を作るのが個なんです。そのために個を前提とした選挙という公を作る制度がある。これが近代の社会システムなんですよ。今のところ、普通選挙に支えられた民主主義システムに勝る政治システムは存在していない以上、柳田国男の懸念とか批判は今も正当なわけです。

よく、戦後になって個人主義は行き過ぎたといいますが、もし戦後の日本人が本当に近代的な個人になっていたならば、選挙制度は機能するはずなんです。だけどもならなかったから失敗した。これが柳田国男の批判です。この批判のフレームは今も生きているわけですよね。

柳田国男の仕事を公共政策論の文脈で再評価するという流れが今起きています。右とか左とかいう政治的立場を越えた形の若い研究者の間でです。まず、現代の問題を考える上で、日本は近代というものに失敗したんだ。こういう冷静な判断が必要だとぼくは思います。選挙制度の導入に失敗したわけです。だから、太平洋戦争に至る過程というものは、軍人たちが有権者の後ろに立って銃を突きつけて、投票しろと言ったわけではないわけですよね。つまり、現在の例えばミャンマーの軍事政権下の選挙であるとか、そういう選挙とは違うわけです。普通選挙法で確かに翼賛選挙だったかもしれないけれども、少なくとも投票行動は自由にできたわけです。何でしなかったというと、戦争やっちゃえっていう気分にみんなが乗ってしまったからであって、何人かの人たちは確かに反対したかもしれませんよ。でも、大多数の人たちは行け行けのほうに乗っちゃって、選挙制度の中で民意として戦争を選び、民意として戦争に突っ走っていったわけですから、本当は民意で止められたはずなんです。だから、本当の責任は日本国民全体にあるわけであって、いわゆるA級戦犯、B級戦犯の問題にぼくが右翼の人たちとはまた違う立場でおかしいと思うのは、戦犯に責任を帰するのが問題ではなくて、民主的システムの中では有権者に責任があるわけですね。意思決定をする主権者は有権者なんですから、有権者が始めた戦争に有権者が被害者面するのはおかしい。それがむしろA級戦犯、B級戦犯の問題に対して欠けている視点だとぼくは思います。

柳田国男は、選挙をしうる個人というものがいないということに怒り狂うわけです。そこが問題なんだと。だから、『明治大正史世相篇』の一番最後の頁は、「一番難しい宿題」と題して、普通選挙法施行のポスターの前に子どもたちがそれを見上げる。そうしたシーンで終わっています。つまり、選挙民の育成こそが自分の民俗学なのである。これが『明治大正史世相篇』で柳田国男が出した結論です。そうして、それはさっきも言ったけれども、明治期に方法的な文学、彼が考えた自然主義、農業政策論。こういうものと選挙民の育成は当然一体となっていくものなわけです。そういうふうにして柳田国男は、自分の民俗学のあり方をここでもう一回再発見するわけです。

自然主義運動としての近代文学

柳田国男は『明治大正史世相篇』を書き、一方では第一回目の普通選挙に絶望するその時期に、盟友の田山花袋が死にます。花袋の追悼文の一節に、「実際に現実を実験として生きている人間たちが、各自の分担した部分をありのままに報告してくれるように、改造される必要があったわけで、つまり、文学というものは各自が各自の分担した自分の到達しうる領域というものをありのままに報告してくれるように、まず改造される必要があった。個人が個人を記述することは確かに大事だった」といった内容のことを書きます。初めて柳田が花袋に譲歩します。一定の評価をするわけです。個人が個人を書くという問題ですね。この個人が個人を書く中には、やはり柳田の中では花袋みたいに小さな世界を書くことにとどまることは許し難いわけです。でも、とにかくそうこう言っても、私が私やその周りのことを書く。そういうふうにまず文芸は変わっていった。それは半歩の前進ではあったよ、そしてその一点はおまえのおかげだと柳田はいいます。

それは「型の文学」から近代の「ことば」が自由になるにはとても大事なステップでした。柳田は短歌のことを次のように言っている。短歌というのは例題みたいなのがたくさんあって、例えば偲ぶ恋だったら先人がこう歌っていたから、こういうふうに真似してみなさいみたいな、そういうお手本集がたくさんあって、それに従って歌の勉強をしていく。だから、坊さんが忍ぶ恋の歌を詠んだり、深窓の令嬢が燃えるような恋愛の歌を詠むことだってできるんだということを言っているんです。つまり、日本の短歌というのは型の芸術であって写実や観察ではないと柳田は言い切る。もちろん異論はあるかもしれませんが。そういうふうな、型を学んでいって型を再現する文芸ではなくて、個人が何かを見て書いていく自然科学的なものに文学は変わった。それが何のかんのと言って花袋の功績だと認めようというわけです。「しかし、それが協力して新たな人生観を組み立てるというまでは、あるいはまだ意識せられていなかった。」と柳田は加えます。柳田は公共という言葉を全然使っているわけではない。これは最近の新しい用語ですから。ただ、個人というものが個人のことを書くようになって、そして今度は「協力して新しい人生観」、つまり、いかに人は生きるべきなのか、いかに社会を作るべきなのか。それを国家観と誤解が生じる。つまり、協力して新たなる人生観を作っていく、これが公共性という問題になっていくわけです。

個人と公はこういうふうに繋がり合っているわけで、これが柳田国男の考え方です。だから「自然主義運動の、自然の論理はそこへ行かねばならなかった。」と柳田は更に言います。「自然主義運動」と言っていますね。つまり、自分と花袋が一瞬共有したと少なくとも柳田は思っている明治期の文学とは社会的な運動だったんだと、そう柳田は結論付けるわけです。

この短い文章は、柳田国男が自分の民俗学の本質を非常にコンパクトに述べた重要な資料だと思います。あくまでも文学史の中の花袋に対する最後の皮肉みたいなものですね。実はそういうふうな中で読んでいくと、非常に重要なテキストです。

同じ時期に『明治大正史世相篇』を書き、もう一つ書いたのが都市伝説論「世間話の研究」というエッセイです。これは同じ『明治大正史世相篇』、「花袋君の作と生き方」の二つと同じ時期に書かれます。世間話というのは都市伝説のことです。都市伝説というのは、一九八〇年代ぐらいにアメリカのフォークロア、民俗学の用語が翻訳されて日本に入ってきて以降成立したので、都市伝説というのはそれ以前は世間話と呼ばれていました。ぼくの学部時代の卒業論文のテーマは実は世間話でした。國學院大學のフォークロアの先達の一人である野村純一先生などは、この世間話の研究を折口学の中で特に展開なさっていった方ですよね。

この世間話に関して、柳田国男は一編だけ論文を書いているんです。ほかにはないです、柳田の都市伝説論は。ところが、実際にはこれはジャーナリズム論です。新聞論として書かれています。「現在の世相を短評するならば、何だか無暗に内証話ばかりが発達しているやうである。新聞は毎日あの大きなものが出て居るに拘らず、尚いつでも一生懸命に、人が五人三人寄り合つて居る処に近づいて、何を話して居るのかは聴かずには居られぬ様な、それを知らずに過ぎると時勢におくれる様な、心持ばかりが横溢しているのはなぜだらう」と。日本人はなぜこんなに内証話、噂話が好きになっちゃったんだろうというところから説き始める。新聞はあるんだけれども、それでは満足しないし、新聞記事も実は結構ゴシップばかりじゃないかと。当時の朝日新聞も読売新聞も、実はそういうふうなゴシップ記事が多かったわけですよね。芸能情報的な記事が。そういうふうに、何で新聞というものは、柳田国男が『明治大正史世相篇』で普通選挙法の施行を訴えたように、いわば公器、公のメディアとして機能していくはずなのに、結局は人々は「内証話」を求めていて、新聞もどこかそこにおもねようとしている。そこを柳田はまず突くわけです。結局新聞気記事というものは説話になってしまっているということを、非常に回りくどい言い方で批判するわけです。いわば、都市伝説的な説話になってしまっているのではないか。そういうメディアとしてあるのではないのかということを、わかりにくい文章ですが、言っています。

「ハナシ」と公共性

つまり、物語の語りになってしまっている。語りの形式性ですね。新聞のゴシップ欄みたいなことが、実は「語り」を語っていく。でも、本当はちゃんと「話」にならなければいけないんだと。この「話」という言葉は、言文一致体とか自然主義的日本語を意味する明治期の言い回しなんです。「これからお話で書きますね」という言い方を例えば小説の一節で、ある女学生がするくだりがあるんですが、これからお話で書きますというのは、言文一致体で自分のことを書きます、お話で書きますということなんです。柳田国男には、「何とかの話」という論文がすごくたくさんありますよね。「話」というものが持っている客観性やコミニュケーション的な役割みたいなことを、柳田は重要視するわけです。だから新聞は、「話」にならないといけないわけです。

時間になりましたので、結論だけ申し上げます。

「つまりハナシというものが今はまだ整理せられず、是を正しい歴史にして行く機関が、備わっていない結果である」。正しい歴史というのは、今、教科書なんかを批判する人がよくいう「正しい歴史」ではなくて、公共性のことです。人の話が積み重なって、正しい歴史にしていく機関、つまりこれがメディアですね。話を公共的な社会の枠組みに再構築していくような、そういう機関が存在していない。新聞が果たしていかない。こういう批判です。インターネット上には2ちゃんねるやブログやツィッターの上にさまざまな一見すると「ハナシ」があります。しかし、その「ハナシ」には根拠がなく、まさに都市伝説が象徴するように「語り」化します。この「ハナシ」の群れを、いわば共通の社会の枠組みに構築していくような機関、メディア、仕組みというものを私たちは持っていない。そういう点において、柳田国男のジャーナリズム批判というのは今も正当に機能していくわけです。

このように柳田国男は生涯、この公共的なものに向かっていく民俗学というものを作ろうとしていった。もちろんもう一つ、ロマン主義的な魅力的な民俗学も彼は作ります。だから、今彼の学問をもう一回学び直す必要があるとすれば、この柳田国男が作ろうとしていた公共的な言葉を作っていくための民俗学、そうして、その中で彼が指摘していった問題というものは、選挙の問題にしろ、インターネット上の言葉の問題にしろ、むしろ現在だからこそその意味というものを問い直さなければいけないような、重要な問題意識というものが、明治から大正の初頭にかけて明確に示されている。これが柳田国男の仕事が今も有効だと考えるぼくの根拠です。

なるほど、一般に言われる、柳田国男の『遠野物語』の中に失われていった日本を見出す、これも一つの見方でしょう。しかし、柳田国男は、社会や歴史を構築していく基本としての「ことば」を作ろうとしていた。そこを見失ってはならないということです。その「ことば」があって初めて「私」も「社会」も可能になる。それから、個人と公の問題というものは、今、非常にねじけてしまっている。しかし、個人というものを前提として公のものを作っていく。これが近代という時代の宿命であって、色々な思想家たちが、今はポストモダンだ、近代は終わったと言っても、もし近代が終わったんだったら、私たちは「私」について何も悩む必要はないわけです。「私」というのはポストモダニストに言わせれば、近代が作り出した一番の幻想です。しかし若い方も、「私」とは一体何か、私と社会の関係は何か。こういう問題に苛まれている以上、私たちは近代を生きているわけです。

そうした時に、近代というものを構築していく文学や「ことば」というものを、実は私小説化した日本文学は、半ば放棄してしまった。そして、民俗学は日本の伝統文化を学び記述する学問に限定化されてしまった。柳田たちが夢見た枠組み——「個を起点とした公共性の達成のための文学」という本質が実は見失われている。そのことがネット上の問題、コミニュケーションの問題、あるいは選挙の問題、そういったものにつながっているのであって、この本質的な問題を見ない限りは私たちはまた、小泉さんだ、民主党だ、今度は何だと、そうやっていく繰り返しの中で、いまだこの社会システムを自分たちで運用していくという、当たり前の「宿題」というものを果たせないでいるように思います。

少し、期待してくださった話と違ったかもしれませんが、こういう見方も一つあるぞということでご容赦願いたいと思います。以上です。

〔参考文献〕

大塚英志『怪談前後―柳田民俗学と自然主義』（角川学芸出版、二〇〇七年）
〃『公民の民俗学』（作品社、二〇〇七年）
〃『「捨て子」たちの民俗学―小泉八雲と柳田國男』（角川学芸出版、二〇〇六年）
〃『偽史としての民俗学―柳田國男と異端の思想』（角川書店、二〇〇七年）
〃『妹の運命』（思想社、二〇一一年）

遠野の幽霊・奄美の幽霊
――その深層と系譜――

辰巳正明

はじめに

今日は遠野と奄美の幽霊についてお話いたします。日本列島の北と南に見られる幽霊の話を取りあげて、そこにどのような日本人の精神文化が展開しているのかを考えてみたいと思います。題としては「遠野の幽霊・奄美の幽霊――その深層と系譜――」です。

一　遠野の幽霊

遠野の幽霊

遠野に幽霊が出てくるのは柳田国男の『遠野物語』です。これが成立したのが一九一〇年（明治四十三年）ですので、今年は『遠野物語』百年ということになり、記念すべき年です。その『遠野物語』に幽霊が出てくるのです。遠野というと河童で有名ですが、それとは別に幽霊が出てくる話、それが第二十二話です。

佐々木氏の曾祖母年よりて死去せし時、棺に取納め親族の者集り来て其夜は一同座敷にて寝たり。死者の娘にて乱心の為離縁せられたる婦人も亦其中に在りき。喪の間は火の気を絶やすことを忌むが所の風なれば、祖母と母との二人のみは、大なる囲炉裡の両側に座り、母人は傍らに炭籠を置き、折々炭を継ぎてありしに、ふと裏口の方より足音して来る者あるを見れば、亡くなりし老女なり。平生腰かゞみて衣物の裾の引きずるを、三角に取り上げて前に縫付けてありしが、まざ〳〵とその通りにて、縞目にも見覚えあり。あなやと思ふ間も無く、二人の女の座れる炉の脇を通り行くとて、裾に炭取にさはりしに、丸き炭取なれば、くる〳〵とまはりたり。母人は気丈の人なれば振り返りあとを見送りたれば、親縁の人々の打臥したる座敷の方へ近より行くと思ふ程に、かの狂女のけたゝましき声にて、おばあさんが来たと叫びたり。其余の人々は此声に睡を覚まし只打驚くばかりなりしと云へり。(二二)

この佐々木さんというのは佐々木喜善の家のことで、彼はこの地方の知識人で、柳田国男に遠野の話をいろいろ教えた人です。柳田は非常に興味を持ってそれを聞き書きするわけです。それをまとめたのが『遠野物語』という昔話集です。ここに登場してくる佐々木氏の曾祖母というのは佐々木氏の家系に当たる人ですが亡くなり、お葬式が行われました。そこに乱心の女性がおりまして、この葬式の場に曾祖母の幽霊が登場してまいります。この話は『遠野物語』でも割りと珍しい幽霊譚です。

非日常の空間

今どき、幽霊を見たという話を聞かなくなりました。そういう風情が日本の中にはもう無くなった感じがします。でも、遠野に限らず、昔はこういう話はごく当たり前だったのではないでしょうか。他にも火の玉を見たという話もありまして、多くの人が火の玉を見ているのです。まず閉ざされた空間、あるいは集団にあって人々が共通して幻想を抱くということがある。共同幻想というふうに現在は言われますけれども、共同幻想だと言ってしまえば話は早いのですが、なぜそういう共同幻想が生まれるのかという問題があります。しかも、実際にこのお母さんもその他の人たちも、曾祖母の幽霊を見ているのです。それをどのように説明するかということです。

ここにいくつかの問題が出て来ます。一つはお葬式であるということ。お葬式というのはどういう枠組みに入っているかといいますと、まず、死者と生者が同じ時間・同じ空間の中にいるということです。同一の時間と空間の中にこの両者がいる。こういったことは特殊なことですので、その時間・空間は外側の世界とは違う。つまり外側は日常です。内側は非日常の世界というふうに言っていいですね。従って、生きている者と死んでいる者とが同じ時間の中でクロスするというのは、我々の生活時間とは違う時間が現れているのだという問題になる。

もう一つは、「死者の娘にて乱心の為離縁せられたる婦人」とあるように、ここに乱心の者が登場してまいります。どうして乱心の者がここに登場してくるのかといいますと、生と死がいっしょになっている時間というのは、これは日常の時間が非常に乱れているということです。日常の時間が壊れて、ここに生と死が同じ時空の中に存在している。つまり、これは日常とは異質な初めから乱れている時間です。このように二つの時間が実は存在していて、狂女はその象徴として登場するのです。

そこに「亡くなりし老女」が登場します。つまりここに死者が登場してくるわけですね。生のほうに乱心の女性。死のほうに亡くなった老女が登場してくる。そのようにして、生と死が混在してしまっている状態の時間が現われている。しかもその老女の姿を見ると、生前に生活していた姿と全く同じである。その老女が囲炉裏のそばを通って行った時に炭籠の火箸がカラカラと鳴った。この異常性。明らかに我々はこちら側の時間の中でこの話が展開しているということに気が付きますね。

こういった時間を民俗学、あるいは文化人類学では二つに分けます。「ハレ」と「ケ」。最近ではさらにこれを細かく分類する方法も出来てきていますけれども、一応この二つの時間を区切って「ハレの時間」と「ケの時間」と、こんなふうに分けます。さらに別の言い方をしますと「聖なる時間」と「俗なる時間」。こんなふうに民俗学や文化人類学では分けています。幽霊が出てくる時間というのはハレの時間、聖なる時間。そこで生者と死者がクロスする。

こういった場所は、私達が生活している中でいくつかあります。一番身近な場所は押し入れですね。子どもの頃悪いことをすると押入れに入れられました。押入れというのは聖なる空間なのです。ですから押入れに入れられると子どもは非常に怖がった。そこに怖いものが出てくると思ったのです。もう一つはトイレです。今のような水洗トイレでしたら、あまり怖くはないのですけれども、昔のトイレというのは、下に穴があいているものでした。そういうトイレでしたから、下から手が伸びてくるのです。ですから怖いんです。そういう空間というのは、異界と通じていると考えたわけです。我々の世界とは違った別の世界にこれがつながっていて、その異界にはさまざまな恐ろしいものがたくさんいる。

幽霊の系譜

ところで、この『遠野物語』に現れてくる幽霊の系譜というのは一体どういうものかというと、一つは日本人の霊魂観があります。この霊魂観は日本人に限らず、世界のあらゆる民族が持っているわけです。その霊魂というのは元々万物有霊の霊の思想です。すべてのものに霊魂が存在するという考え方です。古くなったものは、草履でも傘でも化物になってしまう。

もう一つこの幽霊には、怨霊というものがあります。この怨霊は成仏できない魂のことです。おそらく日本の七、八世紀あたりに怨霊が出てきたと思われます。ただし、成仏できない怨霊の話が成立するためには、もう一つ「祟神」というものがあります。祟り神です。これは神社方面で何とか丸めてしまおうとしたり、あるいは仏教にお願いしたりします。この成仏できない怨霊の前身が祟り神だと考えて良いと思います。成仏できない霊魂は何によって生じてくるかというと、この世での恨み、もう一つは嫉妬です。

怨恨が生じてくるのは非業の死を遂げた者です。罪を犯してはいないのに無実の罪で死んでいく者、この世に思いを残して不幸な死を遂げた者。そういった者がたくさん恨みをこの世に残します。もう一つは嫉妬ですね。この嫉妬は二つ現れてまいります。一つは生きたままで霊魂になるもの。これが生霊と呼ばれるものです。もう一つは死んだ後の霊です。こういうふうに系譜を作っていくことができると思います。

およそこの万物有霊という、人類が誕生してからすべての自然界と付き合う、そういう中でそこに神を認めていくということから、日本の神信仰が生まれて来ます。怨霊の中心は非業の死を遂げた者。馬に蹴られて死んだとか、川に落ちて死んだとか、あるいは子どもを産んだ時に死んだとか、こういった不幸な死を遂げた者は普通の墓に入れませんので、野に捨てられます。その霊が恨みを持ちながらこの世をさまよう。

今申し上げた幽霊の系譜の中で、『遠野物語』の幽霊の話はどこに属するのだろうということになります。この系譜の中で見ていきますと、決して成仏できないお婆ちゃんじゃないですね。大往生して問題はないわけです。そうすると、どうやら万物有霊の途中に現れてくる霊魂観であるということがわかってまいります。つまり、ここに霊魂というものを認識して、その霊魂の行方というものを考え始めた人間の歴史があります。人が死ぬと魂が抜け出すという考え方が古代からありますので、それを『遠野物語』が伝えているのではないかと思います。この霊魂の問題は、非常に古代的といっていいもので、『遠野物語』の幽霊は、近代化しながら古代を語っているということになるかと思います。

幽霊の正体

そこで、先程言いましたように、お葬式というのは生と死のクロスする世界でしたが、それは光によって表現されます。不思議ですけれども、この生と死を繋いでいるのは光なんです。遠野では囲炉裏の火を絶やさないといっています。現在ではお通夜は蝋燭（ろうそく）を絶やさない。どうしてかといいますと、この時空の中で光が消えると死者は動き始めるわけです。ですから、葬ってしまうまで死者を悪霊に取りつかせない。その悪霊を除くのがこの光だということになります。ですから決してお葬式の時に光を消してはならない。闇の空間を作らない。蝋燭を消してはならない。古い時代には囲炉裏の火を消してはならない。光の届く範囲にだけハレという空間が存在しているということです。この空間の中にだけ死者と生者が同じ時間の中で呼吸をしているということになる。不思議な時間ですね。

そのことによって、みんなはある共通した理解を持っています。死と霊魂。霊魂はこの光の空間の中に存在している。それを今、お母さんは現実化してしまうわけですね。つまり、幻を現実化していくという流れがこの物語の中に存在する。どうしてそんなものを現実化するのかといいますと、ここは始めから異常な空間ですから、そういうものが出てきても少しも不自然ではないわけです。むしろ、そうあるだろうと考えています。従って、向こう側の者がこちら側と共存して、一緒にいるという状況の中でその〈気配〉を感じる。幽霊の正体はこの気配なのです。こういう物語の流れというのは日本の中に多く見られますが、このお葬式に参加している人、それから村人全員がそういう者である。みんな〈気配〉を予感している人たちなのです。それですから、〈枯(かれ)ススキ〉も幽霊になる。「おれも見たぞ」と。「五年前の誰々のお葬式の時に見たぞ」とか、「火の玉も飛んでいた」とか、そんな話ばかりがあるわけです。そういう世界ですから、その環境の中で幽霊が出るということを〈予感〉するのです。これが『遠野物語』の話ですし、我々の子どもの頃普通に聞かれた話であったわけです。

そういえば、明治の大津波で妻を亡くした夫が、海岸で妻に出逢うという話も、この『遠野物語』にありました。

二　奄美の幽霊

カンツメ節

そういう『遠野物語』に対して、奄美の幽霊について考えます。今日はカンツメという女性の話をお話しします。

奄美も変な所で変な者が出てくるのです。たとえばケンムンなんていう、お化けなのか怪物なのかよくわからないものが出てきて、人をからかったりするのです。これは遠野でいうならば河童に相当する。あるいは座敷ワラシに相当する。そういうものだと思います。閉ざされた空間の中に生活する、そういった人々にとっては、非常に狭い世界の中でいろいろな神秘や不可思議の体験をする。物語も累積される。それこそ数千年、あるいは数万年に及ぶ人間の歴史の中で不可解なものを次々と話として誕生させてきたわけですね。

ある少数民族の中では、お祭の時に何人かのシャーマンが踊り始めます。踊っていて最後にみんなばたばたと倒れるんです。目が覚めてから聞きますと、「わたしたちはご先祖の山へ今いっしょに登った」と言うわけです。その途中でご先祖の神様に会ったと言う。それはその人の幻想だということになりますが、別のシャーマンに聞きましたら、やっぱり同じように、ご先祖の山に登って行って、こういう格好をした神様に会ったというふうに言うわけです。そういう現象をどう説明するのかということになるわけです。それを幻想というのはあまりにも都合のいい言葉ですので、幻想だといってすべてが解決できる問題ではないと思うのです。

そこで、奄美のカンツメさんという女性の話に戻ります。彼女について次のような歌があります。

かんつめや名柄(ながら)　岩加那(いわかな)や真久慈(まくじ)
恋路隔(ひだ)めとて　思(うめ)の深さ
あかす夜や暮れて　汝(な)ゃ夜や明ける
果報節(かふせつ)のあらば　また見逢(きよ)そ

かんつめの村は名柄、岩加那の村は久慈
恋路は隔てられているが、思いは深い
あの世は暮れて、あなたの夜は明ける
良い時が来たら、また逢いましょう

昨夜かで遊だる　かんつめ娘くゎ　　昨夜まで遊んだ、愛しいかんつめ
翌日が夜なたと　後生が道に御袖振りゅる　翌日の夜に、あの世に旅立ち袖を振っている

かんつめ娘くゎが　明日死のしゃん夜や　かんつめが、明日死のうとした夜に
久慈下り口ぬ　佐念ぬ山なんて　久慈下り口の佐念山で
提灯御火の見てたたん　ちゅるが　提灯の火のようなものが見えた

こういう島唄が奄美で歌われております。これはカンツメという人の愛の悲劇を語るもので、奄美で出している『奄美の民謡と民話』（南日本商業新聞社刊）という本に載っております。話の概要は次のようなことです。

ヤンチューの悲劇

薩摩が奄美を支配していた薩藩時代に、現在の宇検村須古に十八、九のかわいい娘がいたという。彼女の家は貧乏で、彼女が家人として身売りして働かねば生きていけなかった。江戸時代、娘を売るという話がよく出てきますが、奄美でも生活に困った親は娘を豪農の家に売ります。このカンツメもやはり売られた。カンツメさんはとても美しい娘だった。色白の美人で、同じ家人仲間の中でも一段と光り、同僚は彼女の美しさを嫉み、意地悪をした。そうするうちに、村役場の筆子（書記）の岩加那という若者がこの豪農の家に訪ねてきて、そこで二人が出会います。岩加那

はとても三味線が上手で、豪農の家に来ると三味線を弾いて歌遊びをするわけです。カンツメという人は歌がとても上手。村一番、島一番の評判の歌の上手な娘さんで、歌遊びの席にカンツメが呼ばれてこの二人は意気投合し、デートをするようになった。それが久慈の中間の佐念山（さねんやま）という山での密会でありました。

ところが、その美しい家人の娘さんに男主人が惚れてしまう。しかし、彼女は決してその主人の言うことを聞かなかった。いつも肘（ひじ）鉄砲を食わし、愛しい岩加那だけを愛し続けた。今度は女主人が、自分の亭主がカンツメに恋心を抱いているということがわかって、この岩加那と佐念山で逢引をしているという告げ口があったものですから、カンツメをいびります。そのいびり方は異常なもので、木の燃え火を彼女の下腹に入れて焼いてしまうとかいったことをする。それで彼女は大変な苦しみの中で、薪を取りに行った時、山で自殺をする。その山というのが岩加那と逢引をした佐念山であったわけです。

そこには最後にこう書いてあります。「一方、久慈の岩加那は例の如く佐念山へ来たがカンツメの姿が見えない。遅い、そう思いながらあたりを見ると、何とあわれ、カンツメは首をくくって髪をたらして死んでいるではないか。岩加那は驚きひどく悲しんだ。こんな姿になるんであったら自分が早く身請けしておけばよかったと無念の涙を流した」。ここまでが正伝と言いますか、普通に伝えられているカンツメ物語です。

それに対して異伝が一つ付いておりまして、それはこういう内容です。「岩加那が佐念山へ来ると、いつものようにカンツメは待っていた。一緒に楽しく歌をうたった後、カンツメは『二人が逢うのは、これが最後だ』といって消えた。岩加那が驚いて辺りを見ると、カンツメが木に首をくくって死んでいた。その後、名柄の主人夫婦は亡霊に取り憑かれ変死し、豪農の家は没落した」とありまして、どっちかというと異伝のほうが現在は主流を占めているんじゃないかと思われます。

もう一つ、現在さらに同じような話で、イマジョの話があります。これも家人（ヤンチュー）として売られた娘さんが、男主人からうるさく言われて横恋慕されて、それで、女主人のほうにそれがわかって、ひどい仕打ちで殺されたという話です。それに対する恨みがいろんなかたちで語られておりますけれども、この話はそんなに遠くない話だと聞いています。これに対する歌も、イマジョの歌として坪山豊さんが歌詞を作って歌っているのですが、かつては歌えなかったと言っていました。歌うと亡霊が出てくるということと、それからその歌にまつわる豪農の子孫が現在でもいるから、その土地では歌えないと言っていました。

舞台は薩藩時代という時代で、この時代には豪農たちのところに奴隷が買われていった。こういう奄美の歴史があります。奄美も沖縄も大変な辛い時代があった。そういう奄美の風土や歴史がありまして、そこにいろいろな物語が出てくるわけですが、この話はまさに薩藩時代、奴隷時代の中で女の子たちの苦しみ、哀しみ、そういったものが集約されている。そして、その上に恋愛事件が登場して来る。

このカンツメの歌も、「最近まで歌えなかった」と坪山さんが言っておりました。どうしてかと聞きますと、「歌うとカンツメが出てくるから」というふうに言うんですね。それから同じように、「カンツメをいじめた豪農の子孫たちがまだいるので、その近辺では歌えない」と言うのです。昔話とか伝説とかという場合に、特に伝説の場合には、歴史的な事実性が重要な役割を果たしている。遠野の幽霊の場合には歴史的な事実性よりも人間の精神性の中に深く入り込んでいますが、それでも何とか事実を語ろうとするのが佐々木氏の家の話です。そのように、ある具体的な家を通してそれを事実として語ろうとする。それは歴史のコードに物語を写し取る行為ですが、中身そのものは非常に古い民俗の持っている精神世界が遠野の物語を生み出しているということがわかります。

歴史とモノのカタリ

一方でこの奄美の話は、歴史事実を語ろうとする意識が強いですね。ここで歴史事実とは何かということになりますが、これは大変難しいですね。歴史とか事実とかというのは、存在するかどうかという問題になるのですが、私たちは歴史を科学的に教わるようになりました。これは戦後の大事な教育だと思います。戦前の教育では、日本の歴史は神話から始まるというひとつの常識がありました。つまり歴史をどこから始めるのかというのは、その国のアイデンティティの問題に大きく関わるわけです。その時に、日本は神様の時代から歴史を語る。戦後はそういった歴史観はなくなって、むしろ考古学などの学問を通して歴史を語ろうとする。それが科学であるというふうに教わってきたわけです。

しかしながら、歴史というのは物語なんです。中国の歴史書に『三国志』がありますが、『三国志演義』などの物語を通して歴史を知ることが多いのです。演義というのは物語ですので、元々あるものをネタにしながら物語として歴史を受け取っているわけです。古代になればそういうことは当たり前で、たとえば物語というものと歴史というものの区別は古代ではありません。神話を語るというのは事実を語るということですから、その民族にとっては神話は厳然たる歴史事実なのです。高天の原が出来て、天孫が葦原瑞穂（あしはらみずほ）の国に降りて来て、そしてこの国を統治していくことが日本歴史として語られます。そのように、物語として歴史は語られるのであって、それは明らかにモノのカタリなわけです。「物語」と書かれる漢語の世界ではなくてモノカタリです。

この「モノ」というのは難しい言葉ですが、要するに霊魂のことです。古代では霊魂のことです。さらに神様のことです。神とか霊とか、そういったものがモノですので、我々も「そういうモノの言い方をするな」と言いますね。そういうモノを日本語で説明すると何になるか。これは言葉のことでしょう。つまり、言葉をモノだというふうに捉えるのは、言葉には霊があるからだということです。正しくないモノの言い方をすると、言葉の霊魂に背くということになるわけです。

では「カタリ」というのは何か。これは非常に面白い言葉です。例えば嘘を言う人、こういう人を「カタリ」と言いますね。つまり、カタリというのは嘘のことを意味している。ですから、「モノガタリ」というふうに普通は言いますが、これはモノのカタリで、モノという霊魂、それからカタリという嘘。カタリといった時に、悪い意味で今は使っていますけれども、本当はこれは良い嘘なんです。結論を先に言いますと、カタリというのは誉めるということなのです。誉められると誰でも喜びますよね。そこに語りの原理がある。その時のモノは霊魂です。古くは神々です。私たちの村の神々はいかに偉いかということを語る。それが誉める行為です。ですから語るというのは誉めてあげること。多少問題のある神だとしても、誉めてあげると喜ぶわけでしょう。それが形式化されて祝詞という形で現在は残っているわけです。

それに対して、段々と人間の世界が複雑になってきます。人間のこの体は肉体と魂に分かれるということは早くに知っております。そういう中で、モノというのが死者の魂だとするならば、現在の仏教について言うならば、死者に対してお経をあげますね。これが死者への語りになるわけです。死者の霊魂に対して語ってあげる。弔辞などもよく聞きますが、お前は嘘つきだったなんて言う人は誰もいません。人間は人生で三回誉められると言います。生まれた時と結婚式と死んだ時。その一番最後のお葬式。誉めてあげなければいけませんね。「あなたはこんなにいい人であった」と泣いてあげるのもその一つです。つまりみんなカタリをしているわけですよ。誉めてあげているわけです。

モノガタリの誕生

この形式が今度は次の段階に移ってまいります。どういうふうに移るかというと、正しく大往生した人ばかりではありません。この世の中には、不幸な死に方をした人たちがたくさんいるわけです。そういった死者は怨霊（おんりょう）として現れてまいります。それらをどうしたらいいかという問題があります。それらを処理する人たちがいなければいけないわけですが、その怨霊にきちんと向かえる人がいるかどうか。今はお坊さんや霊媒師などがいて、そういった霊を鎮魂することが行われているようですけれども、不幸な死に方をして強い怨霊が現れた時に、このモノガタリが必要になるわけです。「あなたはいかに素晴らしかったか。決して我々はあなたのことを忘れてはいない。ちゃんとこういうふうに伝えている。そして、この話は後の人にも伝えて行くよ」と語ってあげるわけです。そして、その人の亡くなった理由や、それは実に不幸なことで、我々としても涙を流しながらそれを聞いていると、そういうふうに霊を誉めてあげるわけです。つまり、怨霊に対して嘘をつく。

そういったモノに対する語りというのが、平安時代になりますと普通の物語になってくるわけです。『竹取物語』のかぐや姫はモノでしょう。お月さんからやって来たのですから。そういう、この世のものでないものがこちらにやって来る。それに対して「あなたは偉い神だ」と言って誉めてあげるのが神話系統の物語だったわけです。さらに不幸な死に方をしたものに対してその人生を語ってあげる。そういった人の人生を語ってあげる。それが物語として成立する。

業平のような色男が出てきて、女性と恋愛をする。そういう物語も出てきます。しかし、あの業平もこの世のものではなかった。色好みは風流の極致ですから、ただ者ではない。今の大スター以上なのです。見ただけで目がくらむ。そんなすごい男なんてそうめったにいるわけではありません。光源氏もそうですね。光り輝いたというんですよ。こういう光を伴ってこの世に現れて来るのは、聖徳太子もそうですね。そういったものはみんなモノなのです。それがこの世にやって来てかぐや姫になるか、あるいは業平になるか、光源氏になるかという、そういう系譜があるのです。

そういった偉大なるものを誉め称えるということが物語の一方にありながら、もう一方でおぞましい物語がなぜ登場するのか。それは明らかに鎮魂だということがわかってきます。嘘をつくというのは、これは鎮魂の一つの行為であるということがわかる。荒ぶる、恨みを持ってこの世に祟りを起こす魂に対して鎮魂をしてあげる。それが語ってあげるということなんですね。その人を主人公として語ってあげる。

そういったことから考えると、まず薩藩時代というのは歴史、そして、そこにカンツメさんという人が家人(ヤンチュー)としていただろうということも歴史、岩加那という人が恋人としていただろうということも歴史として考えられます。この女性が大変ひどい仕打ちによって死んでいったというのも、家人の歴史でもあったと考えられます。ですから、カンツメの物語は、歴史が背景に存在しています。それに対して、それを歌で語ってあげよう、歌で慰めてあげよう、これが語りです。語りというのは散文じゃありませんから節が付いております。メロディは付いていない場合もありますけれども。祝詞でもきちんとリズムがありますね。語りの中にはそういう祝詞形式のものと、もう一つはメロディが付いて歌になっていくものと二つあるわけです。

モノガタリとリズム

カンツメ節というのは、メロディが付いて歌になっています。そこでカタリというのは歌の形式、あるいはリズムによって成立してくることがわかります。散文ではなくて、リズムがあったり、メロディが付いてたりする。このリズムというのは、人間側の音調ではありません。人間以外のモノに発せられるものであり、つまり、人間以外のモノが聞く音なのです。それがある段階から人間が聞いて楽しいものになって、芸術化が進むわけです。こういうリズムが和歌の中に入り込みますと、五・七といった定型のリズムを取り始めることになるわけです。奄美の場合にはこれは八・八・八・六という形式です。これが東北へ行きますと七・七・七・五になります。沖縄も含めて、南島音階と東北音階とはこんなふうに類似していながら、歌になると全然違うものになってしまうというのは不思議ですね。

今申し上げたように、物語というのは幽霊に語って聞かせることにもなる。ですから怪談が成立する。あれは恐ろしさを目指して語っているのではなく、幽霊に対して「あなたはこうであった」。このようにして恨みを返したでしょう。もういいでしょう。人間はその恐ろしさにもう勘弁してくださいと言っている」ということになるわけですね。そして、「あなたの不幸な物語はちゃんとみんなこんなふうにして伝えていますよ」ということになります。

奄美での大きな特徴は、それを島唄にしてしまった。リズムというかたちを取りながら不幸な魂を鎮魂して行く。そしてそれを嘘だということではなくて、真実として認めてあげて、「こういうことがあったでしょう、こういうことがあったんでしょう。佐念山でデートしたんでしょう」。そういうことを全部歌ってあげて、その荒ぶる魂を慰めてあげると、「ああ、あたしはこんな不幸な死に方をしたけれども、みんないつの時代になってもわたしのことを思っていて、こんなふうに歌を歌ってくれるんだ」と、そういうふうに幽霊は思うわけですね。そのことによってその荒ぶる魂は鎮まる。

歌と鎮魂

この流れは必ずしも奄美だけにあるわけではなくて、何度も申し上げますように、モノガタリというのはそういうふうに出来上がっている。平安時代から物語という言い方が成立しますが、それを遡りますと、語りとか、あるいは伝となる。神話というのは、神々に対する語りです。奈良時代には挽歌以外に、不幸にして死んでいったかわいい女の子たちを慰める歌がいくつもあります。それを「言い伝え」といっています。この不幸な事件をいつまでも伝えていくよ、みんな理解しているよと、そういうふうに歌うのです。ですから奄美のカンツメさんも、大変不幸な死に方をしたのですけれども、坪山さんたちがこういう歌を歌い継いでいく。そのことによって荒ぶる魂はこの世界から一つひとつ消えていくということになるのだと思うのです。

三年ほど前の『朝日新聞』に「愛の旅人」という特集があって、坪山さんがカンツメ節について村の人たちから聞いたところによると、「自分たちは歌いたいけど歌えない。鎮魂の唄として歌ってくれるのなら良いと思う」と言われたので、坪山さんはこれを正式に島唄としてあちこちで歌い始めたということが載っています。また、島の北部に住む若手唄者の中村瑞希さんが、「中学生の頃カンツメ節を知り、『こわい』と思った。歌っても亡霊が出ないでほしいと願った。『唄と現実がつながっている。島唄の力を感じる』」と言っています。つまり、歌を通してその世界と密接につながっている。そのことを知ってもらえれば、今日の話は「幽霊怖い」の話ではなくて、その奥にあるものは何かということがわかってもらえるのではないかと思います。

この奄美にはさらに、「塩道長浜のケサマツ物語」というのがありまして、やはり島唄で有名です。これもやはり薩藩時代に、ケサマツという女性のところに求婚者がたくさん現れて、みんな断ったんだけれども、一人のちょっと頭の弱い男だけがいつまでもしつこく言い寄ってくる。それで、馬を海岸に放した時に、頭の弱い男に、手綱を体に縛り付けろと言って、それから傘を開いて馬を驚かせる。馬は驚いて海岸を走り回ってその男は死んでしまった。その後、この海岸では子どもの泣き声がするという話です。

本当は男と女の愛の物語ですね。カンツメもそうですけれども。そういう世界が奄美にはたくさんあります。こういう「塩道長浜」の歌の背後に男と女の不幸な物語があって、それを鎮魂してあげようという人たちが歌で鎮魂してきた、そういう歴史があったということになります。

これで、島唄の歴史、島唄が持っている、歌うということのモノガタリ性、そういったものが見えてきます。これを機会に奄美の島唄に興味を持っていただければと思います。

〔参考文献〕

『折口信夫全集』（中央公論社）「古代研究」

谷川健一『南島文学発生論』（思潮社、一九九一年）

古橋信孝『物語文学の誕生』（角川書店、二〇〇〇年）

花部英雄外編『和歌とウタの出会い』（岩波書店、二〇〇六年）

辰巳正明『詩の起原』（笠間書院、二〇〇〇年）

辰巳正明『折口信夫』（笠間書院、二〇〇七年）
辰巳正明『詩霊論』（笠間書院、二〇〇四年）

奄美の「トゥギ（伽）歌」をめぐって

酒井正子

はじめに

本日は「奄美のトゥギ（伽）歌をめぐって」ということでお話させていただきます。私が長く通っておりました奄美の徳之島、今年になってからしょっちゅう全国ニュースに出るようになりましたね。普天間基地移設の候補に上げられて。

その徳之島に、もはや助かる見込みのない、そういう重病の方を夜通し歌で慰めるトゥギという習俗があります。「二上（にあ）がり節」という曲がそこではうたわれるのですが、その曲のことを「トゥギ歌」と呼んでいます。亡くなった後も、同じ「二上がり節」が、死後一週間から四十九日ぐらいまで、「哀惜の歌」としてうたわれています。近しい方の霊が未だ身辺に漂っている、そのような時期に、近親の男女が寂しさをまぎらすため、毎夜家の中やお墓の前で、綿々と思いを歌うのです。「二上がり節」でもって生死の境を越えて行く、ということなんですね。そうしたトゥギの習俗、そして「二上がり節」について、現地でうかがってきた話を中心にご紹介します。

現在の徳之島

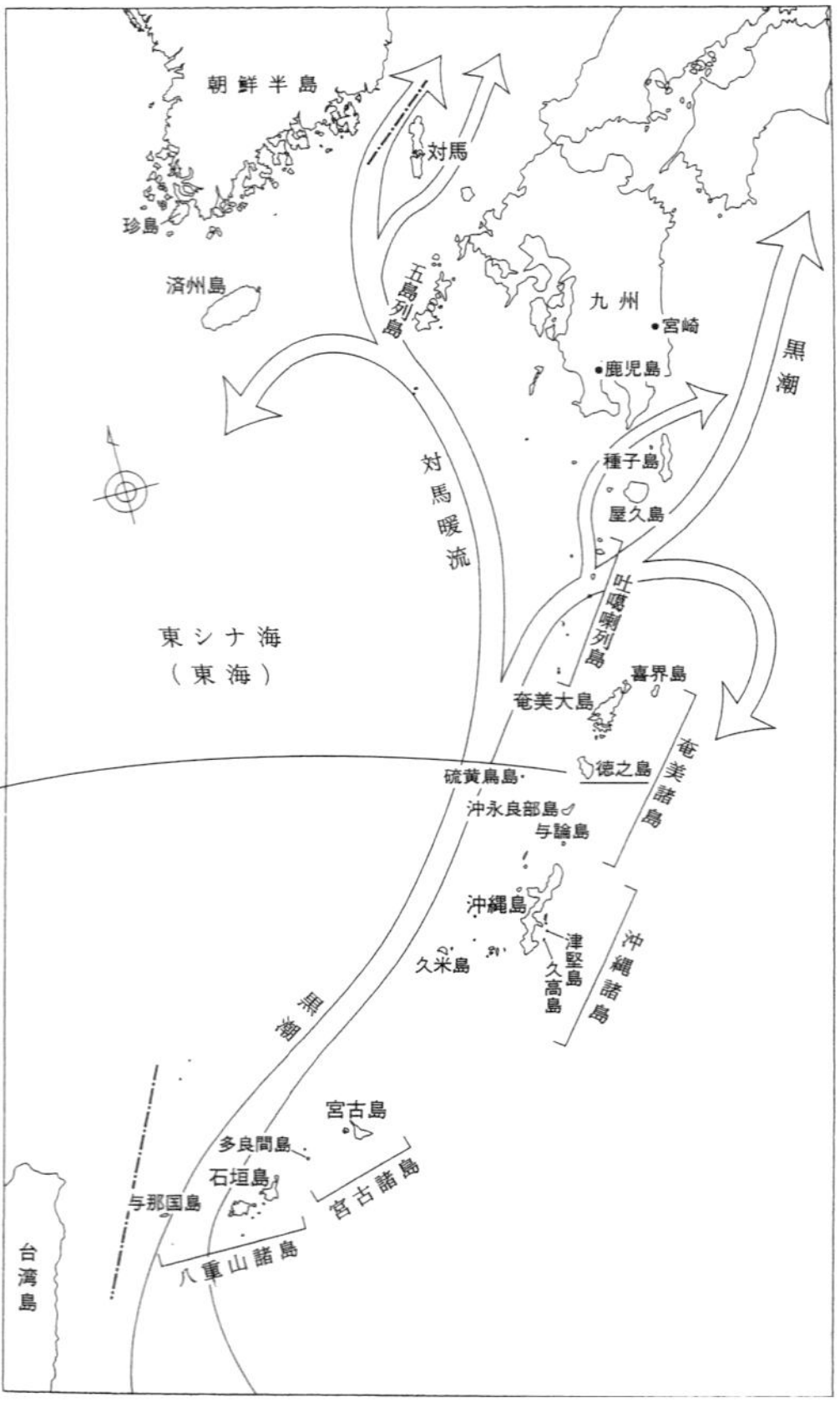

琉球弧の島々と黒潮の流れ
（酒井正子　2005『奄美・沖縄　哭きうたの民族誌』小学館）

まずは地図で徳之島の位置をお確かめください。九州の南から台湾にかけて弓なりに列なっている琉球列島は、南西諸島、奄美・沖縄地域、あるいは琉球弧とも呼ばれています。北から奄美諸島、沖縄諸島、それから二百キロぐらい島影がまったくない海域を隔てて、宮古諸島、八重山諸島と続きます。行政的には、奄美諸島（大島から与論島まで）は沖縄県ではなく鹿児島県に属しています。

一六〇九年に薩摩藩が武力でこの島々を制圧し、昨年はその四百周年の催しが各地でありました。薩摩藩は与論島までは直轄地に、沖縄島からは琉球王国を存続させつつ属領として支配したのです。

植民地的な支配を受けた奄美諸島は、とりわけ厳しい歴史を歩んでおります。砂糖キビ作を強いられ、割り当てを供出できず、また黒糖を隠したりすると苛酷な拷問や取立てを受けます。しかも余った黒糖も藩の管理下におかれ、米や日用品と不当に高い比率で交換されました。末期には羽書（はがき）に換えられたこともあったようで、島民は完全に貨幣経済の外に置かれました。薩摩藩はその莫大な儲けで明治維新を起こしたといわれています。後に紹介しますように、薩摩藩政下の過酷な生活を歌った恨みの歌なども「二上がり節」には残されております。

一　トギ（伽）とは

「トギ（伽）」の語義は、『広辞苑』によれば「相手をつとめる」「徒然を慰める」「傍にいて話の相手をする」こと、また、その人、とあり、「看病する」意味も登場します。しかしそれらの用例は主として古典文学の中に留まり、日常では殆ど使われなくなった死語といってよいでしょう。

野村純一氏は「昔話はまぎれもなくトギ話の時期を経てきたであろう」と問題提起し、『昔話伝承の研究』で綿密な検討をしています。以下その論考をもとに考えてみましょう。一九五五年刊の『綜合日本民俗語彙』では、トギの語はもっぱら西日本で［族］［交］（＝友だち・同朋・同輩、仲間・連れ）、［婚］（＝結婚の時の付き添い）、［葬］（＝重病人の看病、通夜）など、社会生活の深く広い範囲に浸透していることに着目。［婚］と［葬］という正反対の文脈で使われる謎を解き明かそうと、自身広島県の調査に赴きます。そして「トギになる」「トギに行く」など、明治・大正生まれの人までは「生きた言葉」であり、単なる友達や仲間以上の「いっしょに死んでも構わない仲」「生涯の相手」に限ると見とおし、「トギの原核」を見いだすべく目を琉球弧に転じます。

喜界島出身の先駆的な研究者、岩倉市郎氏（一九〇四～一九四三）のフィールドノートが大きな手がかりでした。岩倉氏は昭和十一年、苦労して沖永良部島に一ヶ月滞在。「病家悔家（びょうやくや）」、つまり重病人が療養している家や弔いの家で、昔話のお伽をしたと記しています。続いて野村氏は徳之島・奄美大島・沖縄島・宮古島など、長わずらいの病人のとぎや夜とぎ（通夜）で昔話が語られている報告を多くあげ、昔話とトギの深い関わりを指摘しました。

実を言いますと、私は徳之島の例しか頭になく、トゥギでは歌をうたうと思っていました。昔話を語ることもあるということは知りませんでした。徳之島で聞いた話では、昔は医者や薬もなく、手の施しようのない病人はひと月ふた月と長く家で寝ます。傍らの人はいたたまれなくて、毎晩青年たちが寄り集まって歌遊びをして慰めたというのです。

口承文芸学会の研究例会でこの話をした時に、野村氏が質問されたのを覚えています。「そんなに苦しんでいる人の傍で、かがり火を焚きわいわいと人が出入りして歌をうたったりして、病人にはうるさくないのかね」と。とっさに私は三線（サンシン）（琉球の三味線。徳之島ではサンシルという）の名手の方から聞いた話を思い出し、「いや、実は生死の境をさまよっている時は、あの音色はとても美しく、安らぎを与えるものらしい」と答えた覚えがあります。その方は「若い頃ハブアタリ（ハブ咬傷）で十日間意識不明で寝ていた時、みなでトゥギをしてくれた。その三線の音色が子守唄のような何ともいえない安らぎに満ちており、痛みも忘れ、すうっと眠っていけた」ということでした。幸い彼は命をとりとめ、その時に聞いた音色が忘れられなくて自分も三線に打ち込むようになったというのです。

確かに「病人の方でうるさいと思えば、気分が勝れないから止めてくれとか、明日にしてくれなどと申し入れすればよい」という田畑英勝氏の報告（徳之島）もあります。また病人がいやだと思っても、苦しくて言えない場合もあるでしょう。いずれにしろ、重病人が出たらともかく押しかけて行って、その家を賑やかな歌や音で満たさないといけない。それはもう病人の意思に関わりなくやらなくちゃいけないと考えられていたのでしょう。何か目に見えないムン（物の怪）の類、野村氏によれば「病者を病者たらしめている素性の知れぬもの、病床の周囲に跳梁跋扈している危うい相手」に積極的に仕掛けられる、それこそが「伽」の機能そのものであったという結論には同感します。

野村氏はいろんな疑問を出しています。前述の、正反対の事項に対して同じ語彙をなぜ使うかというのに始まり、トギというのは状況を言っているのか、それとも機能、目的、内容を言っているのか。病気の家と不幸のあった悔家とは、我々の感覚では同じものではないのに、等しくお伽をする、昔話を語るというふうに同列に扱っていいんだろうかなど。そうした疑問は、徳之島の状況をみると解けてくるところがあります。クヤ（悔やみの意味とされる）という葬送歌もあり、徳之島の事例は大きなヒントを提供していると思われます。

民俗語彙の多岐にわたる用例に共通するのは、トギとは「人が寄り集まる」ことを基本的な構成要素とすることです。徳之島の例でも、寄り集まって危機的な状況にある人の傍に付き添うことで生命力を増強する。それがトゥギの基本的な意味ではないかと私は常々考えていました。

また、正反対の事項に使っても「トギの原核はもともとかなり限定された意味を持ち、相手との親昵、交流の度を強く絞り切ったものだ」という氏の見解は卓見です。つまり非常に強く「運命的な命の繋がり」に関わる行為だと考えられるのではないでしょうか。

そして、「病家悔家」は島びとにとって、悪霊の跋扈する連続性を持った場だとの指摘もそのとおりです。亡くなってすぐの遺体の周囲には、なお霊魂が留まり危険な状態であるし、様々な悪霊も寄り付きやすいと考えられていました。だからこそ同じ歌（「二上がり節」）をうたって、生死の境を越えていくのでしょう。では徳之島の様子を具体的にみていきましょう。

二　奄美・徳之島のトゥギ歌「二上がり節」

（1）トゥギ歌として

はじめに徳之島の優れた郷土誌家、松山光秀さんが書かれた「病人のトゥギ」という印象的な報告を紹介します。

> 重病人が出ると、親戚知友が集まって夜通し看病に当たり、家がいっぱいになった。小料理と酒を持ってくる人もおれば、三味線をもってくる人もいた。病人は夜が淋しいので、淋しさをまぎらすために慰めるのだという。トゥギ（伽）は普通、長病みの人や、ハブアタリ（ハブ咬傷）の時などになされ、急病の場合は本人の要望によりなされた。トゥギの時、人々は松明を燃やして家を明るくし、飲み食いしながら病人の側で島唄を掛け合って歌って聞かせたり、また話を聞かせたりした。本来のトゥギの歌は二上り節である。一名ハヤリ節とも道節（みちぶし）とも言われる。大変物静かな寂しい感じの歌で、普通の日には古老たちがあまり好まないウタである。（中略）
>
> 徳和瀬（とくわせ）（松山氏の生まれ育った集落…筆者注）にハルグヮというシマ一番の美人で遠島士族の娘がいた。ハルグヮは長病みの末、十六歳の若さで亡くなったが、彼女の療養中は毎夜青年たちが三味線をもってトギに来た。ハル

グヮが掛け合いで最後に歌ったといわれるウタが今でも語り草になっている。

サミシルヌ（三味線の）ミジル（一番下の線）、切レテカラモ接ガユシガ／
切レテ行キュル吾ア命、接ギヌ成ユミ［松山二〇〇四：八六〜八九］

この歌は「三味線の弦は切れても接ぐことができるけれども、切れていく私の命は接ぐこともできない」という意味で、文字通りこの世との別れをうたった辞世の歌なんです。「二上がり節」が特別な曲であることも注目されます。

私自身、伊仙町目手久（めてぐ）で以下のように聞きました。治る見込みのない重病人が出ると、「トゥギシー（トゥギをする）」といって、親戚青年連中が毎夜集まり、病人の枕元で「歌あそび」をして慰めた。（中略）看病の人が疲れて眠ると病人が「いけなくなる（逝ってしまう）」ともいい、夜通し三味線にのせて掛け歌をした。曲はもっぱら「二上がり節」、別名「トゥギ歌」ともいわれる。トゥギは昭和初期頃まで盛んで、その後も死にゆく人をシマウタで慰めることはしばしばおこなわれた［酒井一九九六：二〇七］。

また与論島では「危篤状態の病人を取り巻いて夜どおし見守り慰めることをトゥギ、ヨトゥギと言った。これは病人の霊魂がムヌ（悪霊）に誘い出されて、体内から抜けさらわれないようにとの考えからだという」（山田実）。いずれも「病人は夜が寂しい、眠ると病人がいけなくなる、病人の霊魂が悪霊に誘い出されて、抜けさらわれないように」などと説明されています。明々と松明を灯しざわめいていれば、悪霊も逃げていくだろうと思われます。

トゥギとは、辛く単調な仕事や長患いの状態にある人に付き添い、語ったりうたったりして気を紛らす行為を広く指して言います。重病人とか、危機的な状態にある人の傍らに共に居てやる、それだけで生命力が感応し合い免疫力を高めるとも聞きます。連れ添うこと、共にいることがすなわちトゥギですし、そこで歌語りをして慰めるのもトゥギであろうと思います。

ここで奄美の歌あそびとはどんなものか、徳之島の様子をお見せしましょう（映像）。伊仙町目手久の歌者（うたしゃ）（歌の名人）の一族が、お正月に三〇年ぶりに帰ってきた親戚を囲んで歌に興じています。次々と色んなシマウタが出されますが、「二上がり節」は特に技巧的な曲です。裏声を高くずり上げ、フシ（旋律）はうねうねと曲がりくねって難しいのです。しかしさすがに名人揃い。よく歌いこなし大変味のある歌が展開されます。

歌い出しは曲の名称や由来が歌い込まれた歌詞が出されます。しかしその後の展開は自由で、即興も交えながら参加者が掛け合っていきます。歌う人はまた聞く人、囃す人でもあり、三位一体の平等な全員参加の場であります。この時の歌詞の流れを追ってみましょう。まずは定番の歌い出しの歌詞で、

♪ハレーにあがりぶしよんぐゎよんぐゎ　　二上がり節はゆるゆると
やんじゃちいもれ　　歌い出しましょう
〈ハレーシュンマゲネンネン〉　　（合いの手のハヤシ詞（ことば））
いきゃきびさやてんば　　どんな厳しい親でも
ハレみんとぅしゃげてわんうりききゅり　　耳を傾けてこの歌は聞くでしょう

次に、久しぶりに帰ってきた方が、♪思ってさえいれば後先こそあれ、時節は水車のように巡ってまたこうして逢えるものですね、と喜びをうたいます。さらに、

♪わがかしゅてぃしゃんてんな　　私がこんなに働いても
わがためどなりゅみぃ　　自分のためにはならない

やまといしゅぎらの　　大和のちょんまげ（薩摩の武士）の
ためどなりゅり　　為になるだけだ

これは実は薩藩時代の搾取に対する恨みの歌なんですね。自分たちが蒙った歴史を歌にして、口碑で残しているわけです。目手久の人はこういう歌をたくさん知っています。

その後なかなか歌が出ないものですから、♪ここにいる人は口がきけないんですか、とからかったり、♪その言い訳をうたい返したりします。

また、♪今日のうれしさはいつよりも勝る。いつも今日のごとくあってください、とうたえば、それを受けて、♪いつも今日のようであれば、寄ってゆく年も若くなる、と返します。正月にふさわしい掛け合いですね。そして、

♪わかれてやいきゅり　　別れて行くのに
ぬぬかたみうぇしゅんが　　何を形見に差し上げようか
〈アレーシュッケンマゲヤダネン〉
なまづぃめやはがち　　生爪を剥して
かたみうぇさむ　　形見に差し上げよう

これはトゥギにちなんだ歌詞なのです。別れていくのは生爪をはがすように痛く辛い、ということです。実際に、亡くなる前の夜老女が息も絶え絶えにうたい、その娘が、♪痛む生爪は苦労して剥がすが、あなたと私の間は何の隔てもないですよ、とうたい返したと聞きました。

自由な掛け合いであるとはいえ、二上り節にふさわしい歌詞というのはおのずから決まっています。別の歌あそび

の席では、次のような歌詞も出ました。

♪ハレ如何（いきゃ）やたんてん加那（かな）ぐゎ　どんなにしたって、あなた
病（や）み加勢（がせ）ぬさりゅみぃ　病気の手伝いはしてあげられない
吾（わ）ぬま側寄（すば）とぅてぃ　せめて私は側に寄っていって
おとぎマタしゃべら・しゃべら　とぎをして慰めてあげましょう

♪ハレ愛人（むぞ）や旅しめて　愛しい人に旅立たれて
後（あと）なん　とぅでなしゃんで　後が寂しくていたたまれない
白波（しらなみ）の上なん　沖の白波の上にでも
居（い）ちゅりマタ欲（ぶ）しゃんで・欲（ぶ）しゃんで　じっと座って待っていたい

♪ハレ気病（きや）みぬ吾病（わびょ）ぐゎ　気の病の私の病気が
引（ひ）き起（う）くしゅんなれば　引き起こされたならば
医者ゆたやいらぬ　医者やユタ（巫者）は要らない
吾愛人（わむぞ）マタ呼ばす・呼ばす　私の愛人を呼ばす

始めの歌詞はトゥギの情景そのものです。病気を代わってあげることもできない、せめて傍でトゥギをしてあげましょうというのです。次は、愛しい人の帰りを待ついたたまれない気持をうたいます。昔の船旅は命がけで、旅送りは死出の旅にも匹敵する別れでした。三番目も傑作で、ユーモラスに恋わずらいの機微を突きます。

このように夜の夜長を、ゆったりとめぐるようなフシでうたっていきます。テレビなどない時代には、漆黒の闇に

包まれシーンとしている中で、三線の響きや歌あそびのざわめきは本当に華やぎであり慰めなのです。

(2) 思いをうたう「哀惜歌(あいせきか)」として

「哀惜歌」とは葬送歌の一種で、死後四十九日頃まで、残された遺族が自らを慰めるためにうたう哀悼の歌です[酒井二〇〇五]。「葬式がすんで寂しくなったその時うたう」といわれます。そこに居るべき人がいない、しかも永久に戻らないという現実が受け入れ難く、家の中や墓の前で涙ながらに死者にうたいかけます。人前では決してうたわないこうした独り歌のための曲が、徳之島には豊富にあります。

代表的なのは「やがま節」というタブー性の強い曲で、「二上がり節」も「哀惜歌」としてうたわれます。「地獄極楽は如何に遠いシマか、行く時の声はあっても、帰る声はない」「子供を亡くして畔道を踏み迷うほどの悲しみ、夫を亡くしたら死ぬほどの苦しみ」などと、無伴奏で思いをうたっていきます。

老境の思いをうたったテープも残されています。明治四十(一九〇七)年生の大沢徳城さんで、若くしてシマを離れ苦労して台湾・上海で事業を起こし、晩年は東京で一人、親兄弟をしのんでいつも「二上がり節」をうたっていたといいます。方言は完全に忘れても、歌は正確なシマことばです。特徴的な歌詞をあげてみましょう。

○あんまりうらきりて、高頂(たかうすじ)登て/さんからうらげさぬ、いちゅりならんど
(あまりの寂しさに、高い頂に登り/眼下の人間界がうらやましくて、いたたまれない)

古老によれば、高い山を登っていくと、眼下に稲穂が垂れ下り見事に実った田んぼが広がっている。その収穫を味わうこともなく死んでいくのがいたたまれない、ということだそうです。山上他界を思わせる状況で、本当にこれは

死に行く人の気持ちを歌っているんだなと私は受け止めたわけです。また、

〇年や取ていきゅんで、先や定まらんで／荒波ぬ上な、居ちゃる舟ぬ心

（年は取っていき、先は定まらない／荒波の上に居て翻弄される、舟のような気持ち）

うめくように繰り返し録音しており、最後に息子たちに、「私が死んだらこれを聞いておきなさい」と遺言のように語りかけます。

このように思いを綿々と歌っていくのが「哀惜歌」の特徴なのです。まだ生きているうちから「二上がり節」はうたわれます。死にゆく気持ちに始まり、死の前後、さらにはその延長上で何年も経て死者を思い起こす時、一貫して「二上がり節」がうたわれる。実にスケールの大きな曲なのです。

三　「二上がり節」の多義的な性格

「二上がり節」は様々な曲名を持つ特異な歌（曲）です。葬送に限らず、一般的にはどんな場合にうたわれるのでしょうか。

(1)　サカ歌（邪術の歌）として

「他集落での歌掛けは命がけだよ」と目手久で聞きました。危害を加える呪いの歌を掛けてくることがあるが、集落が違うと言葉が違うのでよくわからない。だから最初に身を守る歌をうたえと。例えば「私は目手久の泉の水を産

湯に使った者だ、どこへ行っても負けはしない」など。また「口入れ（呪言）」をする人がいて、茶碗の水に呪いをかけ、それを飲むと死ぬ。そういう時は水がぐるぐる回っているからよくみろ、というのです。だから歌掛けは同じ集落の、親族同士でやるのが理想だと昔はよく言われました。

サカ歌は徳之島しか報告例はなく、「二上がり節」のフシでうたうということです。松山光秀さんが最初に報告し、大変話題になりました。しかし私自身実際に目の前でうたってもらったことはありません。「殺人の歌をあんたに聞かすわけにはいかん」から、ということでした。

（2）道歌として

「二上がり節」は「道節（みちぶし）」とも呼ばれ、花嫁や旅人を送る道中歌としてもうたわれました。共通するのは「永久の別れ」という要素です。

山（さん）という集落では「井之（いの）ぬいび加那志（がなし）」という曲名です。井之川集落には薩藩時代の指定港がありました。そこの「いびぃ加那志」という拝所で航海安全祈願をしてから旅に出る習慣になっていたわけです。

○井之ぬいび加那志、風（かでぃ）ぬ親（うや）てぬら／真南風（まはいかぜ）願て、旦那送（うく）ら

（井之川のいび加那志は、風の親というが／真南の風を願って、旦那を本土に送ろう）

と歌い出します。また別の集落では、

○柳花いけて、虎ぬ絵や掛けて／千里走（は）る船や、糸ぬ上から

（床の間に柳花を活け、虎の絵を掛けて／千里走る船が、糸の上を滑るような安全な航海を願おう）

○港口（みなとぐち）がでや、親ぬくとぅ思ゆ（うも）／となか乗り出しば、み風願お（かでねが）

（港の入り口までは、親のことを思う／沖に乗り出せば、風を願おう）

など、旅送りの儀礼歌がうたわれます。そうした歌詞をうたいながら船着き場まで歩いたのでしょう。かつての船旅は風まかせの危険な航海でした。それは一生の別れにも通ずる情感があったのです。

（3）あそび歌として

徳之島全体で「はやり節」とも呼ばれており、これはもう死別や哀惜など弔い歌的な性格はありません。三線をつけて歌あそびの場でさかんにうたわれ、流行っていったと考えられるんですね。

♪ハレ夜中眼ぬ覚めて、眠らぬ時や／火種（うまち）取り寄（ゆ）して、吹きゅるマタ煙草、煙草

と一般的な歌詞で、恋愛歌も多いです。三味線にのせて非常に流麗な感じになっています。哀切なメロディーが大変好まれ、琉球弧全域に広まりました。

四　「二上がり節」の広域化

奄美大島では「徳之島節」といっています。徳之島出自の歌、ということです。若手の歌者も舞台で盛んにうたっています。

♪ハレ仇（あだ）ぬ世ぬ中や　長生きしぃりば／朝夕血の涙（なだ）や　ハレ袖ど絞りゅる

（仇の世の中に、長生きしておれば／朝夕血の涙の、袖をぞ絞る）

〈仕方や無んど無んど、袖ど絞りゅる〉

♪ハレかんしゅて働ちぃま　誰が為なりゅる／大和ちゅんまげ衆ぬ　ハレ為どマタなりゅる

（こんなに働いても、誰のためになるか／薩摩のちょんまげ侍の、為になるだけだ）

いずれも薩藩支配への恨み節で、目手久の歌あそびでもうたわれていましたね。どうしようもない、抗いがたい運命に対する悲憤というのでしょうか、「哀惜歌」の根底にはずっとそんな情感が流れ、若い人にも受け継がれているように思われます。

次に**沖永良部島**に伝わった「二上がり節」を聞いてみましょう。「犬田布嶺節」と呼ばれています。犬田布・母間騒動（一揆）といって、幕末の頃に唯一徳之島で薩摩の圧政に対する武力蜂起があるんです。他の島ではこんなにすごいことは起きなかったんですが、徳之島はやっぱりちょっと血の気が多いというか、大変気骨のある島なんです。黒糖を納入できなかったということで残虐な拷問があったことに憤激し、代官所の仮屋を襲ったのです。結局同情した郷士格の人も含め六名が遠島、うち二名が隣の沖永良部島に流されました。その人たちが徳之島の犬田布岳の山影を眺め、望郷の思いを歌ったといわれます。実際、歌詞にも徳之島の地名が出てきます。二節以降「母間の浦の深さ」とか「亀津女童（娘）」とか、すべて徳之島の地名です。徳之島では民謡音階の曲も、沖永良部島にくると琉球音階化してうたわれます。

♪犬田布嶺ぬ、ナー恨みしゃや／大島うし隠すヨー、犬田布嶺ぬナー恨みしゃや

〈ウテクヨカンクヨ　サフィサーフーイー〉

（徳之島の犬田布嶺が恨めしい。犬田布嶺は、いとしい人のいる大島を隠して見えなくするから）

さて**沖縄島**では明治以降、沖縄芝居が盛んに上演され庶民の絶大な支持を得ます。中でも伝説的な名作「伊江島ハンドーグヮー」で、「二上がり節」を「道の島節」として使っているんですね。沖永良部島で琉球音階化した「犬田布嶺節」が沖縄に伝わったんでしょう。沖縄芝居は近代、そして第二次大戦後も、数少ない庶民の娯楽として琉球弧全域を巡業し、奄美の島々でも大変人気がありました。「二上がり節」も芝居とともに広く知られるようになったと思います。どんな場面で使われているか気になるところです。

国頭村辺土名（くにがみへんとな）の美女ハンドーグヮーが、恋仲になった青年を追って伊江島に渡ります。ところが青年は村の地頭である父と一緒に、命の恩人であるにもかかわらず彼女を蔑み一顧だにしません。純情な彼女は絶望のあまり城山に登り、自ら命を絶ちます。死に場所を求めて山に行こうとするその時、唯一の理解者である船頭に出くわし、最後の別れを「道の島節」でうたうのです。まさに死にゆく人の思いをうたうトゥギそのもの、「二上がり節」にふさわしい場面が再現されます。

♪情ある人の、云言葉（い）の匂い／あの世旅立ちぬ　ユーハレ土産なゆさなゆさ

（情けある人のことばの香りは／あの世に旅立つ土産になることだ）

その後彼女を苦しめた父子とその一族は呪われ、次々と死に絶えていきます。

おわりに―命をともにする戦場の語り―

ここに究極のトギともいえる一連の報告があります。野村敬子氏によって掘り起こされた「戦場の語り」です。第二次世界大戦末期にニューギニア戦線へ送られた「雪第三六師団」は、秋田・青森・岩手・山形県の出身者で編成されていました。

昭和十八年十二月に敵前上陸、翌十九年四～九月末まで、戦火のもとジャングルを逃げまどったあげく壊滅。新田小太郎さん（一九一八～二〇〇二）は鍛錬班長として、預かった三十八名の傷病兵全員を看取ります。敵機・大蛇・毒虫そして病魔―赤痢やマラリア・飢餓が襲う夜の暗闇は、まさに生き地獄といってよいでしょう。そんな究極の悲惨の中、新田さんは傷病兵たちにひたすら昔話を語り聞かせたといいます。

「言葉がとぎれたら命の灯が消えてしまう。口をつくのは故郷で耳にした物語や怪談・昔話など、次から次へと（方言で）語っていきました。薬もない、何もない暗闇で、語り明かして夜明けを待ちました」。新田さんは寝たら死ぬと戒めて必ずあいづちを求めたといいます。砲撃の恐怖には「川ノ内囃子の太鼓。お稲荷さんの祭りだべ」と、高熱にうなされる兵士に方言で語りかけました［野村二〇〇八、二〇一〇］。方言、それによりどれほど生命力が喚起されたことか。

野ざらしの死から救い、人を人として看取る尊い姿がそこにはあります。それは「手の施しようがないなか、せめてトゥギ（歌や語りによる慰め）をせずにはおれない」「看病の人が眠ると病人がいけなくなる」「シマウタを聞きながら死んでいくのが最高の幸せ」という徳之島のトゥギとみごとに通じ合うものがあり、「安んじる」ということ、命の尊厳に私たちは心うたれます。病人の側も決して受け身ではなく、自らも歌い返し、あいづちを入れて声を発しようとします。

「運命的な命の繋がり」、それこそがトギの心髄なのだと、改めて確認せずにはいられません。昔話も「二上がり節」も、そのつながりを声によって紡ぐものなのでしょう。

＊なお、本稿で「歌」とはおもに歌詞（ことば）の側面をさします。音楽的な側面をいうときは歌（曲）のように表記しました。

〔参考文献〕

野村純一「トギの位相」「昔話と伽」『昔話伝承の研究』同朋社出版　一九八四年（二〇一〇年、『野村純一著作集』V1、2に再録、清文堂）

野村敬子「ますらたけおの昔話」『語りの廻廊―聴き耳の五十年』（瑞木書房、二〇〇八年）

同　「口承文芸から戦争を考える」（『口承文芸研究』33号、二〇一〇年）

松山光秀『徳之島の民俗［1］シマのこころ』（未来社、二〇〇四年）

酒井正子『奄美歌掛けのディアローグ』（第一書房、一九九六年）

同　『奄美沖縄　哭きうたの民族誌』（小学館、二〇〇五年）他

あとがき

本書『語りの講座　昔話を知る』は、平成二十二年度國學院大學オープンカレッジ特別講座「語りの文化講座　昔話・伝説に見える日本文化をとらえる」が元になっている。連続講座であり毎回の講座が好評ということもあって、前書『語りの講座　昔話への誘い』の続編として企画された。

本書のテーマは、昔話・伝説をとおして日本文化をとらえてみようということで、各講師の方々には昔話・伝説における語りと語り手、話型、さらには比較、心理、民俗文化といったテーマとのかかわりから昔話の世界をわかりやすくお話していただき、そこにこれからの日本文化のあり方を考える上での斬新な視点も織り込んでいただけるようにした。本書ではそれらを「Ⅰ　昔話の語り、語り手、話型」「Ⅱ　昔話の比較・心理」「Ⅲ　昔話と道具、俗信」「Ⅳ　柳田国男・遠野・奄美」の四つを柱に編集してみた。

折しも本年の三月十一日に東日本大震災が発生し、巨大津波のために東北地方太平洋沿岸の多くの地域で数多くの人々の尊い生命が失われ、財産も尽く奪われてしまった。同時に起きた福島の原発事故のこともあり、わたくしたちは、あまりの甚大な被災の状況にただ呆然と立ち尽くすままの日々が続いた。ささやかなことだが、ショックの大きさに本書の編集も暫しわたくしの手元で停滞した。犠牲になった方々への哀悼の意とともに、今はひたすら被災地の人々の一日も早い立ち直りと生産活動の復興を願うことしきりである。

とりわけて心が痛むのは、柳田国男の『遠野物語』を紐解くまでもなく、東北地方が南西諸島と並び、今日においてわが国の民俗性のもっとも豊かな地域であり、昔話や伝説のすぐれた伝承地として存在してきたという事実である。

幾度かフィールドワークで東北の地に足を運んだことのあるわたくしには、彼の地の人々がその大地に、その海原に営々と培ってきた文化のスケールの大きさ、民俗の豊かさ、そして何よりもそこに暮らす人々の人を思う心のやさしさや懐の深さが肌で感じられた。このたびの未曾有の大災害の結果、そういったものが失われてしまうことを深く恐れる。しかし同時に、被災直後から始まった人々の支え合う姿の中に、共同体としての強いつながりを見出したのは私だけではあるまい。その悠久の歴史の中で今回に匹敵するような大自然災害や人的被害など幾多の困難に遭遇しながらも、不死鳥のごとくに蘇ってきた歴史事実にもわたくしたちは期するものがあるのである。

今日、多くの日本人がグローバル化の中で忘れ去ろうとしてきたものは実はこのことなのであろう。過疎化や限界集落といった問題もこれと無関係ではない。昔話や伝説といった口頭伝承は、そういった共同体的な伝統文化の中でこそ育まれてきたものであった。文化の豊かさが人々をつないでゆく。それがこの国の力でもあったはずである。その意味で、もっとも豊かな心を持つ東北に起こってしまったこのたびの不幸は、「日本文化とは何か」といった根本的な問い掛けをあらためてわたくしたちに迫ってきているといえる。

松本　孝三

平成二十三年七月

著者紹介

小澤　俊夫（おざわ　としお）
一九三〇年生。小澤昔ばなし研究所
主要著書／『グリム童話の誕生』（朝日新聞社　一九九二年）『昔話の語法』（福音館書店　一九九九年）

松本　孝三（まつもと　こうぞう）
一九四九年生。大阪大谷大学非常勤講師。
主要著書／『民間説話〈伝承〉の研究』（三弥井書店　二〇〇七年）

廣田　收（ひろた　おさむ）
一九四九年生。同志社大学教授。
主要著書／『『宇治拾遺物語』の表現』（笠間書院　二〇〇三年）『『宇治拾遺物語』の中の昔話』（新典社新書　二〇〇九年）

花部　英雄（はなべ　ひでお）
一九五〇年生。國學院大学准教授。
主要著書／『呪歌と説話』（三弥井書店　一九九八年）『昔話と呪歌』（三弥井書店　二〇〇五年）

矢吹　省司（やぶき　しょうじ）
一九四三年生。國學院大学教授。
主要著書／『グリムはこころの診察室』（平凡社　一九九三年）『どうしてこんなに心が痛い?―アンデルセン童話が解く深層心理』（平凡社　二〇〇二年）

常光　徹（つねみつ　とおる）
一九四八年生。国立歴史民俗博物館教授。
主要著書／『しぐさの民俗学―呪術的世界と心性』（ミネルヴァ書房　二〇〇六年）

篠原　徹（しのはら　とおる）
一九四五年生。滋賀県立琵琶湖博物館館長。
主要著書／『海と山の民俗自然誌』（吉川弘文館　一九九五年）『自然を生きる技術』（吉川弘文館　二〇〇五年）

大塚　英志（おおつか　えいじ）
一九五八年生。
主要著書／『北神伝綺』（角川書店　二〇〇四年）『木島日記』（角川書店　二〇〇九年）

辰巳　正明（たつみ　まさあき）
一九四五年生。國學院大學教授。
主要著書／『折口信夫』（笠間書院　二〇〇七年）『万葉集の歴史』（二〇一一年　笠間書院）

酒井　正子（さかい　まさこ）
一九四七年生。川村学園女子大学教授。
主要著書／『奄美歌掛けのディアローグ』（第一書房　一九九六年）『奄美・沖縄　哭きうたの民族誌』（小学館　二〇〇五年）

語りの講座　**昔話を知る**

平成23年11月29日　初版発行

定価はカバーに表示してあります。

発行者　吉 田 栄 治

発行所　株式会社 **三 弥 井 書 店**

〒108-0073東京都港区三田3―2―39
電話03―3452―8069
振替00190―8―21125

ISBN978-4-8382-3219-2 C0039　製版・印刷　藤原印刷